元 脱脱等撰

宋史

第二五册

卷二四二至卷二五六（傳）

中華書局

宋史卷二百四十二

列傳第一

后妃上

周人尊祖之詩曰：「厥初生民，時維姜嫄。」蓋推本后稷之所自出，以爲王跡之所由基，也。宋之興，雖由先世積累，然至宣祖功業始大。昭憲杜后實生太祖、太宗，內助之賢，母範之正，蓋有以開宋世之基業者焉。觀其訓太祖以無逸治天下，至於豫定太宗神器之傳，爲宗社慮，蓋益遠矣。厥後慈聖光獻曹后擁佑兩朝，宣仁聖烈高后垂簾聽政，而有元祐之治。南渡而后，若高宗之以母道事隆祐，孝宗奉明慈怡愉之樂，皆足以爲百王法程。宋三百餘年，外無漢王氏之患，內無唐武、韋之禍，豈不卓然而可尙哉。昭憲垂裕之功，至是茂矣。舊史稱昭憲性嚴毅，有禮法。易之家人上九曰：「有孚，威如，終吉。」其是之謂歟。作后妃傳。

太祖母昭憲杜太后，定州安喜人也。父爽，贈太師。母范氏，生五子三女，太后居長。既笄，歸于宣祖。治家嚴毅有禮法。生邕王光濟、太祖、太宗、秦王廷美、夔王光贊、燕國陳國二長公主。

周顯德中，太祖爲定國軍節度使，封南陽郡太夫人。及太祖自陳橋還京師，人走報太后曰：「點檢已作天子。」太后曰：「吾兒素有大志，今果然。」太祖卽位，尊爲皇太后。太祖拜太后於堂上，衆皆賀。太后愀然不樂，左右進曰：「臣聞『母以子貴』，今子爲天子，胡爲不樂？」太后曰：「吾聞『爲君難』，天子置身兆庶之上，若治得其道，則此位可尊；苟或失馭，求爲匹夫不可得，是吾所以憂也。」太祖再拜曰：「謹受教。」

建隆二年，太后不豫，太祖侍藥餌不離左右。疾亟，召趙普入受遺命。太后因問太祖曰：「汝知所以得天下乎？」太祖嗚噎不能對。太后固問之，太祖曰：「臣所以得天下者，皆祖考及太后之積慶也。」太后曰：「不然，正由周世宗使幼兒主天下耳。使周氏有長君，天下豈爲汝有乎？汝百歲後當傳位于汝弟。四海至廣，萬幾至衆，能立長君，社稷之福也。」太祖頓首泣曰：「敢不如教。」太后顧謂趙普曰：「爾同記吾言，不可違也。」命普於榻前爲約誓書，普於紙尾書「臣普書」。藏之金匱，命謹密宮人掌之。

太后崩于滋德殿，年六十，謚曰明憲。葬安陵，神主祔享太廟。乾德二年，更謚昭憲，合祔安陵。

太祖孝惠賀皇后，開封人。右千牛衞率府率景思長女也。性温柔恭順，動以禮法。景思常爲軍校，與宣祖同居護聖營。晉開運初，宣祖爲太祖聘焉。周顯德三年，太祖爲定國軍節度使，封會稽郡夫人。生秦國晉國二公主、魏王德昭。五年，寢疾薨，年三十。建隆三年四月，詔追册爲皇后。乾德二年三月，有司上謚曰孝惠。四月，葬安陵西北，神主享于別廟。神宗時，與孝章、淑德、章懷並祔太廟。

孝明王皇后，邠州新平人。彰德軍節度饒第三女。孝惠崩，周顯德五年，太祖爲殿前都點檢，聘后爲繼室。后恭勤不懈，仁慈御下。周世宗賜冠帔，封琅邪郡夫人。太祖卽位，建隆元年八月，册爲皇后。常服寬衣，佐御膳，善彈箏鼓琴。晨起，誦佛書。事杜太后得驩心。生子女三人，皆夭。乾德元年十二月崩，年二十二。有司上謚，翰林學士竇儀撰哀册文。二年四月，葬安陵之北。神主享于別廟。太平興國二年，祔享太廟。

孝章宋皇后，河南洛陽人，左衞上將軍偓之長女也。母漢永寧公主。后幼時隨母入見，周太祖賜冠帔。乾德五年，太祖召見，復賜冠帔。時偓任華州節度，后隨母歸鎭。孝明后崩，復隨母來賀長春節。開寶元年二月，遂納入宮爲皇后，年十七。性柔順好禮，每帝視朝退，常具冠帔候接，佐御饌。太祖崩，號開寶皇后。

太平興國二年，居西宮。雍熙四年，移居東宮。至道元年四月崩，年四十四。有司上諡，權殯普濟佛舍。三年正月，祔葬永昌陵北。命吏部侍郎李至撰哀册文，神主享于别廟。神宗時，升祔太廟。

太宗淑德尹皇后，相州鄴人。滁州刺史廷勛之女。兄崇珂，保信軍節度。太宗在周時娶焉。早薨。及帝卽位，詔追册爲皇后，幷諡，葬孝明陵西北。神主享于别廟，後升祔太廟。

懿德符皇后，陳州宛丘人。魏王彥卿第六女也。周顯德中，歸太宗。建隆初，封汝南郡夫人，進封楚國夫人。太宗封晉王，改越國。開寶八年薨，年三十四。葬安陵西北。帝卽位，追册爲皇后，諡懿德，享于别廟。至道三年十一月，詔有司議太宗配，宰相請以后配，詔從之。奉神主升祔太廟。后姊，周世宗后也，淳化四年殂。

明德李皇后，潞州上黨人。淄州刺史處耘第二女。開寶中，太祖爲太宗聘爲妃。既納幣，會太祖崩，至太平興國三年始入宮，年十九。雍熙元年十二月，詔立爲皇后。后性恭謹莊肅，撫育諸子及嬪御甚厚。嘗生皇子，不育。至道二年，封后嫡母吳氏爲衞國太夫人，後改封楚國，及封后母陳氏爲韓國太夫人。

太宗崩，眞宗卽位。至道三年四月，尊后爲皇太后，居西宮嘉慶殿。咸平二年，宰相請別建宮立名，從之。四年宮成，移居之，仍上宮名曰萬安。景德元年崩，年四十五。謚明德。權殯沙臺。三年十月，祔葬永熙陵。禮官請以懿德、明德同祔太宗廟室，以先後爲次，從之。

李賢妃，眞定人，乾州防禦使英之女也。

太祖聞妃有容德，爲太宗聘之。開寶中，封隴西郡君。太宗卽位，進夫人。生皇女二人，皆早亡，次生楚王元佐。妃嘗夢日輪逼己，以裾承之，光耀遍體，驚而悟，遂生眞宗。太平興國二年薨，年三十四。

眞宗卽位，追封賢妃，又進上尊號爲皇太后。有司上諡曰元德。咸平三年，祔葬永熙陵。以中書侍郎、平章事李沆爲園陵使。車駕詣普安院攢宮，素服行禮，拜伏嗚咽。命駕部郎中、知制誥梁周翰撰哀册。神主祔別廟。大中祥符元年，追贈后父英檢校太尉、安國軍節度、常山郡王，母魏國太夫人。大中祥符三年，禮官趙湘請以后祔太宗廟室。眞宗曰：「此重事也，俟令禮官議之。」六年秋，宰相王旦與羣臣表請后尊號中去「太」字，升祔太廟明德之次，從之。

眞宗章懷潘皇后，大名人，忠武軍節度美第八女。眞宗在韓邸，太宗爲聘之，封莒國夫人。端拱二年五月薨，年二十二。眞宗卽位，追册爲皇后，諡莊懷，葬永昌陵之側，陵名保泰。神主享于別廟。舊制后諡冠以帝諡。慶曆中，禮官言，「孝」字連太祖諡，「德」字連太宗諡。遂改「莊」爲「章」，以連眞宗諡云。

章穆郭皇后，太原人，宣徽南院使守文第二女。淳化四年，眞宗在襄邸，太宗爲聘之。

封魯國夫人，進封秦國。眞宗嗣位，立爲皇后。景德四年，從幸西京還，以疾崩，年三十二。后謙約惠下，性惡奢靡。族屬入謁禁中，服飾華侈，必加戒勗。有以家事求言於上者，后終不許。兄子出嫁，以貧欲祈恩賚，但出裝具給之。上尤加禮重。

及崩，上深嗟悼。禮官奏皇帝七日釋服，特詔增至十三日。太常上謚曰莊穆。靈駕發引，命翰林學士楊億撰哀册。葬永熙陵之西北，神主享于別廟。以后弟崇儀副使崇仁爲莊宅使、康州刺史，姪承慶、承壽皆遷官。大中祥符中，封后母高唐郡太夫人梁氏萊國太夫人。仁宗卽位，升祔眞宗廟室，改謚章穆。

章獻明肅劉皇后，其先家太原，後徙益州，爲華陽人。祖延慶，在晉、漢間爲右驍衞大將軍；父通，虎捷都指揮使、嘉州刺史，從征太原，道卒。后，通第二女也。

初，母龐夢月入懷，已而有娠，遂生后。后在襁褓而孤，鞠於外氏。善播鼗。蜀人龔美者，以鍛銀爲業，攜之入京師。后年十五入襄邸，王乳母秦國夫人性嚴整，因爲太宗言之，令王斥去。王不得已，置之王宮指使張耆家。太宗崩，眞宗卽位，入爲美人。以其無宗族，乃更以美爲兄弟，改姓劉。大中祥符中，爲修儀，進德妃。

自章穆崩，眞宗欲立爲皇后，大臣多以爲不可，帝卒立之。李宸妃生仁宗，后以爲己子，與楊淑妃撫視甚至。后性警悟，曉書史，聞朝廷事，能記其本末。眞宗退朝，閱天下封奏，多至中夜，后皆預聞。宮闈事有問，輒傅引故實以對。

天禧四年，帝久疾居宮中，事多決於后。宰相寇準密議奏請皇太子監國，以謀泄罷相，用丁謂代之。既而，入內都知周懷政謀廢后殺謂，復用準以輔太子。客省使楊崇勳、內殿承制楊懷吉詣謂告，謂夜乘犢車，挾崇勳、懷吉造樞密使曹利用謀。明日，誅懷政，貶準衡州司馬。於是詔皇太子開資善堂，引大臣決天下事，后裁制於內。

眞宗崩，遺詔尊后爲皇太后，軍國重事，權取處分。謂等請太后御別殿，太后遣張景宗、雷允恭諭曰：「皇帝視事，當朝夕在側，何須別御一殿？」於是請帝與太后五日一御承明殿，帝位左，太后位右，垂簾決事。議已定，太后忽出手書，第欲禁中閱章奏，遇大事即召對輔臣。其謀出於丁謂，非太后意也。謂既貶，馮拯等三上奏，請如初議。帝亦以爲言，於是始同御承明殿。百官表賀，太后哀慟。有司請制令稱「吾」，以生日爲長寧節，出入御大安輦，鳴鞭侍衞如乘輿。令天下避太后父諱。羣臣上尊號曰應元崇德仁壽慈聖太后，御文德殿受册。

天聖五年正旦，太后御會慶殿。羣臣及契丹使者班廷中，帝再拜跪上壽。是歲郊祀前，出手書諭百官，毋請加尊號。禮成，帝率百官恭謝如元日。七年冬至，天子又率百官上壽，范仲淹力言其非，不聽。九月，詔長寧節百官賜衣，天下賜宴，皆如乾元節。

明道元年冬至，復御文德殿。有司陳黃麾仗，設宮架、登歌、二舞。明年，帝親耕籍田，太后亦謁太廟，乘玉輅，服褘衣、九龍花釵冠，齋于廟。質明，服袞衣，十章，減宗彝、藻，去劍，冠儀天，前後垂珠翠十旒。薦獻七室，皇太妃亞獻，皇后終獻。加上尊號曰應天齊聖顯功崇德慈仁保壽太后。

是歲崩，年六十五。謚曰章獻明肅，葬于永定陵之西北。舊制皇后皆二謚，稱制，加四謚自后始。追贈三世皆至太師、尚書令、兼中書令，父封魏王。

初，仁宗卽位尚少，太后稱制，雖政出宮闈，而號令嚴明，恩威加天下。左右近習亦少所假借，宮掖間未嘗妄改作。內外賜與有節，柴氏、李氏二公主入見，猶服髲鬄。太后曰：「姑老矣。」命左右賜以珠璣帕首。時潤王元份婦安國夫人李氏老，髮且落，見太后，亦請帕首。太后曰：「大長公主，太宗皇帝女，先帝諸妹也；若趙家老婦，寧可比耶？」舊賜大臣茶，有龍鳳飾，太后曰：「此豈人臣可得？」命有司別製入香京挺以賜之。賜族人御食，必易以釦器，曰：「尙方器勿使入吾家也。」常服絁繻練裙，侍者見仁宗左右簪珥珍麗，欲效之。太后戒曰：「彼皇帝嬪御飾也，汝安得學。」

先是，小臣方仲弓上書，請依武后故事，立劉氏廟，而程琳亦獻武后臨朝圖，后擲其書于地曰：「吾不作此負祖宗事。」有漕臣劉綽者，自京西還，言在庾有出賸糧千餘斛，乞付三司。后問曰：「卿識王曾、張知白、呂夷簡、魯宗道乎？此四人豈因獻羡餘進哉！」

后稱制凡十一年，自仁宗即位，乃諭輔臣曰：「皇帝聽斷之暇，宜詔名儒講習經史，以輔其德。」於是設幄崇政殿之西廡，而日命近臣侍講讀。

丁謂、曹利用既以侮權貶竄，而天下愓然畏之。晚稍進外家，任內宮羅崇勳、江德明等訪外事，崇勳等以此勢傾中外。兄子從德死，姻戚、門人、廝役拜官者數十人。御史曹脩古、楊偕、郭勸、段少連論奏，太后悉逐之。

太后保護帝既盡力，而仁宗所以奉太后亦甚備。上春秋長，猶不知爲宸妃所出，終太后之世無毫髮閒隙焉。及不豫，帝爲大赦，悉召天下醫者馳傳詣京師。諸嘗爲太后謫者皆內徙，死者復其官。其後言者多追詆太后時事，范仲淹以爲言，上曰：「此朕所不忍聞也。」下詔戒中外毋輒言。

於是泰寧軍節度使錢惟演請以章獻、章懿與章穆並祔眞宗室。詔三省與禮院議，皆以謂章穆皇后位崇中壼，已祔眞宗廟室，自協一帝一后之文；章獻明肅處坤元之尊，章懿感日符之貴，功德莫與爲比，謂宜崇建新廟，同殿異室，歲時薦饗，一用太廟之儀，仍別立廟名，以崇世享。翰林學士馮元等請以奉慈爲名，詔依。慶曆五年，禮院言章獻、章懿二后，請遵國朝懿德、明德、元德三后同祔太宗廟室故事，遷祔眞宗廟。詔兩制議，翰林學士王堯臣等議，請遷二后祔，序於章穆之次，從之。

李宸妃，杭州人也。祖延嗣，仕錢氏，爲金華縣主簿；父仁德，終左班殿直。初入宮，爲章獻太后侍兒，莊重寡言，眞宗以爲司寢。既有娠，從帝臨砌臺，玉釵墜，妃惡之。帝心卜：「釵完，當爲男子。」左右取以進，釵果不毀，帝甚喜。已而生仁宗，封崇陽縣君；復生一女，不育。進才人，後爲婉儀。仁宗卽位，爲順容，從守永定陵。章獻太后使劉美、張懷德爲訪其親屬，得其弟用和，補三班奉職。

初，仁宗在襁褓，章獻以爲己子，使楊淑妃保視之。仁宗卽位，妃嘿處先朝嬪御中，未嘗自異。人畏太后，亦無敢言者。終太后世，仁宗不自知爲妃所出也。

明道元年，疾革，進位宸妃，薨，年四十六。

初，章獻太后欲以宮人禮治喪於外，丞相呂夷簡奏禮宜從厚。太后遽引帝起，有頃，獨坐簾下，召夷簡問曰：「一宮人死，相公云云，何歟？」夷簡曰：「臣待罪宰相，事無內外，無不當預。」太后怒曰：「相公欲離間吾母子耶！」夷簡從容對曰：「陛下不以劉氏爲念，臣不敢言；尙念劉氏，則喪禮宜從厚。」太后悟，遽曰：「宮人，李宸妃也，且奈何？」夷簡乃請治喪用一品禮，殯洪福院。夷簡又謂入內都知羅崇勳曰：「宸妃當以后服殮，用水銀實棺，異時勿謂夷簡未嘗道及。」崇勳如其言。

後章獻太后崩，燕王爲仁宗言：「陛下乃李宸妃所生，妃死以非命。」仁宗號慟頓毀，不視朝累日，下哀痛之詔自責。尊宸妃爲皇太后，謚莊懿。幸洪福院祭告〔二〕，易梓宮，親哭視之，妃玉色如生，冠服如皇太后，以水銀養之，故不壞。仁宗嘆曰：「人言其可信哉！」遇劉氏加厚。陪葬永定陵，廟曰奉慈。又卽景靈宮建神御殿，曰廣孝。慶曆中，改謚章懿，升祔太廟。拜用和爲彰信軍節度使、檢校侍中，寵賚甚渥。旣而追念不已，顧無以厚其家，乃以福康公主下嫁用和之子瑋。

楊淑妃，益州郫人。祖瑫，父知儼，知儼弟知信，隸禁軍，爲天武副指揮使。妃年十二入皇子宮。眞宗卽位，拜才人，又拜婕妤，進婉儀，仍詔婉儀升從一品，位昭儀上。帝東封、西祀，凡巡幸皆從。章獻太后爲修儀，妃與之位幾埒。而妃通敏有智思，奉順章獻無所忤，章獻親愛之。故妃雖貴幸，終不以爲己間，後加淑妃。眞宗崩，遺制以爲皇太后。

始，仁宗在乳褓，章獻使妃護視，凡起居飲食必與之俱，所以擁佑扶持，恩意勤備。及帝卽位，嘗召其姪永德見禁中，欲授以諸司副使。妃辭曰：「小兒豈勝大恩，小官可也。」更命爲右侍禁。

章獻遺誥尊爲皇太后，居宮中，與皇帝同議軍國事。閤門趣百僚賀，御史中丞蔡齊目臺吏毋追班，乃入白執政曰：「上春秋長，習知天下情僞，今始親政事，豈宜使女后相繼稱制乎？」乃詔刪去遺誥「同議軍國事」語，第存后號。奉緡錢二萬助湯沐，後名其所居宮曰保慶，稱保慶皇太后。

景祐三年，無疾而薨，年五十三。殯於皇儀殿。帝思其保護之恩，命禮官議加服小功。

初，仁宗未有嗣，后每勸帝擇宗子近屬而賢者，養于宮中，其選卽英宗也。英宗立，言者謂禮慈母於子祭，於孫止，請廢后廟，瘞其主園陵。英宗弗欲遽也，下有司議，未上，會帝崩，遂罷。后父祖皆累贈至一品，知信贈節度使。知信子景宗，見外戚傳。

沈貴妃，宰相倫之孫，父繼宗，光祿少卿。大中祥符初，以將相家子被選。初爲才人，歷美人、婕妤、充媛，至德妃。爲人淑儉不華，帝亦以妃家世故，待之異衆。長秋虛位，帝欲立之，有從中沮之者，不果。嘉祐末，進貴妃。熙寧九年薨，年八十三。許出殯其家，車駕臨奠，輟視朝三日，謚昭靜。

仁宗郭皇后，其先應州金城人。平盧軍節度使崇之孫也。天聖二年，立爲皇后。初，帝寵張美人，欲以爲后，章獻太后難之。后既立，而頗見疏。其後尙美人、楊美人俱幸，數與后忿爭。一日，尙氏於上前有侵后語，后不勝忿，批其頰，上自起救之，誤批上頸，上大怒。入內都知閻文應因與上謀廢后，且勸帝以爪痕示執政。上以示呂夷簡，且告之故，夷簡亦以前罷相怨后，乃曰：「古亦有之。」后遂廢。詔封爲淨妃、玉京沖妙仙師，賜名清悟，居長樂宮〔二〕。

於是中丞孔道輔、諫官御史范仲淹段少連等十人伏閤言：「后無過，不可廢。」道輔等俱被黜責。景祐元年，出居瑤華宮，而尙美人亦廢於洞眞宮入道，楊美人別宅安置。又賜后號金庭教主、沖靜元師。後帝頗念之，遣使存問，賜以樂府，后和答之，辭甚愴惋。帝嘗密令召入，后曰：「若再見召者，須百官立班受册方可。」屬小疾，遣文應挾醫診視，數日，乃言后暴薨。中外疑閻文應進毒，而不得其實。上深悼之，追復皇后，而停謚册祔廟之禮。

慈聖光獻曹皇后，眞定人，樞密使周武惠王彬之孫也。明道二年，郭后廢，詔聘入宮。景祐元年九月，册爲皇后。性慈儉，重稼穡，常於禁苑種穀、親蠶，善飛帛書。慶曆八年閏正月，帝將以望夕再張燈，后諫止。後三日，衞卒數人作亂，夜越屋叩寢殿。后方侍帝，聞變遽起。帝欲出，后閉閤擁持，趣呼都知王守忠使引兵入。賊傷宮嬪殿下，聲徹帝所，宦者以乳嫗歐小女子紿奏，后叱之曰：「賊在近殺人，敢妄言耶！」后度賊必縱火，陰遣人挈水踵其後，果舉炬焚簾，水隨滅之。是夕，所遣宦侍，后皆親剪其髮，諭之曰：「明日行賞，用是爲驗。」故爭盡死力，賊即禽滅。閤內妾與卒亂當誅，祈哀幸姬，姬言之帝，貸其死。后具衣冠見，請論如法，曰：「不如是，無以肅清禁掖。」帝命坐，后不可，立請，移數刻，卒誅之。

張妃怙寵上僭，欲假后蓋出游。帝使自來請，后與之，無靳色。妃喜，還以告，帝曰：「國家文物儀章，上下有秩，汝張之而出，外廷不汝置。」妃不懌而輟。

英宗方四歲，育禁中，后拊鞠周盡；迨入爲嗣子，贊策居多。帝夜暴疾崩，后悉斂諸門鑰置於前，召皇子入。及明，宰臣韓琦等至，奉英宗卽位，尊后爲皇太后。

帝感疾，請權同處分軍國事，御內東門小殿聽政。大臣日奏事有疑未決者，則曰「公輩更議之」，未嘗出己意。頗涉經史，多援以決事。中外章奏日數十，一一能紀綱要。檢柅曹氏及左右臣僕，毫分不以假借，宮省肅然。

明年夏，帝疾益愈，卽命撤簾還政，帝持書久不下，及秋始行之。敕有司崇峻典禮，以弟佾同中書門下平章事。神宗立，尊爲太皇太后，名宮曰慶壽。帝致極誠孝，所以承迎娛悅，無所不盡，從行登覽，每先後策掖。后亦慈愛天至，或退朝稍晚，必自至屏扆候矚，間親持饍飲以食帝。外家男子，舊毋得入謁。后春秋高，佾亦老，帝數言宜使入見，輒不許。他日，佾侍帝，帝復爲請，乃許之，因偕詣后閤。少焉，帝先起，若令佾得伸親親意。后遽曰：「此非汝所當得留。」趣遣出。

晚得水疾，侍醫莫能治。元豐二年冬，疾甚，帝視疾寢門，衣不解帶。旬日崩，年六十四。帝推恩曹氏，拜佾中書令，進官者四十餘人。

初，王安石當國，變亂舊章，后乘間語神宗，謂祖宗法度不宜輕改。熙寧宗祀前數日，帝至后所，后曰：「吾昔聞民間疾苦，必以告仁宗，因赦行之，今亦當爾。」帝曰：「今無他事。」

后曰：「吾聞民間甚苦青苗、助役，宜罷之。安石誠有才學，然怨之者甚衆，帝欲愛惜保全之，不若暫出之於外。」帝悚聽，垂欲止，復爲安石所持，遂不果。

帝嘗有意於燕薊，已與大臣定議，乃詣慶壽宮白其事。后曰：「儲蓄賜予備乎？鎧仗士卒精乎？」帝曰：「固已辦之矣。」后曰：「事體至大，吉凶悔吝生乎動，得之不過南面受賀而已；萬一不諧，則生靈所係，未易以言。苟可取之，太祖、太宗收復久矣，何待今日。」帝曰：「敢不受教。」

蘇軾以詩得罪，下御史獄，人以爲必死。后違豫中聞之，謂帝曰：「嘗憶仁宗以制科得軾兄弟，喜曰：『吾爲子孫得兩宰相。』今聞軾以作詩繫獄，得非仇人中傷之乎？捃至於詩，其過微矣。吾疾勢已篤，不可以冤濫致傷中和，宜熟察之。」帝涕泣，軾由此得免。及崩，帝哀慕毁瘠，殆不勝喪。有司上謚，葬于永昭陵。

張貴妃，河南永安人也。祖穎，進士第，終建平令。父堯封，亦舉進士，爲石州推官卒。時堯封兄堯佐補蜀官，堯封妻錢氏求挈孤幼隨之官，堯佐不收恤，以道遠辭。妃幼無依，錢氏遂納于章惠皇后宮寢。長得幸，有盛寵。妃巧慧多智數，善承迎，勢動中外。慶曆元年，封清河郡君，歲中爲才人，遷修媛。忽被疾，曰：「妾姿薄，不勝寵名，願爲美人。」許之。皇祐初，進貴妃。後五年薨，年三十一。仁宗哀悼之，追册爲皇后，謚溫成。追封堯封淸河郡王，謚景思。而堯佐因緣僥倖，致位通顯云。

苗貴妃，開封人。父繼宗。母許，先爲仁宗乳保，出嫁繼宗。帝登位，得復通籍。妃以容德入侍，生唐王昕、福康公主。封仁壽郡君，拜才人、昭容、德妃。英宗育於禁中，妃擁佑頗有恩。旣踐阼，疇其前勞，進貴妃。贈其父至太師、吳國公，母陳、楚國夫人。福康下嫁，當貤恩外家，抑不肯言。元祐六年薨，年六十九。哲宗輟朝，出奠，發哀苑中，謚曰昭節。

周貴妃，開封人。生四歲，從其姑入宮，張貴妃育爲女。稍長，遂得侍仁宗，生兩公主。帝崩，妃日一蔬食，屏處一室，誦佛書，困則假寐，覺則復誦，晝夜不解衣者四十年。公主下嫁錢景臻、郭獻卿。連進至賢妃，徽宗立，加貴妃。歷五朝，勤約一致。啓壽藏於周氏塋南，傍建僧屋，費緡錢六萬，皆貯儲奉賜。郭公主先亡，詔許出外第，與親戚相往來。年九十三薨，謚昭淑。

楊德妃，定陶人。天聖中，以章獻太后姻連，選爲御侍，封原武郡君，進美人。端麗機敏，妙音律，組紃、書藝一過目如素習。父忠爲侍禁，仁宗欲加獎擢，辭曰：「外官當積勞以取貴，今以恩澤徼倖，恐啓左右詖謁之端。」帝悅，命徙居肅儀殿。贈其祖貴州刺史，而官其叔弟五人。積與郭后不相能，后既廢，妃亦遣出。後復召爲婕妤，歷修媛、修儀。熙寧五年薨，年五十四。贈德妃。

馮賢妃，東平人。曾祖炳，知雜御史；祖起，兵部侍郎。妃以良家女，九歲入宮。及長，得侍仁宗，生邢、魯國二公主。封始平郡君。帝將登其品秩，力辭不拜。養女林美人得幸神宗，生二王而沒。王尙幼，妃保育如己子。累加才人、婕妤、修容。在禁掖幾六十年，始終五朝，動循禮度。薨，年七十七，贈賢妃。

英宗宣仁聖烈高皇后，亳州蒙城人。曾祖瓊，祖繼勳，皆有勳王室，至節度使。母曹氏，慈聖光獻后〔三〕姊也，故后少鞠宮中。時英宗亦在帝所，與后年同，仁宗謂慈聖，異日必以爲配。既長，遂成昏濮邸。生神宗皇帝、岐王顥、嘉王頵、壽康公主。治平二年册爲皇后。

后弟內殿崇班〔四〕士林，供奉久，帝欲遷其官，后謝曰：「士林獲升朝籍，分量已過，豈宜援先后家比？」辭之。神宗立，尊爲皇太后，居寶慈宮。帝累欲爲高氏營大第，后不許。久之，但斥望春門外隙地以賜，凡營繕百役費，悉出寶慈，不調大農一錢。

元豐八年，帝不豫，浸劇，宰執王珪等入問疾，乞立延安郡王爲皇太子，太后權同聽政；帝頷之。珪等見太后簾下。后泣，撫王曰：「兒孝順，自官家服藥，未嘗去左右，書佛經以祈福，喜學書，已誦論語七卷，絕不好弄。」乃令王出簾外見珪等，珪等再拜謝且賀。是日降制，立爲皇太子。初，岐、嘉二王日問起居，至是，令毋輒入。又陰敕中人梁惟簡，使其妻製十歲兒一黃袍，懷以來，蓋密爲踐阼倉卒備也。

哲宗嗣位，尊爲太皇太后。驛召司馬光、呂公著，未至，迎問今日設施所宜先。未及條上，已散遣修京城役夫，減皇城覘卒，止禁庭工技，廢導洛司，出近侍尤亡狀者。戒中外毋苛斂，寬民間保戶馬。事由中旨，王珪等弗預知。又起文彥博於既老，遣使勞諸途，諭以復祖宗法度爲先務，且令亟疏可用者。

從父遵裕坐西征失律抵罪，蔡確欲獻諛以固位，乞復其官。后曰：「遵裕靈武之役，塗炭百萬，先帝中夜得報，起環榻行，徹旦不能寐，聖情自是驚悸，馴致大故，禍由遵裕，得免刑誅，幸矣。先帝肉未冷，吾何敢顧私恩而違天下公議！」確悚慄而止。

光、公著至，並命爲相，使同心輔政，一時知名士彙進於廷。凡熙寧以來政事弗便者，次第罷之。於是以常平舊式改青苗，以嘉祐差役參募役，除市易之法，逭茶鹽之禁，舉邊砦不毛之地以賜西戎，而宇內復安。契丹主戒其臣下，復勿生事於疆埸，曰：「南朝盡行仁宗之政矣。」

蔡確坐車蓋亭詩謫嶺表，后謂大臣曰：「元豐之末，吾以今皇帝所書佛經出示人，是時惟王珪曾奏賀，遂定儲極。且以子繼父，有何間言？而確自謂有定策大功，妄扇事端，規爲異時眩惑地。吾不忍明言，姑託訕上爲名逐之耳。此宗社大計，姦邪怨謗所不暇恤也。」

廷試舉人，有司請循天聖故事，帝后皆御殿，后止之。又請受册寶於文德，后曰：「母后當陽，非國家美事，況天子正衙，豈所當御？就崇政足矣。」上元燈宴，后母當入觀，止之曰：「夫人登樓，上必加禮，是由吾故而越典制，於心殊不安。」但令賜之燈燭，遂歲以爲常。

姪公繪、公紀當轉觀察使，力遏之。帝請至再，僅遷一秩，終后之世不敢改。又以官冗當汰，詔損外氏恩四之一，以爲宮掖先。臨政九年，朝廷清明，華夏綏定。宋用臣等既被斥，祈神宗乳媼入言之，冀得復用。后見其來，曰：「汝來何爲？得非爲用臣等游說乎？且汝尙欲如曩日，求內降干撓國政耶？若復爾，吾卽斬汝。」媼大懼，不敢出一言。自是內降遂絕，力行故事，抑絕外家私恩。文思院奉上之物，無問巨細，終身不取其一。人以爲女中堯舜。

元祐八年九月，屬疾崩，年六十二。後二年，章惇、蔡卞、邢恕始造爲不根之謗，皇太后、太妃力辨其誣，事乃已。語在恕傳。至高宗時，昭暴惇、卞、恕罪，襃錄后家，贈曹夫人爲魏、魯國夫人，弟士遜、士林及公繪、公紀皆追王，擢從孫世則節度使。他受恩者，又十餘人云。

校勘記

〔一〕幸洪福院祭告　「院」原作「寺」，據上文及宋會要禮三二之一八、長編卷一一三改。

〔二〕長樂宮　宋會要后妃一之三、長編卷一一三都作「長寧宮」。

〔三〕慈聖光獻后　「后」原作「妃」。按「慈聖光獻」是仁宗曹后的謚號，已見本卷慈聖光獻曹皇后傳，據改。

〔四〕內殿崇班　「內殿」二字原倒，據本書卷一六九職官志、長編卷二〇八乙正。

宋史卷二百四十三

列傳第二

后妃下

神宗欽聖憲肅向皇后，河內人，故宰相敏中曾孫也。治平三年，歸于潁邸，封安國夫人。神宗卽位，立爲皇后。

帝不豫，后贊宣仁后定建儲之議。哲宗立，尊爲皇太后。宣仁命葺慶壽故宮以居后，后辭曰：「安有姑居西而婦處東，瀆上下之分。」不敢徙，遂以慶壽後殿爲隆祐宮居之。帝將卜后及諸王納婦，后敕向族勿以女置選中。族黨有欲援例以恩換閤職，及爲選人求京秩者，且言有特旨，后曰：「吾族未省用此例，何庸以私情撓公法。」一不與。帝倉卒晏駕，獨決策迎端王。章惇異議，不能沮。

徽宗立，請權同處分軍國事，后以長君辭。帝泣拜，移時乃聽。凡紹聖、元符以還，惇所斥逐賢大夫士，稍稍收用之。故事有如御正殿、避家諱、立誕節之類，皆不用。至聞賓召故老、寬徭息兵、愛民崇儉之舉，則喜見于色。纔六月，卽還政。

明年正月崩，年五十六。帝追念不已，乃數加恩兩舅，宗良、宗回，皆位開府儀同三司，封郡王。而自敏中以上三世，亦追列王爵，非常典也。

欽成朱皇后，開封人。父崔傑，早世；母李，更嫁朱士安。后鞠於所親任氏。熙寧初，入宮爲御侍，進才人、婕妤，生哲宗及蔡王似〔一〕、徐國公主，累進德妃。哲宗卽位，尊爲皇太妃。時宣仁、欽聖二太后皆居尊，故稱號未極。元祐三年，宣仁詔：春秋之義，「母以子貴」，其尋繹故實，務致優隆。於是輿蓋、仗衞、冠服，悉侔皇后。紹聖中，欽聖復命卽閣建殿，改乘車爲輿，出入由宣德東門，百官上牋稱「殿下」，名所居爲聖瑞宮。贈崔、任、朱三父皆至師、保。徽宗立，奉禮尤謹。崇寧元年二月薨，年五十一。追册爲皇后，上尊謚，陪葬永裕陵。

欽慈陳皇后，開封人。幼穎悟莊重，選入掖庭，爲御侍。生徽宗，進美人。帝崩，守陵殿，思顧舊恩，毀瘠骨立。左右進粥、藥，揮使去，曰：「得早侍先帝，願足矣！」未幾薨，年三十二。建中靖國元年，追册爲皇太后，上尊謚，陪葬永裕陵。

林賢妃，南劍人，三司使特之孫，司農卿洙之女。幼選入宮，既長，遂得幸，封永嘉郡君，升美人。生燕王俁、越王偲、邢國公主，進婕妤。元祐五年薨。詔用一品禮葬，贈貴儀，又贈賢妃。

武賢妃，始以選入宮。元豐五年，進才人。生吳王佖、賢和公主。歷美人、婕妤。徽宗即位，進昭儀、賢妃。大觀元年薨，乘輿臨奠，輟朝三日，謚曰惠穆。

哲宗昭慈聖獻孟皇后，洛州人，眉州防禦使、馬軍都虞候、贈太尉元之孫女也。初，哲宗旣長，宣仁高太后歷選世家女百餘入宮。后年十六，宣仁及欽聖向太后皆愛之，教以女儀。元祐七年，諭宰執：「孟氏子能執婦禮，宜正位中宮。」命學士草制。又以近世禮儀簡略，詔翰林、臺諫、給舍與禮官議册后六禮以進。至是，命尙書左僕射呂大防攝太尉，充奉迎使，同知樞密院韓忠彥攝司徒副之；尙書左丞蘇頌攝太尉，充發策使，簽書樞密院事王巖叟攝司徒副之；尙書右丞蘇轍攝太尉，充告期使，皇叔祖同知大宗正事宗景攝宗正卿副之；皇伯祖判大宗正事高密郡王宗晟攝太尉，充納成使，翰林學士范百祿攝宗正卿副之；吏部尙書王存攝太尉，充納吉使，權戶部尙書劉奉世攝宗正卿副之；翰林學士梁燾攝太尉，充納采、問名使，御史中丞鄭雍攝宗正卿副之。帝親御文德殿册爲皇后。宣仁太后語帝曰：「得賢內助，非細事也。」進后父閤門祗候在爲崇儀使、榮州刺史，母王氏華原郡君。

久之，劉婕妤有寵。紹聖三年，后朝景靈宮，訖事，就坐，諸嬪御立侍，劉獨背立簾下，后閤中陳迎兒呵之，不顧，閤中皆忿。冬至日，會朝欽聖太后於隆祐宮，后御坐朱髹金飾，宮中之制，惟后得之。婕妤在他坐，有慍色，從者爲易坐，製與后等。衆弗能平，因傳唱曰：「皇太后出！」后起立，劉亦起，尋各復其所，或已撤婕妤坐，遂仆于地。懟不復朝，泣訴于帝。內侍郝隨謂婕妤曰：「毋以此戚戚，願爲大家早生子，此坐正當爲婕妤有也。」

會后女福慶公主疾，后有姊頗知醫，嘗已后危疾，以故出入禁掖。公主藥弗效，持道家治病符水入治。后驚曰：「姊寧知宮中禁嚴，與外間異邪？」令左右藏之；俟帝至，具言其故。帝曰：「此人之常情耳。」后卽爇符於帝前。宮禁相傳，厭魅之端作矣。未幾，后養母聽宣夫人燕氏、尼法端與供奉官王堅爲后禱祠。事聞，詔入內押班梁從政、管當御藥院蘇珪，卽皇城司鞫之，捕逮宦者、宮妾幾三十人，搒掠備至，肢體毀折，至有斷舌者。獄成，命侍御史董敦逸覆錄，罪人過庭下，氣息僅屬，無一人能出聲者。敦逸秉筆疑未下，郝隨等以言脅之。敦逸畏禍及己，乃以奏牘上。詔廢后，出居瑤華宮，號華陽教主、玉清妙靜仙師，法名沖眞。

初，章惇誣宣仁后有廢立計，以后逮事宣仁，惇又陰附劉賢妃，欲請建爲后，遂與郝隨構成是獄，天下冤之。敦逸奏言：「中宮之廢，事有所因，情有可察。詔下之日，天爲之陰翳，是天不欲廢后也；人爲之流涕，是人不欲廢后也。」且言：「嘗覆錄獄事，恐得罪天下後世。」帝曰：「敦逸不可更在言路。」曾布曰：「陛下本以皇城獄出於近習推治，故命敦逸錄問，今乃貶錄問官，何以取信中外？」乃止。帝久亦悔之，曰：「章惇誤我。」

元符末，欽聖太后將復后位，適有布衣上書，以后爲言者，即命以官；於是詔后還內，號元祐皇后，時劉號元符皇后故也。崇寧初，郝隨諷蔡京再廢后，昌州判官馮澥上書言后不得復。臺臣錢遹、石豫、左膚等連章論韓忠彥等信一布衣狂言，復已廢之后，以掠虛美，望斷以大義。蔡京與執政許將、溫益、趙挺之、張商英皆主其說。徽宗從之，詔依紹聖詔旨，復居瑤華宮，加賜希微元通知和妙靜仙師。

靖康初，瑤華宮火，徙居延寧宮；又火，出居相國寺前之私第。金人圍汴，欽宗與近臣議再復后，尊爲元祐太后。詔未下而京城陷。時六宮有位號者皆北遷，后以廢獨存。張邦昌僭位，尊后爲宋太后，迎居延福宮，受百官朝。胡舜陟、馬伸又言，政事當取后旨。邦昌乃復上尊號元祐皇后，迎入禁中，垂簾聽政。

后聞康王在濟，遣尚書左右丞馮澥、李回及兄子忠厚持書奉迎。命副都指揮使郭仲荀將所部扈衞，又命御營前軍統制張俊逆于道。尋降手書，播告天下。王至南京，后遣宗室士㒟及內侍邵成章奉圭寶、乘輿、服御迎，王卽皇帝位，改元，后以是日撤簾，尊后爲元祐太后。尚書省言，「元」字犯后祖名，請易以所居宮名，遂稱隆祐太后。

上將幸揚州，命仲荀衞太后先行，駐揚州州治。會張浚請先定六宮所居地，遂詔忠厚奉太后幸杭州，以苗傅爲扈從統制。踰年，傅與劉正彥作亂，請太后聽政，又請立皇子。太后諭之曰：「自蔡京、王黼更祖宗法，童貫起邊事，致國家禍亂。今皇帝無失德，止爲黃潛善、汪伯彥所誤，皆已逐矣。」傅等言必立皇太子，太后曰：「今強敵在外，我以婦人抱三歲小兒聽政，將何以令天下？」傅等泣請，太后力拒之。帝聞事急，詔禪位元子，太后垂簾聽政。朱勝非請令臣僚得獨對論機事，仍日引傅黨一人上殿，以釋其疑。太后從之，每見傅等，曲加慰撫，傅等皆喜。韓世忠妻梁氏在傅軍中，勝非以計脫之，太后召見，勉令世忠速來，以清巖陛。梁氏馳入世忠軍，諭太后意。世忠等遂引兵至，逆黨懼。朱勝非等誘以復辟，命王世修草狀進呈。太后喜曰：「吾責塞矣。」再以手札趣帝還宮，卽欲撤簾。帝令勝非請太后一出御殿，乃命撤簾。是日，上皇太后尊號。

太后聞張浚忠義，欲一見之，帝爲召浚至禁中。承議郎馮檝嘗貽書苗傅勸復辟，上未之知，太后白其事，櫬得遷秩。

帝幸建康〔三〕，命簽書樞密院事鄭㲄衞太后繼發，比至，帝率羣臣迎于郊。會防秋迫，命劉寧止制置江、浙，衞太后往洪州，百司非預軍事者悉從。仍命滕康、劉珏權知三省樞密院事從行，凡四方奏讞、吏部差注、舉辟、功賞之類，皆隸焉。復命四廂都指揮使楊惟忠，將兵萬人衞從。帝慮敵人來侵，密諭康、珏緩急取太后旨，便宜以行。過落星寺，舟覆，宮人溺死者十數，惟太后舟無虞。

既至洪州，議者言：「金人自蘄、黃渡江，陸行二百餘里，卽到洪州。」帝憂之，命劉光世屯江州。光世不爲備，金人遂自大冶縣徑趣洪州。康、珏奉太后行，次吉州。金人追急，太后乘舟夜行。質明，至太和縣，舟人景信反，楊惟忠兵潰，失宮人一百六十，康、珏俱遁，兵衞不滿百，遂往虔州。太后及潘妃以農夫肩輿而行。帝慮太后徑入閩、廣，遣使歷詢后所在，及知在虔州，遂命中書舍人李正民來朝謁。

時虔州府庫皆空，衞軍所給，惟得沙錢，市買不售，與百姓交鬥，縱火肆掠。土豪陳新率衆圍城，康、珏、惟忠弗能禁。惟忠步將胡友自外引兵破新于城下，新乃去。帝聞，罷康、珏，命盧益、李回代之。諭輔臣曰：「朕初不識太后，自迎至南京，愛朕不啻己出。今在數千里外，兵馬驚擾，當亟奉迎，以慰朕朝夕慕念之意。」遂遣御營司都統辛企宗、帶御器械潘永思迎歸。太后至越，帝親迎于行宮門外，遍問所過守臣治狀。

入宮禁中，嘗微苦風眩。有宮人自言善符呪，疾良已。太后驚曰：「吾豈敢復聞此語耶！」立命出之。太后生辰，置酒宮中，從容謂帝曰：「宣仁太后之賢，古今母后未有其比。昔奸臣肆爲謗誣，雖嘗下詔明辨，而國史尙未删定，豈足傳信？吾意在天之靈，不無望於帝也。」帝聞之悚然。後乃更修神宗、哲宗實錄，始得其正，而奸臣情狀益著。

帝事太后極孝，雖帷帳皆親視；或得時果，必先獻太后，然後敢嘗。宣教郞范燾與忠厚有憾，誣與太后密養欽宗子。帝曰：「朕於太后如母子，安得有此。」卽治其罪。紹興五年春〔三〕，患風疾，帝旦暮不離左右，衣弗解帶者連夕。

四月，崩於行宮之西殿，年五十九。遺命擇地攢殯，俟軍事寧，歸葬園陵。帝詔曰：「朕以繼體之重，當從重服，凡喪祭用母后臨朝禮。」上尊號曰昭慈獻烈皇太后，推恩外家凡五十人。殯于會稽上皇村，附神主于哲宗室，位在昭懷皇后上。三年，改謚昭慈聖獻。

后性節儉謙謹，有司月供千緡而止。幸南昌，斥賣私絹三千匹充費。尋詔文書應奏者避后父名，不許；羣臣請上太皇太后號，亦不許。忠厚直顯謨閣，臺諫、給舍交章論列，后聞，卽令易武，命學士院降詔，戒敕忠厚等不得預聞朝政、通貴近、至私第謁見宰執。以恩澤當得官者近八十員，后未嘗陳請。

初，后受册日，宣仁太后歎曰：「斯人賢淑，惜福薄耳！異日國有事變，必此人當之。」後皆如所云。

昭懷劉皇后，初爲御侍，明豔冠後庭，且多才藝。由美人、婕妤進賢妃。生一子二女。有盛寵，能順意奉兩宮。時孟后位中宮，后不循列妾禮，且陰造奇語以售謗；內侍郝隨、劉友端爲之用。孟后既廢，后竟代焉。右正言鄒浩上疏極諫，坐竄。徽宗立，册爲元符皇后。明年，尊爲太后，名宮崇恩。帝緣哲宗故，曲加恩禮，后以是頗干預外事，且以不謹聞。帝與輔臣議，將廢之，而后已爲左右所逼，卽簾鉤自縊而崩，年三十五。

徽宗顯恭王皇后，開封人，德州刺史藻之女也。元符二年六月，歸于端邸，封順國夫人。徽宗卽位，册爲皇后。生欽宗及崇國公主。后性恭儉，鄭、王二妃方亢寵，后待之均平。亘閹妄意迎合，誣以闇昧。帝命刑部侍郎周鼎卽秘獄參驗，略無一跡，獄止。后見帝，未嘗一語輒及，帝憣然憐之。大觀二年崩，年二十五。謚曰靜和，葬裕陵之次。紹興中，始附徽宗廟室，改上今謚云。

鄭皇后，開封人也。父紳，始爲直省官，以后貴，累封太師、樂平郡王。后本欽聖殿押班，徽宗爲端王，每日朝慈德宮，欽聖命鄭、王二押班供侍。及卽位，遂以二人賜之。后自入宮，好觀書，章奏能自製，帝愛其才。崇寧初，封賢妃，遷貴妃，有異寵。徽宗多賚以詞章，天下歌之。

王皇后崩，政和元年，立爲皇后。將受册，有司創製冠服，后言國用未足，冠珠費多，請命工改製妃時舊冠。又乞罷黃麾仗、小駕鹵簿等儀，從之。恩澤皆弗陳請。時族子居中在樞府，后奏：「外戚不當預國政，必欲用之，且令充妃職。」帝爲罷居中。居中復用，后歸寧還言：「居中與父紳相往還，人皆言其招權市賄，乞禁絕，許御史奏劾。」后性端謹，善順承帝意。劉貴妃薨，帝思之不已，將追册爲后。后卽奏妃乃其養子，乞別議褒崇之禮，帝大喜。

欽宗受禪，尊爲太上皇后，遷居寧德宮，稱寧德太后。從上皇幸南京，金師退，先歸。時用事者言，上皇將復辟於鎭江，人情危駭。或謂后將由端門直入禁中，內侍輩頗勸欽宗嚴備。帝不從，出郊迎后，於是兩宮歡甚洽。上皇聞之，卽罷如洛之議。

汴京破，從上皇幸青城。北遷，留五年，崩于五國城，年五十二。紹興七年，何蘇等使還，始知上皇及后崩，高宗大慟。詔立重成服，謚顯肅。后親族各遷官有差。祔主徽宗室，以聞哀日爲大忌。梓宮歸，入境，承之以槨，納翬衣其中，與徽宗合攢于會稽永佑陵。

先是，后至金營，訴于粘罕曰：「妾得罪當行，但妾家屬不預朝政，乞留不遣。」粘罕許之，故紳得歸。后既行，紳亦以是年薨，謚僖靖。家屬流寓江南，高宗憐之，詔所在尋訪賜官。有鄭藻者，后近屬也。紹興中帶御器械，用后祔廟恩，拜隴州防禦使；凡四使金，歷官至保信軍節度使，加太尉。卒，追封榮國公，謚端靖。

王貴妃，與鄭后俱爲押班。徽宗立，封平昌郡君，進位至貴妃。生鄆王楷、莘王植、陳王機、惠淑康淑順德柔福冲懿帝姬。政和七年九月薨，謚曰懿肅。

韋賢妃，開封人，高宗母也。初入宮，爲侍御。崇寧末，封平昌郡君。大觀初，進婕妤，累遷婉容。高宗在康邸出使，進封龍德宮賢妃。從上皇北遷。建炎改元，遙尊爲宣和皇后。封其父安道爲郡王，官親屬三十人。由是遣使不絕。

紹興七年，徽宗及鄭皇后崩聞至，帝號慟，諭輔臣曰：「宣和皇后春秋高，朕思之不遑寧處，屈己講和，正爲此耳。」翰林學士朱震引唐建中故事，請遙尊爲皇太后，從之。已而太常少卿吳表臣請依嘉祐、治平故事，俟三年喪畢，然後舉行。乃先降御札，播告天下。后三代俱追封王。

帝以后久未歸，每顰蹙曰：「金人若從朕請，餘皆非所問也。」王倫使回，言金人許歸后。未幾，金人遣蕭哲來，亦言后將歸狀。遂豫作慈寧宮〔四〕，命莫將、韓恕爲奉迎使。十年，以金人猶未歸后，乃遙上皇太后册寶於慈寧殿。是後，生辰、至、朔，皆遙行賀禮。

洪皓在燕，求得后書，遣李微持歸。帝大喜曰：「遣使百輩，不如一書。」遂加微官。金人遣蕭毅、邢具瞻來議和，帝曰：「朕有天下，而養不及親。徽宗無及矣！今立誓信，當明言歸我太后，朕不恥和。不然，朕不憚用兵。」毅等還，帝又語之曰：「太后果還，自當謹守誓約；如其未也，雖有誓約，徒爲虛文。」

命何鑄、曹勛報謝，召至內殿，諭之曰：「朕北望庭闈，無淚可揮。卿見金主，當曰：『慈親之在上國，一老人耳；在本國，則所繫甚重。』以至誠說之，庶彼有感動。」鑄等至金國，首以后歸爲請。金主曰：「先朝業已如此，豈可輒改？」勛再三懇請，金主始允。鑄等就館，館伴耶律紹文來言，金主許從所請。洪皓聞之，先遣人來報。鑄等還，具言其實。遂命參政王次翁爲奉迎使。金人遣其臣高居安、完顏宗賢等扈從以行。

十二年四月，次燕山，自東平舟行，由清河至楚州。既渡淮，命太后弟安樂郡王〔五〕韋淵、秦魯國大長公主、吳國長公主迎于道。帝親至臨平奉迎，普安郡王、宰執、兩省、三衙管軍皆從。帝初見太后，喜極而泣。八月，至臨安，入居慈寧宮。

先是，以梓宮未還，詔中外輟樂。至是，慶太后壽節，始用樂。謁家廟，親屬遷官幾二千人〔六〕。

太后聰明有智慮。初，金人許還三梓宮，太后恐其反覆，呼役者畢集，然後起攢。時方暑，金人憚行，太后慮有他變，乃陽稱疾，須秋涼進發。已而稱貸于金使，得黃金三千兩以犒其衆，由是途中無間言。太后在北方，聞韓世忠名，次臨平，呼世忠至簾前慰勞。還宮，帝侍太后，或至夜分未去，太后曰：「且休矣，聽朝宜早，恐妨萬幾。」又嘗謂：「兩宮給使，宜令通用；不然，則有彼我之分，而佞人間言易以入也。」

時皇后未立，太后屢爲帝言，帝請降手書，太后曰：「我但知家事，外庭非所當預。」將行冊命，承平典禮，悉能記之。帝先意承志，惟恐不及，或一食稍減，輒不勝憂懼。常戒宮人曰：「太后年已六十，惟優游無事，起居適意，卽壽考康寧；事有所闕，愼毋令太后知，第來白朕。」

十九年，太后年七十，正月朔，卽宮中行慶壽禮，親屬各遷官一等。太后微恙，累月不出殿門，會牡丹盛開，帝入白，太后欣然步至花所，因留宴，竟日盡歡。翌日，以諭宰執。后苦目疾，募得醫皇甫坦，治卽愈。

二十九年，太后壽登八十，復行慶禮。親屬進官一等；庶人年九十、宗子女若貢士已上父母年八十者，悉官封之。九月，得疾，上不視朝，敕輔臣祈禱天地、宗廟、社稷，赦天下，減租稅。俄崩于慈寧宮，諡曰顯仁。攢于永佑陵之西，祔神主太廟徽宗室。親屬進秩者十四人，授官者三人。

太后性節儉，有司進金唾壺，太后易，令用塗金。宮中賜予不過三數千，所得供進財帛，多積於庫。至是，喪葬之費，皆仰給焉。然好佛、老。初，高宗出使，有小妾言，見四金甲人執刀劍以衞。太后曰：「我祠四聖謹甚，必其陰助。」既北遷，常設祭；及歸，立祠西湖上。

喬貴妃，初與高宗母韋妃俱侍鄭皇后，結爲姊妹，約先貴者毋相忘。既而貴妃得幸徽宗，遂引韋氏，二人愈相得。二帝北遷，貴妃與韋氏俱。至是，韋妃將還，貴妃以金五十兩贈高居安，曰：「薄物不足爲禮，願好護送姊還江南。」復舉酒酹韋氏曰：「姊善重保護，歸即爲皇太后；妹無還期，終死於朔漠矣！」遂大慟以別。

劉貴妃，其出單微。入宮，即大幸，由才人七遷至貴妃。生濟陽郡王棫、祁王模、信王榛。政和三年秋，薨。

先是，妃手植芭蕉於庭曰：「是物長，吾不及見矣！」已而果然。左右奔告帝，帝初以其微疾，不經意，趣幸之，已薨矣，始大悲惻。特加四字謚曰明達懿文。敍其平生，紘諸樂府。又欲踵温成故事追崇，使皇后表請，因册贈爲后，而以明達謚焉。

時又有安妃劉氏者，本酒保家女。初事崇恩宮；宮罷，出居宦者何訢家。內侍楊戩譽其美，復召入。妃以同姓養爲女，遂有寵，爲才人，進至淑妃。生建安郡王楧、嘉國公椅、英國公㮚、和福帝姬。政和四年，加貴妃。朝夕得侍上，擅愛顓席，嬪御爲之稀進。擢其父劉宗元節度使。

妃天資警悟，解迎意合旨，雅善塗飾，每制一服，外間即倣之。林靈素以技進，目爲九華玉眞安妃，肖其像于神霄帝君之左。宣和三年薨，年三十四。初謚明節和文，旋用明達近比，加册贈爲皇后，葬其園之西北隅。帝悼之甚，後宮皆往唁，帝相與啜泣。崔妃獨左視無戚容，帝悲怒，疑其爲厭蠱。卜者劉康孫緣妃以進，喜妄談休咎，捕送開封獄。醫曹孝忠侍疾無狀，閤內侍王堯臣坐盜金珠及出金明池游宴事，併鞫治。獄成，同日誅死。遂廢崔妃爲庶人。崔生漢王椿及帝姬五人云。

欽宗朱皇后，開封祥符人。父伯材，武康軍節度使。欽宗在東宮，徽宗臨軒備禮，册爲皇太子妃。欽宗卽位，立爲皇后。追封伯材爲恩平郡王。后旣北遷，不知崩聞。慶元三年上尊號，謚仁懷，祔于太廟欽宗室，推恩后家十五人。五年，奉安神御于景靈宮。兄二人：孝孫，靖康中以節鉞換授右金吾衞上將軍，卒贈開府儀同三司；孝章，一曰孝莊，官至永慶軍承宣使，卒贈昭化軍節度使。

高宗憲節邢皇后，開封祥符人。父煥，朝請郎。高宗居康邸，以婦聘之，封嘉國夫人。王出使，夫人留居蕃衍宅。金人犯京師，夫人從三宮北遷。上皇遣曹勛歸，夫人脫所御金環，使內侍持付勛曰：「幸爲吾白大王，願如此環，得早相見也。」王憐之。及卽位，遙册爲皇后，官后親屬二十五人。

紹興九年，后崩于五國城，年三十四。金人秘之，高宗虛中宮以待者十六年。顯仁太后回鑾，始得崩聞。上爲輟朝，行釋服之祭，謚懿節，祔主于別廟。

紹興十二年八月，后梓宮至，攢于聖獻太后梓宮之西北。帝思后，殊慘不樂，皇后吳氏知帝意，乃請爲其姪珣、琚婚邢氏二女，以慰帝心。淳熙末，改謚憲節，祔高宗廟。

憲聖慈烈吳皇后，開封人。父近，以后貴，累官武翼郎，贈太師，追封吳王，謚宣靖。近嘗夢至一亭，扁曰「侍康」；傍植芍藥，獨放一花，殊妍麗可愛，花下白羊一，近寤而異之。后以乙未歲生，方產時，紅光徹戶外。年十四，高宗爲康王，被選入宮，人謂「侍康」之徵。

王卽帝位，后常以戎服侍左右。后頗知書，從幸四明，衞士謀爲變，入問帝所在，后紿之以免。未幾，帝航海，有魚躍入御舟，后曰：「此周人白魚之祥也。」帝大悅，封和義郡夫人。還越，進封才人。后益博習書史，又善翰墨，由是寵遇日至，與張氏並爲婉儀，尋進貴妃。顯仁太后回鑾，亦愛后。憲節皇后崩聞至，秦檜等累表請立中宮，太后亦爲言。紹興十三年，詔立貴妃爲皇后。帝御文德殿授册，后卽穆淸殿延受之。追王三代，親屬由后官者三十五人。

顯仁太后性嚴肅，后身承起居，順適其意。嘗繪古列女圖，置坐右爲鑒；又取詩序之義，扁其堂曰「賢志」。

初，伯琮以宗子召入宮，命張氏育之。后時爲才人，亦請得育一子，於是得伯玖，更名璩。中外議頗籍籍。張氏卒，併育于后，后視之無間。伯琮性恭儉，喜讀書，帝與后皆愛之，封普安郡王。后嘗語帝曰：「普安，其天日之表也。」帝意決，立爲皇子，封建王。出璩居紹興。

高宗內禪，手詔后稱太上皇后，遷居德壽宮。孝宗卽位，上尊號曰壽聖太上皇后。月朔，朝上皇畢，入見后如宮中儀。乾道七年，加號壽聖明慈。淳熙二年，以上皇行慶壽禮，復加壽聖齊明廣慈之號。十年，以后年七十，親屬推恩有差。十二年，加尊號曰備德。上皇崩，遺詔改稱皇太后。帝欲迎還大內，太后以上皇几筵在德壽宮，不忍舍去，因名所御殿曰慈福，居焉。光宗卽位，更號壽聖皇太后，以壽皇故，不稱太皇太后也。帝嘗言及用人，后曰：「宜崇尙舊臣。」紹熙四年，后壽八十，帝乃覲后，奉册禮，加尊號曰隆慈備福。五年正月，帝率羣臣行慶壽禮，嘉王侍側，后勉以讀書辨邪正、立綱常爲先。夏，孝宗崩，始正太皇太后之號。

時光宗疾未平，不能執喪，宰臣請垂簾主喪事，后不可。已而宰執請如唐肅宗故事，羣臣發喪太極殿，成服禁中，許之。后代行祭奠禮。尋用樞密趙汝愚請，於梓宮前垂簾，宣光宗手詔，立皇子嘉王爲皇帝。翌日，册夫人韓氏爲皇后，撤簾。慶元元年，加號光祐，遷居重華宮。汝愚後以謫死，中書舍人汪義端目汝愚爲李林甫，欲併逐其黨，太后聞而非之。

三年十月，后寢疾，詔禱天地、宗廟、社稷，大赦天下，踰月而崩，年八十三。遺誥：「太上皇帝疾未痊瘉，宜於宮中承重；皇帝服齊衰五月，以日易月。」詔服朞年喪。謚曰憲聖慈烈，攢祔于永思陵。

潘賢妃，開封人，元懿太子母也。父永壽，直翰林醫局官。高宗居康邸時納之，邢后北遷，妃未有位號，帝卽位，將立爲后，呂好問諫止之，立爲賢妃。太子薨，從隆祐太后于江西，踰年還。紹興十八年薨。永壽，贈太子少師。

張賢妃，開封人。建炎初，爲才人，有寵，進婕妤。帝欲擇宗室子養禁中，輔臣問帝以宮中可付託者誰耶？帝曰：「已得之矣。」意在婕妤。已而伯琮入宮，年尚幼，婕妤與潘賢妃、吳才人方環坐，以觀其所向。時賢妃新失皇子，意忽忽不樂，婕妤手招之，遂向婕妤。帝因命婕妤母之，是爲孝宗。尋遷婉儀，十二年卒〔七〕，上爲輟朝二日，贈賢妃。弟萃，閤門宣贊舍人，妃薨，遷秩二階。

劉貴妃，臨安人。入宮爲紅霞帔，遷才人，累遷婕妤、婉容，紹興二十四年進賢妃。頗恃寵驕侈，嘗因盛夏以水晶飾脚踏，帝見之，命取爲枕，妃懼，撤去之。淳熙十四年薨。父懋，累官昭慶軍節度使。金人南侵，獻錢二萬緡以助軍興費。懋子允升，紹興末爲和州防禦使、知閤門事。奉使還，遷蘄州防禦使〔八〕、福州觀察使。

劉婉儀，初入宮，封宜春郡夫人。尋進才人，與劉婉容俱被寵，進婉儀。婉儀頗恃恩招權，嘗遣人諷廣州蕃商獻明珠香藥，許以官爵。舶官林孝澤言于朝，詔止其獻。金人將叛盟，劉錡主戰，幸醫王繼先從中沮之，因謀誅錡，帝不懌。一日，在婉儀位，有憂色。婉儀陰訪得其言，以寬譬帝意。帝怪與繼先言合，詰之，婉儀急，具以實對。帝大怒，託以他過廢之。兄伉，累官和州防禦使、知閤門事，婉儀既廢，乃與祠罷歸。

張貴妃，開封祥符人。初入宮，封永嘉郡夫人。乾道六年，進婉容。淳熙七年，封太上皇淑妃。十六年，進貴妃。紹熙元年薨。

美人馮氏，才人韓氏、吳氏、李氏、王氏俱被寵幸，後皆廢。吳氏，中宮近屬也，紹興三十年，復故封。李氏、王氏俱明豔，淳熙末，上皇愛之。及崩，憲聖后見二才人，每感憒，孝宗卽追告命，許自便。蓋非常制云。

孝宗成穆郭皇后，開封祥符人。奉直大夫直卿之女孫，其六世祖爲章穆皇后外家。孝宗爲普安郡王時納郭氏，封咸寧郡夫人。生光宗及莊文太子愭、魏惠憲王愷、邵悼肅王恪。紹興二十六年薨，年三十一，追封淑國夫人。三十一年，用明堂恩，贈福國夫人。旣建太子，追封皇太子妃。及受禪，追册爲皇后，謚恭懷，尋改安穆。及營阜陵，又改成穆，祔孝宗廟。父瑊，累官昭慶軍承宣使，追封榮王。孝宗待郭氏恩禮彌厚，然不假外戚以官爵。后弟師禹、師元，官不過承宣使，師元不及建節而卒。將內禪，師禹始除節度使。光宗朝，官至太保，封永寧郡王。

成恭夏皇后，袁州宜春人。曾祖令吉，爲吉水簿。夏氏初入宮，爲憲聖太后閤中侍御。普安郡王夫人郭氏薨，太后以夏氏賜王，封齊安郡夫人。卽位，進賢妃。踰年，奉上皇命，立爲皇后。乾道二年，謁家廟，親屬推恩十一人。三年崩，謚安恭。寧宗時，改謚成恭。

初，后之生也，有異光穿室，父協奇之，及長，以姿納宮中。久之，父居益困，及歸，客袁之儈舍，號夏翁。翁亡，后始貴。訪得其弟執中，補承信郎、閤門祗候。未幾，遷右武郞、閤門宣贊舍人，累遷奉國軍節度使，提舉萬壽觀。寧宗卽位，加少保。踰年，卒于家。

初，執中與其微時妻至京，宮人諷使出之，擇配貴族，欲以媚后，執中弗爲動。他日，后親爲言，執中誦宋弘語以對，后不能奪。旣貴，始從師學，作大字頗工，復善騎射。高宗行慶壽禮，近戚爭獻珍環，執中獨大書「一人有慶，萬壽無疆」以獻。高宗喜，錫賚甚渥。嘗爲館伴副使，連射皆命中，金人駭服。孝宗聞其才，將召用之，謝曰：「他日無累陛下，保全足矣。」人以此益賢之。

成肅謝皇后，丹陽人。幼孤，鞠於翟氏，因冒姓焉。及長，被選入宮。憲聖太后以賜普安郡王，封咸安郡夫人。王卽位，進婉容。踰年，進貴妃。

成恭皇后崩，中宮虛位。淳熙三年，妃侍帝，過德壽宮，上皇諭以立后意。尋遣張去爲傳旨，立貴妃爲皇后，復姓謝氏。親屬推恩者十人。光宗受禪，上尊號壽成皇后。孝宗崩，尊爲皇太后。慶元初，加號惠慈。嘉泰二年，加慈佑太皇太后。三年崩，謚成肅，攢祔于永阜陵。

后性儉慈，減膳羊，每食必先以進御。服澣濯衣，有數年不易者。弟淵，以后貴，授武翼郎。后嘗戒之曰：「主上化行恭儉，吾亦躬服澣濯，爾宜崇謙抑，遠驕侈。」後歷閤門宣贊舍人、帶御器械。光宗朝，遷果州團練使。寧宗立，轉萊州防禦使，擢知閤門事，仍幹辦皇城司。三遷至保信軍節度使，尋加太尉、開府儀同三司。成肅皇后崩，遺誥賜淵錢十萬緡、金二千兩、田十頃，僦緡日十千。後累陞三少，封和國公。嘉定四年薨，贈太保。

蔡貴妃，初入宮，爲紅霞帔，封和義郡夫人，進婉容。淳熙十年冬，拜貴妃。十二年秋薨。父滂，宜春觀察使。

李賢妃，初入宮，爲典字，轉通義郡夫人，進婕妤。淳熙十年卒，贈賢妃。時李燾在經筵，嘗諫省後宮費。帝曰：「朕老矣，安有是？近葬李妃用三萬緡耳。」帝雖在位久，後宮寵幸，無著聞者。

光宗慈懿李皇后，安陽人，慶遠軍節度使、贈太尉道之中女。初，后生，有黑鳳集道營前石上，道心異之，遂字后曰鳳娘。道帥湖北，聞道士皇甫坦善相人，乃出諸女拜坦。坦見后，驚不敢受拜，曰：「此女當母天下。」坦言於高宗，遂聘爲恭王妃，封榮國夫人，進定國夫人。乾道四年，生嘉王。七年，立爲皇太子妃。

性妬悍，嘗訴太子左右於高、孝二宮，高宗不懌，謂吳后曰：「是婦將種，吾爲皇甫坦所誤。」孝宗亦屢訓后：「宜以皇太后爲法，不然，行當廢汝。」后疑其說出於太后。

及太子卽位，册爲皇后。光宗欲誅宦者，近習皆懼，遂謀離間三宮。會帝得心疾，孝宗購得良藥，欲因帝至宮授之。宦者遂訴於后曰：「太上合藥一大丸，俟宮車過卽投藥。萬一有不虞，其奈宗社何？」后覘藥實有，心銜之。頃之，內宴，后請立嘉王爲太子，孝宗不許。后曰：「妾六禮所聘，嘉王，妾親生也，何爲不可？」孝宗大怒。后退，持嘉王泣訴于帝，謂壽皇有廢立意。帝惑之，遂不朝太上。

帝嘗宮中浣手，睹宮人手白，悅之。他日，后遣人送食合于帝，啓之，則宮人兩手也。又黃貴妃有寵，因帝親郊，宿齋宮，后殺之，以暴卒聞。是夕風雨大作，黃壇燭盡滅，不能成禮。帝疾由是益增劇，不視朝，政事多決於后矣。后益驕奢，封三代爲王，家廟逾制，衞兵多於太廟。后歸謁家廟，推恩親屬二十六人、使臣一百七十二人，下至李氏門客，亦奏補官。中興以來未有也。

是時，帝久不朝太上，中外疑駭。紹熙四年九月重明節，宰執、侍從、臺諫連章請帝過宮。給事中謝深甫言：「父子至親，天理昭然。太上之愛陛下，亦猶陛下之愛嘉王。太上春秋高，千秋萬歲後，陛下何以見天下？」帝感悟，趣命駕朝重華宮。是日，百官班列俟帝出，至御屏，后挽留帝入，曰：「天寒，官家且飲酒。」百僚、侍衞相顧莫敢言。中書舍人陳傅良引帝裾請毋入，因至屏後，后叱曰：「此何地，爾秀才欲斫頭邪？」傅良下殿慟哭，后復使人問曰：「此何理也？」傅良曰：「子諫父不聽，則號泣而隨之。」后益怒，遂傳旨罷還宮。其後孝宗崩，帝不能親執喪。

宰相趙汝愚謀內禪，立寧宗，尊后曰太上皇后，上尊號曰壽仁。慶元六年崩，年五十六，謚慈懿。

黃貴妃，淳熙末在德壽宮，封和義郡夫人。光宗爲皇太子，傍無侍姬，上皇以夫人賜之，遂專寵。卽位，拜貴妃。紹熙二年冬十一月，爲皇后李氏所殺。帝聞而成疾。又有張貴妃，亦舊侍東宮，次婕妤符氏，後出嫁於民間。

寧宗恭淑韓皇后，相州人，其六世祖爲忠獻王琦。初，后與姊俱被選入宮，后能順適兩宮意，遂歸平陽郡邸，封新安郡夫人，進崇國夫人。王受禪，册夫人爲皇后。后父同卿，由知泰州陞揚州觀察使；母莊氏，封安國夫人。

慶元六年崩，謚恭淑。同卿累遷慶遠軍節度使，加太尉。慶元五年卒，贈太師，謚恭靖。同卿季父侂胄，自以有定策功，聲勢熏灼。同卿每懼滿盈，不敢干政。時天下皆知侂胄爲后族，不知同卿乃后父也。同卿沒一年而后崩，侂胄竟敗，人始服其善遠權勢云。同卿子竢，后兄也，官至承宣使。

恭聖仁烈楊皇后，少以姿容選入宮，忘其姓氏，或云會稽人。慶元元年三月，封平樂郡夫人。三年四月，進封婕妤。有楊次山者，亦會稽人，后自謂其兄也，遂姓楊氏。五年，進婉儀。六年，進貴妃。恭淑皇后崩，中宮未有所屬，貴妃與曹美人俱有寵。韓侂胄見妃任權術，而曹美人性柔順，勸帝立曹。而貴妃頗涉書史，知古今，性復機警，帝竟立之。

次山客王夢龍知其謀，密以告后，后深銜之，與次山欲因事誅侂胄。會侂胄議用兵中原，俾皇子曮入奏：「侂胄再啓兵端，將不利於社稷。」帝不答。后從傍贊之甚力，亦不答。后恐事泄，俾次山擇廷臣可任者，與共圖之。禮部侍郎史彌遠，素與侂胄有隙，遂欣然奉命。參知政事錢象祖，嘗諫用兵貶信州，彌遠乃先告之。禮部尚書衞涇、著作郎王居安、前右司郎官張鎡皆預其謀。開禧三年十一月三日，侂胄方早朝，彌遠密遣中軍統制夏震伏兵六部橋側，率健卒擁侂胄至玉津園，槌殺之。復命彌遠。象祖等俱赴延和殿，以殛侂胄聞，帝不之信，越三日，帝猶謂其未死。蓋是謀悉出中宮及次山等，帝初不知也。

后既誅侂胄，彌遠日益貴用事。嘉定十四年，帝以國嗣未定，養宗室子貴和，立爲皇子，賜名竑。彌遠爲丞相，既信任於后，遂專國政，竑漸不能平。初，竑好琴，彌遠買美人善琴者納之，而私厚美人家，令伺皇子動靜。竑嬖之，一日，竑指輿地圖示美人曰：「此瓊崖州也，他日必置史彌遠於此地。」美人以告彌遠。竑又書字於几曰：「彌遠當決配八千里。」竑左右皆彌遠腹心，走白彌遠。彌遠大懼，陰蓄異志，欲立他宗室子昀爲皇子，遂陰與昀通。

十七年閏八月丁酉，帝大漸，彌遠夜召昀入宮，后尚未知也。彌遠遣后兄子谷及石以廢立事白后，后不可，曰：「皇子先帝所立，豈敢擅變？」是夜，凡七往反，后終不聽。谷等乃拜泣曰：「內外軍民皆已歸心，苟不立之，禍變必生，則楊氏無噍類矣。」后默然良久，曰：「其人安在？」彌遠等召昀入，后拊其背曰：「汝今爲吾子矣！」遂矯詔廢竑爲濟王，立昀爲皇子，卽帝位，尊皇后曰皇太后，同聽政。寶慶二年十一月戊寅，加尊號壽明。紹定元年正月丙子，復加慈睿。四年正月，后壽七十，帝率百官朝慈明殿，加尊號壽明仁福慈睿皇太后。十二月辛巳，后不豫，詔禱祠天地、宗廟、社稷、宮觀，赦天下。五年十二月壬午，崩于慈明殿，壽七十有一，諡恭聖仁烈。

次山官至少保，封永陽郡王。次山二子：谷封新安郡王，石永寧郡王。自有傳。姪孫鎭，尙理宗女周漢公主，官至左領軍衞將軍、駙馬都統。宗族鳳孫等，皆任通顯云。

理宗謝皇后，諱道淸，天台人。父渠伯，祖深甫。后生而黧黑，瞖一目。渠伯早卒，家產益破壞。后嘗躬親汲飪。

初，深甫爲相，有援立楊太后功，太后德之。理宗卽位，議擇中宮，太后命選謝氏諸女。后獨在室，兄弟欲納入宮，諸父擽伯不可，曰：「卽奉詔納女，當厚奉資裝，異時不過一老宮婢，事奚益？」會元夕，縣有鵲來巢燈山，衆以爲后妃之祥。擽伯不能止，乃供送后就道。后旋病疹，良已，膚蛻，瑩白如玉；醫又藥去目瞖。時賈涉女有殊色，同在選中。及入宮，理宗意欲立賈。太后曰：「謝女端重有福，宜正中宮。」左右亦皆竊語曰：「不立眞皇后，乃立假皇后邪！」帝不能奪，遂定立后。初封通義郡夫人〔九〕，寶慶三年九月，進貴妃，十二月，册爲皇后。

后既立，賈貴妃專寵；貴妃薨，閻貴妃又以色進。后處之裕如，略不介懷。太后深賢之，而帝禮遇益加焉。開慶初，大元兵渡江，理宗議遷都平江、慶元，后諫不可，恐搖動民心，乃止。

理宗崩，度宗立。咸淳三年，尊爲皇太后，號壽和聖福。進封三代：父渠伯，魏王；祖深甫、曾祖景之，皆魯王。宗族男女各進秩賜封賞賚有差。度宗崩，瀛國公卽位，尊爲太皇太后。太后年老且疾，大臣屢請垂簾同聽政，強之乃許。加封五代。

太后以兵興費繁，痛自裁節，汰慈元殿提舉已下官，省氾索錢緡月萬。平章賈似道兵潰，陳宜中上疏請正其罪。太后曰：「似道勤勞三朝，豈宜以一旦罪而失遇大臣禮？」先削其官，後乃置法貶死。

京朝官聞難，往往避匿遁去。太后命揭榜朝堂曰：「我國家三百年，待士大夫不薄。吾與嗣君遭家多難，爾小大臣不能出一策以救時艱，內則畔官離次，外則委印棄城，避難偷生，尙何人爲？亦何以見先帝於地下乎？天命未改，國法尙存。凡在官守者，尙書省卽與轉一資；負國逃者，御史覺察以聞。」

德祐元年六月朔，日食既，太后削「聖福」以應天變。丞相王爚老病，陳宜中、留夢炎庸懦無所長，日坐朝堂相爭戾。而張世傑兵敗於焦山，宜中棄官去。太后累召不至，遣書宜中母，使勉之。十月，始還朝。太后又親爲書召夏貴等兵，曰：「吾母子不足念，獨不報先帝德乎？」貴等亦罕有至者。

是月，大元兵破常州，太后遣陸秀夫等請和，不從。宜中卽率公卿請遷都，太后不許，宜中痛哭固請，不得已從之。明日當啓行，而宜中倉卒失奏，於是宮車已駕，日且暮而宜中不至，太后怒而止。明年正月，更命宜中使軍中，約用臣禮。宜中難之，太后涕泣曰：「苟存社稷，臣，非所較也。」未幾，大元兵薄臯亭山，宜中宵遁，文武百官亦潛相引去。

二月辛丑，大軍駐錢塘，宋亡。瀛國公與全后入朝，太后以疾留杭。是年八月，至京師，降封壽春郡夫人。越七年終，年七十四，無子。

兄奕，宋時封郡王。姪堂，兩浙鎭撫大使，尙榮郡公主；暨、亶並節度使，端平初，頗干國政云。

度宗全皇后，會稽人，理宗母慈憲夫人姪孫女也〔一〇〕。略涉書史，幼從父昭孫知岳州。

開慶初，秩滿歸，道潭州。時大元兵自羅鬼入破全、衡、永、桂，圍潭州，人有見神人衞城者，已而潭獨不下。逾年事平，至臨安。

會忠王議納妃。初，丁大全請選知臨安府顧嵓女，已致聘矣；大全敗，嵓亦罷去。臺臣論嵓大全黨，宜別選名族以配太子。臣僚遂言全氏侍其父昭孫，往返江湖，備嘗艱險；其處貴富，必能盡警戒相成之道。理宗以母慈憲故，乃詔后入宮，問曰：「爾父昭孫，昔在寶祐間沒於王事，每念之，令人可哀。」后對曰：「妾父可念，淮、湖之民尤可念也。」帝深異之，語大臣曰：「全氏女言辭甚令，宜配冢嫡，以承祭祀。」景定二年十一月，詔封永嘉郡夫人。十二月，册爲皇太子妃。弟永堅等補承信郎、直秘閣。

度宗立，咸淳三年正月，册爲皇后。追贈三代，賜家廟、第宅。弟清夫、庭輝等一十五人，各轉一官。五年三月，后歸寧，推恩姻族五十六人，進一秩。咸平郡夫人全氏三十二人，各特封有差。

后生子不育，次生瀛國公。十年，度宗崩，瀛國公立，册爲皇太后。宋亡，從瀛國公入朝于燕京。後爲尼正智寺而終。

楊淑妃，初選入宮爲美人。咸淳三年，進封淑妃。推恩親屬劫節等三十四人進秩有差。生建國公昰。宋亡，昰走温州，又走福州。衆推爲主，册妃爲太后；封弟昺衞王。昺，修容俞氏所生也。

至元十四年，大軍圍昰於海上。明年四月，昰卒，昺代立。十六年春二月，昺投海死，妃聞之大慟，曰：「我艱關〔三〕忍死者，正爲趙氏祭祀尚有可望爾，今天命至此，夫復何言！」遂赴海死。其將張世傑葬之海濱。

校勘記

〔一〕蔡王似　原作「蔡王以」，按宋會要后妃一之四欽成朱皇后條說：「生哲宗皇帝、楚王似。」楚王是蔡王死後的追封，見同書帝系一之四〇、十朝綱要卷八。「以」字是「似」字之訛。據改。

〔二〕建康　原作「建寧」，查苗劉亂後趙構往建康，不是往建寧。參考本書卷二五高宗紀、繫年要錄卷二三改。

〔三〕紹興五年春　按本書卷二三高宗紀、繫年要錄卷四三，孟后實死於紹興元年四月庚辰，此誤。

〔四〕慈寧宮　原作「慈壽宮」，據下文及宋會要后妃二之六、繫年要錄卷一三二改。

〔五〕安樂郡王　本書卷四六五韋淵傳、宋會要后妃二之八、繫年要錄卷一四六都作「平樂郡王」。

〔六〕謁家廟親屬遷官幾二千人　「二千」當爲「二十」之誤。繫年要錄卷一五二載紹興十四年十月辛卯「詔贈皇太后故兄韋宗閔崇慶軍節度使，餘親屬遷官者十有九人，弟之女封夫人者七人，以款謁家廟推恩也。」宋會要后妃二之九載紹興十四年十月八日「皇太后款謁家廟，宗族推恩有差」，幷列舉皇太后親屬遷官者的姓名和官職，人數與繫年要錄同。

〔七〕十二年卒　承上文紀元當是建炎，但建炎無十二年；按宋會要后妃三之一七、繫年要錄卷一四四，張實死於紹興十二年，此上應有「紹興」二字。

〔八〕遷蘄州防禦使　「蘄州」原作「荆州」。按荆州宋初爲江陵府，建炎四年置荆南府、歸峽州、荆門公安軍鎭撫使，紹興時爲安撫使、經略安撫使，非防禦州；繫年要錄卷一九九此條作「蘄州」，據改。

〔九〕通義郡夫人　「義」原作「議」，宋無「通議郡」，而有通義郡，卽眉州；本書卷四一理宗紀作「通義郡夫人」，據改。

〔一〇〕理宗母慈憲夫人姪孫女也　考異卷七五說：「全后之父全昭孫是全大中的嗣子，大中和理宗母之父全大節是兄弟，按行輩『則后爲慈憲之姪女，非姪孫女也』。

〔一一〕鄮闕　本書卷四七瀛國公紀作「間闕」，當是。

宋史卷二百四十四

列傳第三

宗室一

魏王廷美　燕王德昭　秦王德芳 秀王子偁附

昔周之初興，大封建宗室，及其東遷，晉、鄭有同獎之功。然其衰也，榦弱而枝強。後世於是有矯其失者，而封建不復古矣。宋承唐制，宗王襁褓即裂土而爵之。然名存實亡，無補於事。降至疏屬，宗正有籍，玉牒有名，宗學有教，郊祀、明堂，遇國慶典，皆有祿秩。所寓州縣，月有廩餼。至於宗女適人，亦有恩數。然國祚既長，世代浸遠，恆產豐約，去士庶之家無甚相遠者。靖康之亂，諸王駢首以斃於金人之虐，論者咎其無封建之實，故不獲維城之助焉。

雖然，東都之仁宗，南渡之高、寧，元良虛位，立繼小宗，大策一定，卒無動搖，磐石之固，亦可知矣。且宋於宗室，稍有過差，君臣之間，不吝於改，尤不憚於言。涪陵、武功，眞宗即位，尋議追復改葬，封其子孫。濮邸尊稱，言者惟務格非，不少避忌。宋末濟邸，國事將亡，諫疏不息，必褒卹而後止。是蓋歷代之所難得者歟！表而出之，作宗室傳。

魏悼王廷美字文化，本名光美，太平興國初，改今名。太祖兄弟五人：兄光濟，早亡，宋興，追封邕王，改曹王；弟光義，即太宗；次廷美；次光贊，幼亡，追封夔王，改岐王。建隆元年，授廷美嘉州防禦使。二年，遷興元尹、山南西道節度使。乾德二年，加同中書門下平章事。開寶六年，加檢校太保、侍中、京兆尹、永興軍節度使。太宗即位，加中書令、開封尹，封齊王，又加檢校太師。從征太原，進封秦王。

七年三月，或告秦王廷美驕恣，將有陰謀竊發。上不忍暴其事，遂罷廷美開封尹，授西京留守，賜襲衣、通犀帶，錢千萬緡〔一〕，絹、綵各萬匹，銀萬兩，西京甲第一區。詔樞密使曹彬餞廷美於瓊林苑。以太常博士王遹判河南府事，開封府判官閻矩判留守事。以如京使柴禹錫爲宣徽北院使兼樞密副使，楊守一爲東上閤門使充樞密都承旨，賞其告廷美陰謀功也。左衞將軍、樞密承旨陳從龍爲左衞將軍，皇城使劉知信爲右衞將軍，弓箭庫使惠延眞爲商州長史，禁軍列校皇甫繼明責爲汝州馬步軍都指揮使，定人王榮爲濮州教練使，皆坐交通廷美及受其燕犒也。榮未行，或又告榮嘗與廷美親吏狂言：「我不久當得節帥。」坐削籍，流海島。

會趙普再相，廉得盧多遜與廷美交通事上聞。上怒，責授多遜兵部尙書，下御史獄。捕繫中書守當官〔三〕趙白、秦府孔目官閻密、小吏王繼勳、樊德明、趙懷祿、閻懷忠等，命翰林學士承旨李昉、學士扈蒙、衞尉卿崔仁冀、膳部郎中兼御史知雜滕中正雜治之。多遜白言：累遣趙白以中書機事密告廷美。去年九月中，又令趙白言於廷美云：「願宮車晏駕，盡力事大王。」廷美遣樊德明報多遜云：「承旨言正會我意，我亦願宮車早晏駕。」私遺多遜弓箭等，多遜受之。

閻密初給事廷美，上卽位，補殿直，仍隸秦王府，恣横不法，言多指斥。王繼勳尤爲廷美親信，嘗使求訪聲妓，怙勢取貨，贓汚狼藉。樊德明素與趙白遊處，多遜因之以結廷美。廷美又遣趙懷祿私召同母弟軍器庫副使趙廷俊與語。閻懷忠嘗爲廷美詣淮海王錢俶求犀玉帶、金酒器，懷忠受俶私遺白金百兩、金器、絹扇等。廷美又嘗遺懷忠齎銀盌、錦綵、羊酒，詣其妻父御前忠佐馬軍都軍頭開封潘潾營燕軍校。至是，皆伏罪。

詔文武常參官集議朝堂。太子太師王溥等七十四人奏：「多遜及廷美顧望呪詛，大逆不道，宜行誅滅，以正刑章。趙白等處斬。」詔削奪多遜官爵，并家屬流崖州；廷美勒歸私第；趙白、閻密、王繼勳、樊德明、趙懷祿、閻懷忠皆斬於都門外，籍其家財。詔：「秦王廷美男女等宜正名稱，貴州防禦使德恭等仍爲皇姪；皇姪女適韓氏去雲陽公主之號；右監門將軍韓崇業降爲右千牛衞率府率，仍去駙馬都尉之號；並發遣西京，就廷美居止。」五月，貶西京留守判官閻矩爲涪州司戶參軍，前開封推官孫嶼爲融州司戶參軍，皆秦王廷美官屬，坐輔導無狀也。

趙普以廷美謫居西洛非便，復教知開封府李符上言：「廷美不悔過，怨望，乞徙遠郡，以防他變。」詔降廷美爲涪陵縣公，房州安置。妻楚國夫人張氏，削國封。命崇儀使閻彥進知房州，監察御史袁廓通判州事，各賜白金三百兩。八年正月，涪陵縣公廷美母陳國夫人耿氏卒。雍熙元年，廷美至房州，因憂悸成疾而卒，年三十八。上聞之，嗚咽流涕，謂宰相曰：「廷美自少剛愎，長益凶惡。朕以同氣至親，不忍置之於法，俾居房陵，冀其思過。方欲推恩復舊，遽茲殞逝，痛傷奈何！」因悲泣，感動左右，遂下詔追封廷美爲涪王，謚曰悼，爲發哀成服。

其後，太宗從容謂宰相曰：「廷美母陳國夫人耿氏，朕乳母也，後出嫁趙氏，生廷俊。朕以廷美故，令廷俊屬韃左右，而廷俊泄禁中事於廷美。邇者，鑿西池，水心殿成，橋梁未備，朕將泛舟往焉。廷美與左右謀，欲以此時竊發，不果，卽詐稱疾於邸，俟朕臨省，因而爲變。有告其事者，若命有司窮究，則廷美罪不容誅。朕不欲暴揚其醜，及盧多遜交通事發，止令居守西洛。而廷美不悔過，益怨望，出不遜語，始命遷房陵以全宥之。至于廷俊，亦不加深罪，但從貶宥。朕於廷美，蓋無負矣！」言未訖，爲之惻然。李昉對曰：「涪陵悖逆，天下共聞。西池，禁中事，若非陛下委曲宣示，臣等何由知之。」

初，昭憲太后不豫，命太祖傳位太宗，因顧謂趙普曰：「爾同記吾言，不可違也。」命普於榻前爲約誓書，普於紙尾書云「臣普書」，藏之金匱，命謹密宮人掌之。或謂昭憲及太祖本意，蓋欲太宗傳之廷美，而廷美復傳之德昭。故太宗旣立，卽令廷美尹開封，德昭實稱皇子。德昭不得其死，德芳相繼夭絕，廷美始不自安。已而柴禹錫等告廷美陰謀，上召問普，普對曰：「臣願備樞軸以察姦變。」退復密奏：「臣忝舊臣，爲權倖所沮。」因言昭憲太后顧命及先朝自愬之事。上於宮中訪得普前所上章，并發金匱得誓書，遂大感悟。召普謂曰：「人誰無過，朕不待五十，已盡知四十九年非矣。」辛亥，以普爲司徒兼侍中。他日，太宗嘗以傳國之意訪之趙普，普曰：「太祖已誤，陛下豈容再誤邪？」於是廷美遂得罪。凡廷美所以遂得罪，普之爲也。

至道初，命司門員外郎孫螾爲皇姪、諸孫教授，廷美諸子之在京者肄業焉。眞宗卽位，追復皇叔涪王廷美西京留守、檢校太師兼中書令、河南尹、秦王；張氏，楚國夫人。咸平二年閏三月，詔擇汝、鄧地，改葬汝州梁縣之新豐鄉。仁宗卽位，贈太師、尚書令。徽宗卽位，改封魏王。

子十人：德恭、德隆、德彝、德雍、德鈞、德欽、德潤、德文、德愿、德存。故事，皇族封王者物故，則本宮之長封國公，其後以次受封。於是，德鈞子承簡屬最長，襲封徐國公，官至保康軍留後；贈彰化軍節度使、安定郡王，謚和懿。承簡旣薨，德雍子承亮襲封昌國公；神宗卽位，拜感德軍節度使，改封榮。

熙寧二年，詔宣祖、太祖、太宗之子，皆擇其後一人爲宗，世世封公，以奉其祀，不以服屬盡故殺其恩禮。三年，太常禮院言：「本朝近制，諸王之後，皆用本宮最長一人封公繼襲。去年詔祖宗之子皆擇其後一人爲宗，世世封公，卽與舊制有異。按禮文，諸王、公、侯、伯、子、男，皆子孫承嫡者傳襲。若無嫡子及有罪疾，立嫡孫；無嫡孫，以次立嫡子同母弟；無母弟，立庶子；無庶子，立嫡孫同母弟；無同母弟，立庶孫。曾孫以下準此。合依禮令，傳嫡承襲。」詔可。乃以承亮爲秦國公，奉秦王廷美祀。明年薨，贈樂平郡王，謚曰恭靜。子克愉嗣。克愉卒，子叔牙嗣。元符三年，改今封。

德恭字復禮，太平興國四年，以皇子出閤，拜貴州防禦使。廷美徙房陵，諸子悉從行，因免官。廷美卒，復以德恭爲峯州刺史，弟德隆爲瀼州刺史，韓崇業爲靜難行軍司馬。雍熙元年十二月，詔以德恭爲左武衞大將軍，封安定郡侯，判濟州；德隆爲右武衞大將軍，封長寧郡侯，判沂州。諸弟皆隨赴治所。令高品衞紹欽送至州，常奉外歲給錢三百萬。命起居舍人韓檢、右補闕劉蒙叟分任二州通判。上臨遣之，曰：「德恭等始歷郡，善裨贊之。苟有闕失而不力正，止罪爾等。」

端拱元年，進封德恭安定郡公。淳化四年，改左驍衞大將軍。至道二年，加左神武大將軍。眞宗嗣位，就轉左武衞大將軍。咸平二年召赴闕，改封樂平郡公，判虢州。乞奉朝請，從之。遷勝州團練使。景德初，改衡州防禦使。三年，被疾，子承慶刲股肉食之。五月，卒，年四十五。上臨哭之慟，廢朝三日。贈保信軍節度使，追封申國公。天禧二年，從承慶請，加贈護國軍節度兼侍中。明道二年，追封高密郡王，謚慈惠。子承慶、承壽。

承慶，官至和州團練使，卒贈武信軍節度使、循國公。子六人，克繼，善楷書，尤工篆隸，宗正薦之，仁宗親臨試，及令臨蔡邕古文法寫論語、詩、書；復詔與朝士分隸石經。帝曰：「李陽冰，唐室之秀。今克繼，朕之陽冰也。」訓子弟力學，一門登儒科者十有二人。嘗進所集廣韻字源，帝稱善，藏之秘閣。元祐五年，以定武軍節度觀察留後卒，贈開府儀同三司、建國公，諡章靖。

承壽，終南作坊使，贈德州刺史、武當侯。子四人，克己，曉音律，嘗作雅樂圖樂曲以獻。侍宴大清樓，進所學虞世南書，賜器加等。終右千牛衞大將軍，贈深州防禦使、饒陽侯。子叔韶字君和，慶曆六年，與諸宗子帝前臨眞宗御書，選第一。皇祐初，進所爲文，召試學士院中等，賜進士及第。自太子右監門率府副率遷右領軍衞將軍，入謝，命坐賜茶。仁宗曰：「宗子好學者頗多，獨爾以文章第進士，前此蓋未有也。朕欲天下知屬籍有賢者，宜勿忘所學。」叔韶頓首謝，既退，又出九經賜之。遷右屯衞大將軍。至和中，上書求試煩劇，加領賀州刺史，終和州防禦使，贈鎭東節度觀察留後、會稽郡公。克脩字子莊，仁宗爲皇子時，得出入禁中侍學，故仁宗待遇殊厚。帝嘗御大淸樓召宗室試書，以克脩爲善。終右神武軍大將軍、成州團練使，贈同州觀察使、馮翊侯。子叔充，父早世，異母弟叔瑁甚幼，叔充拊視誨敕成人。先是，繼母無敍封法，叔充請於朝，詔從之，遂爲定制。藏書至萬卷。子九人，登科者三。卒官唐州防禦使，贈崇信軍節度使、尹國公，諡孝齊。遺表祈任子，有司格不下，子撫之抗章自列，乞如外官法。朝廷從其請。宗室正任有遺恩自此始。

德隆字日新。雍熙三年，卒官沂州守，年二十三，贈寧遠軍節度，追封臨沂郡公。天禧二年，從其子承訓之請，加贈崇信軍節度、同平章事。承訓官至順州刺史，卒贈深州團練使。

德彝字可久，太祖召鞠於宮中。德隆卒，授右千牛衞大將軍，封長寧郡侯，代兄德隆判沂州，時年十九。飛蝗入境，吏民請坎瘞火焚之，德彝曰：「上天降災，守臣之罪也。」乃責躬引咎，齋戒致禱，既而蝗自殪。儒生乙恕者，郊居肄業，一日，有尸横舍下，所司捕恕抵獄，將置於法。德彝疑其冤，命他司按之無異，因令緩刑以俟。未幾，果獲殺人者，恕遂得釋。進封郡公。淳化四年，爲右監門衞大將軍，遷左武衞大將軍，改封廣平。部民詣闕乞留，有詔嘉奬。眞宗初，召還。咸平二年，命判滁州，與德恭並留不遣。三年，授徐州刺史，累遷保信軍節度觀察留後。大中祥符八年卒，年四十九。上臨奠，廢朝三日。贈昭信軍節度使，追封信都郡王，謚安簡。明道二年，改封潁川。

子承謨，前卒；承矩，終莊宅使，贈博州刺史；承勖至供奉官，贈六宅副使；承範、承拱，並西京作坊使；承衎，內殿崇班；承錫，供奉官。

德雍字仲達，淳化初，授右驍衞將軍，歷右羽林、龍武二將軍，累遷蔡州觀察使、咸寧郡公，終天平軍節度觀察留後，贈宣德軍節度、同中書門下平章事，謚康簡。明道中，追封廣陵郡王。

子承睦、承亮。承睦，終左領軍衞大將軍、彭州團練、虔州觀察使、南康侯；承亮，封秦國公，事見上。

德鈞字子正，性和雅，善書翰，好爲篇什。淳化初，拜右武衞將軍，四遷至右衞將軍。景德二年，加右監門衞大將軍。四年，卒，贈河州觀察使，追封安鄉侯。時妻亦卒，男女十四人皆幼，上甚嗟悼之。

子承震，早卒；承緒，供奉官；承偉、承雅、承裔、承鑑、承則，並西京作坊使；承裕，禮賓副使；承翊，內殿崇班；承簡，襲徐國公；承幹，終懷州防禦使，贈保靜軍節度使、蕭國公，子克敦，嗜經術，以宗正薦，召試中選，賜錢三十萬。元豐間，集父承幹遺文以進，神宗嘉之，詔：「承幹父子以藝文儒學名于宗藩，宜有褒勸。」於是追封承幹爲東平王，而賜克敦敕書獎諭。以宣州觀察使卒，贈開府儀同三司、和國公。

德欽字丕從。淳化元年，授右屯衞將軍，四遷右羽林將軍。景德元年六月卒，年三十一。贈雲州觀察使，追封雲中侯。子承遵，西京作坊使。

德潤字溫玉，頗好學，善爲詩。淳化元年，始授右領軍衞將軍，四遷右羽林將軍。咸平六年二月卒，年三十九。贈應州觀察使，追封金城侯。

德文字子矼，淳化初，授右監門衞將軍，累遷滑州觀察使、馮翊郡公。少好學，凡經史百家，手自抄撮，工爲辭章。眞宗以其刻勵如諸生，嘗因進見，戲呼之曰「五秀才」，宮中由是悉稱之。德文本廷美第八子，其兄三人早卒，故德文於次爲第五也。帝封泰山、祀汾陰、幸亳，德文必奏賦頌。帝每賜詩，輒令屬和。數言願得名士爲師友，特命翰林學士楊億與之游。億卒，爲詩十章悼之。天聖中，遷橫海軍節度觀察留後，拜昭武軍節度使，易感德、武勝二軍，加同中書門下平章事。仁宗嘗稱爲「五相公」而不名。慶曆四年，宗室王者四人，以德文屬尊且賢〔三〕，方漢東平王蒼，進封東平郡王，加兼侍中。德文雖老，嗜學不倦。晚被足疾，不能朝。六年，薨，年七十二。初得疾，仁宗臨視，親調藥飲之。及訃聞，復臨哭，贈太尉、中書令、申王，謚恭裕。子六人，承顯，以王後襲封康國公，官至昭化軍節度使。薨，年七十四，贈太尉、樂平郡王。

德愿字公謹，淳化元年，授右千牛衞大將軍，三進秩爲左武衞大將軍。咸平二年閏三月卒，年二十四。贈涼州觀察使，追封姑臧侯。

德存字安世，九歲授右千牛衞將軍，歷監門，至驍衞。從祠泰山，領奬州刺史〔四〕。祀汾陰，以恩遷左羽林將軍。大中祥符四年六月卒，年三十。贈洮州觀察使，追封洮陽侯。子承衍，禮賓副使。

太祖四子：長滕王德秀，次燕懿王德昭，次舒王德林，次秦康惠王德芳。德秀、德林皆早亡，徽宗時，追賜名及王封。

燕懿王德昭字日新，母賀皇后。乾德二年出閤。故事，皇子出閤卽封王。太祖以德昭沖年，欲其由漸而進，授貴州防禦使。開寶六年，授興元尹、山南西道節度使、檢校太傅、同中書門下平章事，終太祖之世，竟不封以王爵。太宗太平興國元年，改京兆尹，移鎭永興，兼侍中，始封武功郡王。詔與齊王廷美自今朝會宜班宰相之上。三年二月，娶太子太傅王溥女，封韓國夫人。是冬郊祀，加檢校太尉。

四年，從征幽州。軍中嘗夜驚，不知上所在，有謀立德昭者，上聞不悅。及歸，以北征不利，久不行太原之賞。德昭以爲言，上大怒曰：「待汝自爲之，賞未晚也！」德昭退而自刎。上聞驚悔，往抱其尸，大哭曰：「癡兒何至此邪！」贈中書令，追封魏王，賜謚，後改吳王，又改越王。德昭喜慍不形於色。眞宗卽位，贈太傅。乾興初，加贈太師。子五人：惟正，惟吉，惟固，惟忠，惟和。

慶曆四年，詔封十王之後，以惟忠子從藹襲封潁國公，而惟吉子守巽以冀王後最長，與從藹同封。守巽官至和州防禦使，贈武成軍節度使、楚國公。從藹至齊州防禦使，贈武勝軍節度觀察留後、韓國公。守巽、從藹卒，以惟忠子從信襲封榮國公，官至雄州防禦使，贈保寧軍節度使、楚國公。從信卒，以惟忠之孫、從恪子世規襲封崇國公，官至右龍武大將軍、沂州防禦使以卒。守巽子世清，累官茂州防禦使。以本宮之長，得封申國公。熙寧中，坐上書請襲曾祖越懿王封不當，奪一官。既而議者是其說，乃遷越州觀察使，襲封越國公，進會稽郡王，至保信軍留後。愛諸弟，作棣萼會於邸中。會元豐升祔四后，受命告廟，方屬疾，自力就事，未幾薨。贈安化軍節度使、開府儀同三司、虢王，謚恭安。子令廓嗣，元符三年，改今封。

先是，熙寧中，詔封楚康惠王之孫從式爲安定郡王，奉太祖祀。及從式薨，乃以懿王曾孫世準襲封安定郡王。世準，從藹子也。爲人內恕外嚴，無綺羅金玉之好，凡天子郊廟，必從祀。由金州觀察使拜保靜軍節度使。薨年六十八，贈開府儀同三司，追封成王。世開襲封。

世開，從誨子、惟和孫也。七八歲，日誦萬言，既長，學問該洽。事後母孝，撫孤姪如己子。宮官吳申爲御史，薦其學行，命試學士院，累召不赴。神宗褒異之，召對便殿，論事甚衆。時宮僚有缺，不即請，而以他官攝，故私謁公行。宗女當嫁，皆富家大姓以貨取，不復事銓擇。世開悉言之，帝嘉納，欲以爲宗正，固辭，乃進一官。以其所列著爲令。官至奉國軍留後。薨，贈開府儀同三司，追封信王，謚獻敏。世雄嗣。

世雄亦從藹子，少力學知名。熙寧中，詔宗子以材能自表見者，官長及學官以名上。世雄子令鑠在選中。嘗請營都宅以處疏屬，立三舍以訓學者。詔用其議，置兩京敦宗院，六宮各建學。徽宗卽位，以世雄於太祖之宗最爲行尊，拜崇信軍節度使，襲安定郡王，知大宗正事。崇寧四年薨，年七十五。贈太尉，追封淄王，謚恭憲。世福襲封。

世福，從信子。官至集慶軍節度使。薨，贈儀王。令盪襲爵。令盪，秦康惠王曾孫也。

惟正，天聖七年，以久病，帝欲慰安之，由保信軍節度觀察留後、樂安郡公特拜建寧軍節度使。卒，贈侍中，追封同安郡王，謚僖靖。無子，以弟惟忠子從讜爲嗣，官至左龍武大將軍、温州團練使。坐射殺親事官削官爵，幽之別宅。從讜少好學，以剛褊廢，遂自剄死。帝甚悼之。贈濟州防禦使、濟南侯。

惟吉字國祥，母鄭國夫人陳氏。惟吉生甫彌月，太祖命輦至內廷，擇二女媼養視之，或中夜號啼，必自起撫抱。三歲，作弱弓輕矢，植金錢爲的，俾之戲射，十發八中，帝甚奇之。五歲，日讀書誦詩。帝嘗射飛鳶，一發而中，惟吉從旁雀躍，喜甚，帝亦喜，鑄黃金爲奇獸、瑞禽賜之。常乘小乘輿及小鞍韉馬，命黃門擁抱，出入常從。太祖崩，惟吉裁六歲，晝夜哀號，孝章皇后慰諭再三，始進饘粥。太宗卽位，猶在禁中，日侍中食。太平興國八年，始出居東宮，授左監門衞將軍，封平陽郡侯，加左驍衞大將軍，進封安定郡公。淳化四年，遷左羽林軍大將軍。至道二年，授閬州觀察使。凡邸第供億，車服賜與，皆與諸王埒，自餘王子不得偕也。眞宗卽位，授武信軍節度，加同平章事。時石保吉先爲使相，詔惟吉班其上。大中祥符初，封泰山，以疾不從行，詔許疾愈馳詣行在。還頓鄆州，惟吉迎謁，上勞問再三，改感德軍節度。明年，疾復作，上屢臨省之，親視灼艾，日給御膳，爲營佛事。三年五月薨，時年四十五。廢朝五日，贈中書令，追封南陽郡王〔五〕，謚康孝。

惟吉好學，善屬文，性至孝。孝章皇后撫養備至，親爲櫛沐。咸平初，以太祖、孝章畫像、服玩、器用賜惟吉，歲時奠享，哀慕甚至。每誦詩至蓼莪篇，涕泗交下，宗室推其賢孝。雅善草隸飛白，眞宗次爲七卷，御製序，命藏祕閣。其子守節，以父所書眞草千文以獻，詔書褒答，仍付史館。追贈太尉，明道二年封冀王。子守節、守約、守巽、守度、守廉、守康。

守節，累遷彰化軍節度觀察留後、同知大宗正事。卒贈鎭江軍節度使，追封丹陽郡王，謚僖穆。子世永、世延。世永，襲邢國公，官至鎭南軍留後，熙寧元年薨，贈昭信軍節度使、南康郡王，謚修孝。世延，終右武衞大將軍、絳州防禦使，贈武寧軍節度觀察留後、彭城郡公。

守約，終內園使、康州刺史，贈沂州團練使。子世靜、世長。世靜，至左武衞大將軍、均州防禦使，卒贈鎮海軍節度觀察留後、北海郡公。世長，終左武衞大將軍、解州防禦使，贈張信軍節度觀察留後、濟陽郡公〔六〕。守巽及其子世清，事見上。守度，終左領軍衞大將軍、英州團練使，贈廣州觀察使、廬江侯。守廉，終供備庫副使，贈內藏庫使。守康，至供奉官。

惟固字宗幹，本名元扆，太平興國八年，改賜名，授左千牛衞將軍。是冬卒。

惟忠字令德，初名文起，太平興國八年賜今名。授右千牛衞將軍，四遷右龍武軍。眞宗即位，改右千牛衞大將軍。大中祥符二年，進左監門衞大將軍、敍州刺史。五年，進昌州團練使。八年卒，贈鄂州觀察使，追封江夏侯。明道二年，加贈彰化軍節度使，追封舒國公。子從恪、從藹、從秉、從顥、從謹、從質、從信、從讜。

從恪，累官西染院使，卒，贈磁州刺史、東萊侯。子世規，襲封崇國公。從藹，終左衞大將軍、齊州防禦使，贈武勝軍節度觀察留後，追封韓國公。子世豐，終太子右衞率，追贈進士及第。世準、世雄，並安定郡王。從信，封榮國公，官至雄州防禦使，贈保寧軍節度使、楚國公，謚安僖。子世福，襲安定郡王。從秉、從顥、從謹，並禮賓使。從質，內殿崇班。從讜，出繼惟正。

惟和字子禮，端拱元年，授右武衞將軍，歷右驍衞、神武龍武軍、右衞將軍。大中祥符元年，領澄州刺史。四年，遷右千牛衞大將軍。六年，卒，年三十六。贈汝州防禦使、臨汝侯。明道二年，加贈永清軍節度觀察留後，追封淸源郡公。

惟和雅好學，爲詩頗淸麗，工筆札，優游典籍，以禮法自居，宗室推重。嘗和御製詩，上稱其有理致。及卒，上謂宰相王旦等曰：「惟和好文力學，加之謹愿，皇族之秀也，不幸短命！」嗟悼久之，至於泣下。錄其稿二十二軸，上親製序，藏于祕閣。子從審、從誨。

從審，終復州防禦使，贈寧國軍節度觀察留後、宣城郡公。嘗坐與人姦除名，已而復官。從誨，終左金吾衞大將軍、台州團練使，贈襄州觀察使、襄陽侯。子世開，安定郡王，事見上。

紹興元年，詔曰：「太祖皇帝創業垂統，德被萬世。神祖詔封子孫一人爲安定郡王，世世勿絕。今其封不舉，朕甚憫之。有司其上合封人名，遵故事施行。」時燕、秦二王後爭襲封，禮部員外郞王居正上言：「燕王親，太祖長子，其後當襲封。」議遂定。自紹興至嘉定，襲封者十五人，惟令畤、令廣、令詪、令衿迹頗著，餘皆繼嗣，娖娖無足稱。

令畤字德麟，燕懿王玄孫也，蚤以才敏聞。元祐六年，簽書潁州公事。時蘇軾爲守，愛其才，因薦于朝。宣仁太后曰：「宗室聰明者豈少哉？顧德行何如耳。」竟不許。軾被竄，令畤坐交通軾罰金。已而附內侍譚稹以進。紹興初，官至右朝請大夫。呂頤浩請以令畤主行在大宗正司，帝命易環衞官。頤浩言：「令時讀書能文，恐不須易。」帝曰：「令時昔事譚稹，頗違淸議。」改右監門衞大將軍、榮州防禦使，權知行在大宗正事。遷洪州觀察使，襲封安定郡王。尋遷寧遠軍承宣使，同知行在大宗正事。四年薨，貧無以爲殮，帝命戶部賜銀絹，贈開府儀同三司。

令𥕏，紹興五年，由邵武軍兵馬都監襲封，授華州觀察使，尋除同知大宗正事。踰年薨。

令廣字深之。初，懿王生昌州團練使惟忠〔七〕，惟忠生楚安僖王從信，從信生益公世逢，世逢生令廣，授右班殿直〔八〕，遷東頭供奉官，累監州縣場庫。監司薛昂薦其才，易資承事郎，調潁州簽判，歷綿州通判，累知蜀州、閬州、慶源府，召除衞尉少卿，擢秘閣修撰，再知慶源府。建炎二年，分西外宗子於泰州，命令廣知西外宗正事，除御營使司參贊軍事，挈宗子避地福州，因置司焉。元懿太子薨，帝命令廣選藝祖後得三四人，尋擢集英殿修撰，知南外宗正。再選宗子，得伯琮、伯浩養宮中，後選得伯玖，性亦聰惠。高宗喜，轉令廣知泉州，尋與祠以歸。令𥕏薨，令廣改閬州觀察使，襲封，除同知大宗正事。踰年，授鎭東軍承宣使，再遷保平軍節度使。紹興十三年薨，年七十五。贈少師，後追封惠王，謚襄靖。子子游，官至湖北提刑，用戶部侍郎王俁薦，加直秘閣。會建寧節度使士劉知南外宗正司，以事去官，言者請擇宗室文臣之廉正者代之，遂以命子游。西、南外宗官用文臣，自子游始。

令訦，字君序，以父任補右班殿直。政和中，遷成忠郎〔九〕，召試，授從事郎。宣和二年，以貢士試舍選合格，授宣教郎，調信州永豐縣丞。中興初，累遷福州運判，兼提點刑獄公事。秦檜方柄用，安定郡王絕封者十餘年；檜死，次令衿當封，適以事被拘，遂命令訦襲封。已而令訦以爵遜令衿，乃陞令訦秘閣修撰〔一〇〕，知台州，移知紹興府，召權戶部侍郎，領嚴、饒二州鑄錢局。先是，諸州錢監兵匠多缺不補，積其衣粮，號三分缺額錢，令訦請以其錢付諸監，省朝廷降銅本錢。又建議州縣賣官田計所入高下，守令進秩減磨勘有差；州縣義倉多紅腐，請歲出三之一以易新粟；水旱爲災，檢放不及七分處所，即許振恤：皆從之。令衿薨，令訦由崇慶軍承宣使再襲封。隆興初，除同知大宗正事，奏減生日支賜幷郊祀賞給，以助軍興。詔褒之。遷敷文閣直學士，特授左中大夫、知紹興府，引疾乞祠以歸，尋薨，年六十八。令訦涖事明敏有風采，然在廣東日，嘗與副使章茇不協，陰中以法，陷茇於死，世以此少之。

令衿，嘉孝穆公世峡子也。博學有能文聲，中大觀二年舍選。靖康初，爲軍器少監。言事忤旨，奪官。紹興七年，以都官員外郎召。張浚罷，令衿請對留浚，言官石公揆論令衿阿大臣，復罷。久之，以事抵臨安，中丞李文會劾令衿「昔爲大臣綏頰，今復奔走請託。」詔送吏部。吏部直令衿，奏除德安府通判，遷知泉州。泉屬邑有隱士秦系故廬，唐相姜公輔葬邑旁，令衿建堂合祠之，郡人感其化。歸寓三衢。嘗會賓客觀秦檜家廟記，口誦「君子之澤，五世而斬」之句。通守汪召錫，檜兄壻也，頗疑令衿，諷教官莫汲訴令衿論日月無光，謗訕朝政。侍御史董德元承風旨劾之，誣以贓私。詔下令衿獄，案驗無狀，乃論令衿謗訕不遜，追一官勒停，令南外宗正司拘之。檜除召錫湖南提舉以報之，銜令衿，必欲置死地。初，趙鼎之子汾歸過衢，令衿讌之，侍御史徐嘉希檜旨，誣令衿與汾有密謀，伺朝廷機事。捕汾下大理寺，俾汾自誣與張浚、李光等謀逆，而令衿預焉。獄上，檜病不能省，乃獲免。檜死，復爵。二十六年，授明州觀察使，襲封。引疾乞奉燕王祠，許之。尋加慶遠軍承宣使。二十八年薨，贈開府儀同三司。

令話，建炎末，爲右武衞大將軍、信州防禦使。熙寧初，首封秦王孫從式，已而更封燕王曾孫世淸。宣和中，又封秦王元孫令謐。令謐卒，令庛年最長，禮官以爲小宗不當封。紹興元年六月，令話得襲封，授寧州觀察使。二年七月薨，贈開府儀同三司。

令德，乾道元年爲武德郎。時安定郡王令詪換文階，大宗正司奏令德授定武軍承宣使，襲封。令德貧，幾不能出蜀。七年，令德薨，令懬當封，以沈湎聲色，不任襲。詔武德郎令擡襲封，除金州觀察使。令擡薨，時秦王後無當襲者，武翼郎子揀屬燕王後，年又最長，得襲封。子揀薨，九年九月，忠訓郎子彤襲，授容州觀察使。紹熙二年薨〔三〕，年八十餘。慶元元年十月，忠翊郎子恭襲，授利州觀察使。子恭薨，嘉定二年七月，子覿襲，授金州觀察使。四年十一月，伯栩襲，授宣州觀察使。嘉定元年十月，伯柷襲，授福州觀察使。八年十一月，伯澤襲，授潭州觀察使。

秦康惠王德芳，開寶九年出閤，授貴州防禦使。太平興國元年，授興元尹、山南西道節度使、同平章事。三年冬，加檢校太尉。六年三月，寢疾薨，年二十三。車駕臨哭，廢朝五日。贈中書令、岐王及謚。後加贈太師，改楚王。子三人：惟敍、惟憲、惟能。

慶曆四年，詔封十王之後，以惟敍子從照封安國公，終左金吾衞大將軍、歸州團練使。贈同州觀察使、齊國公。從照卒，以惟能子從古封安國公，終延州觀察使，贈保靜軍節度使、同中書門下平章事、楚國公，謚惠恪。從古卒，惟憲子從式襲封舒國公。

神宗卽位，謂創業垂統，實自太祖，顧無以稱。乃下詔令中書門下考太祖之籍，以屬近而行尊者一人，裂土地而王之。使常從獻于郊廟，世世勿復絕。於是有司推擇，以從式應詔，封安定郡王，終保康軍節度使，贈同中書門下平章事，追封榮王，謚安僖。從式既薨，詔以越王曾孫世準襲封安定郡王，而以從式子世恩襲爵爲楚國公，主楚王德芳之祀。遷楚州防禦使，卒贈奉國軍節度使，謚良僖。徽宗即位，改封楚王爲秦王。

惟敍字懋功，性純謹，頗好學。端拱初，授左武衞將軍，四遷左衞將軍、領勤州刺史。大中祥符四年，從祀汾陰，拜左千牛衞大將軍。八月，卒，年三十五。贈懷州防禦使，追封河內侯。明道二年，加贈保靜軍節度觀察留後、高平郡公。子從照，封安國公。從溥，至右侍禁內殿崇班。

惟憲字有則，美丰儀，少頗縱肆，長修謹，善射，好吟詠，多讀道書。端拱初，授左屯衞將軍，累遷左羽林將軍、領演州刺史，加左衞大將軍、領賀州團練使，眞拜資州團練使。大中祥符九年五月卒，年三十八。贈安德軍節度使兼侍中、英國公。子從式，始封安定郡王，事見上。從演，禮賓副使。從戎、從戒、從湜，並內殿崇班。從賁，供奉官。

惟能字若拙。端拱初，授右屯衞將軍，累遷右神武軍將軍。大中祥符元年五月卒，年三十。贈蔡州防禦使、張掖侯。明道二年，加贈集慶軍節度觀察留後、南康郡公。子從古，襲安國公。從善，內殿承制。從贊，崇班。

安僖秀王子偁，秦康惠王之後，高宗族兄也。康惠生英國公惟憲，惟憲生新興侯從郁，從郁生華陰侯世將，世將生東頭供奉官令儈，令儈生子偁。宣和元年，舍試合格，調嘉興丞。是年，子伯琮生，後被選入宫，是爲孝宗。

子偁召赴都堂審察，改宣教郎〔三〕，通判湖州，尋除直秘閣，賜五品服。孝宗既封建國公，就傅，子偁召對言：「宗室之寓于外者，當聚居官舍，選尊長鈐束之。年未十五附入州小學，十五入大學，許依進士就舉，未出官者亦許入學聽讀，及一年，聽參選。」高宗納其說。遷朝奉郎、祕閣修撰，知處州。已而乞祠，許之。累官左朝奉大夫。紹興十三年秋致仕，明年春，卒于秀州。時孝宗爲普安郡王，疑所服，詔侍從、臺諫議。秦熺等請解官如南班故事，普安亦自請持服，許之。及普安建節，子偁以恩贈太子少師。既爲太子，加贈太師、中書令，封秀王，謚安僖。配張氏，封王夫人。

孝宗受禪，稱皇伯，園廟之制未備。紹熙元年，始即湖州秀園立廟，奉神主，建祠臨安府，以藏神貌，如濮王故事。仍班諱。

嗣秀王伯圭字禹錫，孝宗同母兄也。初，以恩補將仕郎，調秀州華亭尉，累官至浙西提刑司幹辦公事，除明州添差通判。孝宗受禪，上皇詔除集英殿修撰、知台州。

伯圭在郡，頗著政績，除敷文閣待制，改知明州，充沿海制置使。蕃商死境內，遺貲巨萬，吏請沒入，伯圭不可，戒其徒護喪及貲以歸。陞敷文閣直學士，以憂去，服闋，再知明州。新學宮，命宗子入學，閑以規矩。詔徙戍定海兵於許浦。伯圭奏：「定海當控扼之衝，不可撤備，請摘制司軍以實其地。」從之。

海寇猖獗，伯圭遣人諭降其豪葛明，又遣明禽其黨倪德。二人素號桀黠，伯圭悉撫而用之，賊黨遂散。以功進一官，累陞顯謨閣、龍圖閣學士。在郡十年，政寬和，浚湖陂，均水利，辨冤獄。嘗獲鑄銅者，不忍置諸法，諭令易業，民由是無再犯。

淳熙三年，授安德軍節度使，尋加開府儀同三司，充萬壽觀使。朝德壽宮，上皇賜玉帶，加少保，封滎陽郡王。高宗崩，入臨，充攢宮總護使，除少傅。光宗卽位，陞少師。踰年召見，遷太保，封嗣秀王，賜甲第於安僖祠側。

臣僚上言：「治平中追崇濮邸，王子孫幾二十人，皆自環衞序遷其官。今居南班者止師夔一人，非所以強本支而固磐石也。前未建秀邸時，欲賦以祿，則不免責以吏事；今已建邸，而猶責吏事，他日或不免於議。治則傷恩，不則廢法，曷歸之南班，俾無吏責而享富貴。」遂詔伯圭諸子得換班。

紹熙二年〔三〕，除判大宗正事，建請別立宗學，以教宗子。超拜太師，免奉朝請。尋兼崇信軍節度使，賜第還湖州，尋薨于家。訃聞，帝爲輟朝三日，追封崇王，謚憲靖。

伯圭性謙謹，不以近屬自居。每日見，行家人禮，雖宴私隆洽，執臣節愈恭。一日，孝宗問潛龍時事，伯圭辭曰：「臣老矣，不復能記。」問至再三，終不言。帝笑曰：「何太謹也。」益愛重之。嘗欲廣其居，並湖爲複閣，有司旣度材矣，伯圭固辭而止。阜陵成，遷中書令，凡五讓。寧宗嘉其志，詔別議褒崇之禮，贈贊拜不名，肩輿至殿門。子九人：師夔、師揆、師垂、師禼、師禹、師皐、師岩、師彌、師貢。

師夔字汝一，初以祖恩補官，調太平州蕪湖簿。隆興元年，改右承務郎，歷台州、秀州通判，直秘閣。尋知徽州，新學舍，進直徽猷閣，知湖州。時歸附從軍而廩於湖者衆，不能給，師夔請增廩，仍別給僦屋錢，以安其心。帝稱善，詔諸郡行之。除直龍圖閣，遷浙西提刑，改江東運判。

建康務場往往奪民利，爲害滋甚，師夔首罷之。守臣以郡計所資，詣師夔請復舊，不從。池州軍帥霍政與守臣交上書相攻，詔師夔究曲直。政密遣人求庇，師夔斥之，具言狀，政坐罷去。

改秘閣修撰、知明州兼沿海制置使，加敷文閣待制，轉永慶軍承宣使。紹熙元年，侍父入覲，除興寧軍節度使。寧宗卽位，加檢校少保，充阜陵橋道頓遞使。阜陵成，遷開府儀同三司。侍父歸，父薨未踰月，師夔亦卒，年六十一。贈少師，追封新安郡王。

師揆字元輔，初補右承務郎奉祠。除添差湖州簽判，改婺州通判，加直秘閣。守臣韓元吉薦其材，上以問史浩，浩言其聰爽可任。召對，除江東提舉。奏免失陷常平人毋責償。

改淮南漕，尋遷淮西提刑兼提舉，領屯田事。奏以荒圩給軍士，其屯田爲民世業者勿奪，從之。及代去，吏請獻羨錢二十萬，師揆曰：「後將病民矣。」除直秘閣，改江東轉運副使，加秘閣修撰，知明州。

紹熙元年〔四〕，授觀察使。寧宗卽位，除奉國軍承宣使，尋陞節度使。召見，賜肩輿，超檢校太保、開府儀同三司，充萬壽觀使，襲封。開禧元年奉朝請，嘉定七年薨，贈太傅，追封澧王，謚恭惠。

弟師禹，由保康軍節度使除開府儀同三司，襲封。十六年，薨，贈太傅，追封和王，謚端肅。

校勘記

〔一〕錢千萬緡　「千萬」，本書卷四太宗紀、長編卷二三作「十萬」，疑此誤。

〔二〕中書守當官　原作「中書守堂官」，按本書卷一六一職官志，中書省有「守當官」，無「守堂官」，「堂」當爲「當」之誤。長編卷二三正作「中書守當官」。

〔三〕德文屬尊且賢　「尊」原作「祖」，據長編卷一五一、編年綱目卷一二改。

〔四〕奬州刺史　「奬州」原作「樊州」。宋代無「樊州」，宋會要帝系一之二七、三之二都作「奬州」，據改。

〔五〕追封南陽郡王　「郡王」原作「郡侯」，據長編卷七三、宋會要帝系三之一七、東都事略卷一五吳王德昭世家改。

〔六〕贈張信軍節度觀察留後濟陽郡公　「張信」，宋會要帝系三之二六作「彰寧」；「濟陽」，本書卷二一五宗室世系表作「濟陰」。按本書地理志和卷一六八職官志都無「張信」、「彰寧」軍額，只有「彰信」軍額。又據本書卷八五地理志，「彰信」是京東路曹州的軍額，郡號濟陰；而「濟陽」是濟州的郡號，未升節鎮。世長如贈彰信軍節度觀察留後，例應封濟陰郡公。疑當作「贈彰信軍節度觀察留後、濟陰郡公」。

〔七〕昌州團練使惟忠　「惟忠」原作「惟固」。按上文惟忠於大中祥符五年進昌州團練使，有子從信；惟固未進此職，亦無子。據改。

〔八〕右班殿直　「殿直」原作「禁直」，按本書卷一六九職官志，有「右班殿直」，無「右班禁直」，據改。

〔九〕成忠郎　「成忠」原作「承忠」。按本書卷一六九職官志有「成忠郎」，無「承忠郎」；又「換官」條，由「成忠郎換從事郎」，與下文正合，作「承忠」誤。據改。

〔一〇〕陞令詛秘閣修撰　「令詛」原作「令衿」。繫年要錄卷一七一、一八〇，升秘閣修撰及下文各官職者都是令詛；按文義亦當是。據改。

〔一〕紹熙二年薨　「紹熙」原作「紹興」。按上文爲乾道紀年，此處不當出「紹興」，本書卷三六光宗紀，紹熙二年十一月戊申，「安定郡王子肜薨」。據改。

〔二〕宣教郎　原作「宗教郎」，按本書卷一六九職官志無「宗教郎」而有「宣教郎」，繫年要錄卷五四、朝野雜記甲集卷一秀安僖王條作「左宣教郎」，此處省去「左」字；「宗」，應改作「宣」。

〔三〕紹熙二年　「紹熙」原作「紹興」。上文爲淳熙紀年，此不當出「紹興」。本書卷三六光宗紀，紹熙二年六月丁亥，「以伯圭判大宗正事」。據改。

〔四〕紹熙元年　「紹熙」原作「紹興」。按師揆爲秀王諸孫，秀王封於紹興三十二年，此處不得有紹興紀年；本書卷三六光宗紀，紹熙元年七月癸丑，「詔秀王諸孫並授南班」。南班是宋宗子所授官，近屬自初除小將軍七遷爲節度使，見沈括夢溪筆談卷一故事二。據本書卷一六九職官志武臣敍遷之制，觀察使當爲南班之五遷官，師揆自屬「並授南班」之列，「紹興」係「紹熙」之誤，據改。

宋史卷二百四十五

列傳第四

宗室二

漢王元佐　昭成太子元僖　商王元份　越王元傑　鎭王元偓
楚王元偁　周王元儼　悼獻太子　濮王允讓

太宗九子：長楚王元佐，次昭成太子元僖，次眞宗，次商恭靖王元份，次越文惠王元傑，次鎭恭懿王元偓，次楚恭惠王元偁，次周恭肅王元儼，次崇王元億。

漢恭憲王元佐字惟吉，初名德崇，母元德皇后。少聰警，貌類太宗，帝鍾愛之。年十三，從獵近郊，兔走乘輿前，太宗使元佐射，一發而中，契丹使在側，驚異之。從征太原、幽薊。太平興國中，出居內東門別第，拜檢校太傅、同中書門下平章事，封衞王，赴上于中書。後徙居東宮，改賜今名，加檢校太尉，進封楚王。

初，秦王廷美遷涪陵，元佐獨申救之。廷美死，元佐遂發狂，至以小過操挺刃傷侍人。雍熙二年，疾少間，帝喜，爲赦天下。重陽日內宴，元佐疾新愈不與，諸王宴歸，暮過元佐第。曰〔二〕：「若等侍上宴，我獨不與，是棄我也。」遂發忿，被酒，夜縱火焚宮。詔遣御史捕元佐，詣中書劾問，廢爲庶人，均州安置。宰相宋琪率百官三上表，請留元佐京師。行至黃山，召還，廢居南宮，使者守護。諮議趙齊王遹、翊善戴元頓首請罪，帝赦之曰：「是子朕教之猶不悛，汝等安能輔導耶？」

眞宗卽位，起爲左金吾衞上將軍，復封楚王，聽養疾不朝，再加檢校太師、右衞上將軍。元佐生日，眞宗賜以寶帶。平居不接人事，而事或預知。帝嘗遣術士管歸眞爲醮禳，左右未及白，元佐遽曰：「管歸眞至矣。」帝聞之曰：「豈非爲物所憑乎？」封泰山，眞拜太傅；祀汾陰，遷太尉兼中書令。又加太師、尙書令兼中書令，遂拜天策上將軍、興元牧，賜劍履上殿，詔書不名。時禁中火，元佐表停奉稟助完宮闕，不許。加兼雍州牧。仁宗爲皇太子，兼興元牧。仁宗卽位，兼江陵牧。薨，年六十二，贈河中、鳳翔牧，追封齊王，謚恭憲。宗室子弟特給假七日，以鹵簿鼓吹導至永安，陪葬永熙陵。明道二年，改封潞王。又改魏王。子三人：允升、允言、允成。

仁宗〔三〕封王後，以允言子宗說恭憲王長孫，嗣封祁國公。皇祐中，坐帷薄不修除名，又坐坑殺女僕，鎖閉宮室外宅。其子仲旻，官右武衞大將軍、道州刺史，後因朝，叩頭殿下泣訴云：「父老且病，願納身官以贖。」神宗亦愍之，而未俞其請。出就馬，氣塞不能言，及家而卒。贈同州觀察使、馮翊侯。宗說幽死。

熙寧三年，以允升子宗惠襲封魏國公。中書言宗惠不應封，以恭憲庶長孫允言子宗立嗣。

宗立從張揆學春秋。太清樓侍宴，預坐悉賦禊玉詩，宗立詩先成，仁宗稱善。屢賜飛白書，旌其文雅。至是襲封，終武寧軍節度觀察留後，贈昭信軍節度使、同中書門下平章事、南康郡王。子仲來嗣，終金州刺史。子不儻嗣〔三〕。徽宗立，改封魏王爲漢王。不儻卒，子彥清乞襲父爵，奉漢王祀，詔從之。

允升字吉先，初免乳，養明德太后宮，太后親撫視之。元佐有疾，允升始出第。眞宗賜名元中，授右監門衞將軍，更賜今名。累遷澶州觀察使，封延安郡公，進武寧軍節度觀察留後，歷安德、建雄、安國軍節度使。景祐二年卒，贈太尉、平陽郡王，謚懿恭。子十三人，宗禮、宗旦、宗悌、宗惠知名。

宗禮嘗侍宴太清樓，仁宗賦詩，命屬和，侍射苑中，復獻詩。終虔州觀察使、成國公，贈安遠軍節度使、同中書門下平章事、韓國公。子仲翹、仲髦。

宗旦字子文，七歲如成人，選爲仁宗伴讀。帝即位，獲超選，爲羣從所詆，上書言狀，帝曰：「宗旦陪朕幼學，勤勞居多，此出朕意，豈應訴以常格？」所生母死，請別擇葬域，歲時奠祀，後遂著爲法。治平中，同知大宗正事。神宗即位，拜崇信軍節度使、同中書門下平章事，爲大宗正，賜方團金帶，非朝會得乘肩輿。元豐三年，封華陰郡王，加開府儀同三司。長屬籍十六年〔四〕，宗子有過，優游誨導，一善必以聞。異時赴朝請者，率以私丁給侍，宗旦建請，始得從官給。薨，贈太尉、滕王，謚恭孝，聽旗節印綬從葬。

宗悌字元發，輕財好施。故相王氏子持父所服帶求質錢，宗悌惻然曰：「宰相子亦至是乎！」歸帶而與之錢。所親用詐取藏鏹，得其狀，曰：「吾不以小故傷骨肉恩。」竟不問。所生母早世，宗悌不識也，聞父婢語平生，輒掩泣。繼得其肖貌，繪而奉之如生。終明州觀察使，贈保寧軍節度使、同中書門下平章事、東陽郡王，謚曰孝憲。

宗惠，封魏國公，尋以旁支黜。終武昌軍節度觀察留後、江夏郡王，贈鄖王。

允言，累官左屯衞將軍。嘗託疾不朝，降太子左衞率府率，歲中復官。又坐笞侍婢，而兄允升勸止，悖慢無禮，貶副率，絕朝謁，出之別第。以祀汾陰恩，復率府率，還宮。久之，復朝謁，歷左監門衞大將軍、黃州刺史。天聖七年卒，贈明州觀察使、奉化侯。明道二年，贈安遠軍節度使，追封密國公。子宗說、宗立〔三〕事並見上。宗育，終右屯衞將軍，贈潁州防禦使、汝陰侯。

允成，終右神武將軍、濮州防禦使，贈安化軍節度使、郇國公。明道二年，加贈鎭江軍節度使兼侍中。子宗顏、宗訥、宗鼎、宗嚴、宗魯、宗儒、宗奭，皆爲環衞、刺史。

昭成太子元僖，初名德明。太平興國七年出閤，授檢校太保、同平章事，封廣平郡王，與兄衞王德崇同日受封。八年，進封陳王，改名元佑。詔自今宰相班宜在親王上，宰相宋琪、李昉請遵舊制，不允。宋琪等懇請久之，上曰：「宰相之任，實總百揆，與羣司禮絕；藩邸之設，止奉朝請而已。元佐等尚幼，欲其知謙損之道，卿等無固讓也。」

雍熙二年，元佐被疾，以元僖爲開封尹兼侍中，改今名，進封許王，加中書令。上爲娶隰州團練使李謙溥女爲夫人，因謂宰相曰：「朕嘗語諸子，今姻偶皆將相大臣之家，六禮具備，得不自重乎？」淳化元年，宰相呂蒙正復上言，乞班諸王下，詔不允。三年十一月己亥，元僖早入朝，方坐殿廬中，覺體中不佳，徑歸府。車駕遽臨視，疾已亟，上呼之猶能應，少頃遂薨。上哭之慟，廢朝五日，贈皇太子，謚恭孝。

元僖姿貌雄毅，沈靜寡言，尹京五年，政事無失。及薨，上追念不已，悲泣達旦不寐，作思亡子詩示近臣。

未幾，人有言元偓爲嬖妾張氏所惑，張頗專恣，捶婢僕有至死者，而元偓不知。張又於都城西佛寺招魂葬其父母，僭差踰制。上怒，遣昭宣使王繼恩驗問，張縊死。左右親吏悉決杖停免，毀張氏父母塚墓，親屬皆配流。開封府判官、右諫議大夫呂端，推官、職方員外郎陳載，並坐裨贊有失，端黜爲衞尉少卿，載爲殿中侍御史。許王府諮議、工部郎中趙令圖，侍講、庫部員外郎閻象，並坐輔道無狀，削兩任免。詔停册禮，以一品鹵簿葬。眞宗卽位，始詔中外稱太子之號焉。乾興初，改謚。無子，仁宗時，詔以允成子宗保出後昭成太子爲孫。

宗保生二歲，母抱以入見章獻后，后留與處。宗保七歲，授左侍禁，帝親爲巾其首。久之，歸本宮，詔朔望出入禁省。累官代州防禦使，襲封燕國公。性仁恕，主藏吏盜米至千斛，貰不問。嘗書「忍」字於座右以爲戒。熙寧七年卒。神宗臨奠，其子仲鞠泣曰：「先臣幼養宮中，終身不自言。」帝感悼，遂優贈靜難軍節度使、新平郡王，謚恭靜。仲鞠亦好學能詩，事親居喪以孝聞。

宗保卒，子仲恕嗣，官至忠州團練使，謚純僖。子士盉嗣。

商恭靖王元份，初名德嚴。太平興國八年出閤，改名元傑，拜同平章事，封冀王。雍熙三年，改今名，加兼侍中、威武軍節度使，進封越王。淳化中，兼領建寧軍，改鎭寧海、鎭東。眞宗卽位，加中書令，徙鎭永興、鳳翔，改王雍。永熙復土，爲山陵使，拜太傅。眞宗北征，爲東京留守。薨年三十七，贈太師、尙書令、鄆王。改陳王，又改潤王。治平中，封魯王。

元份寬厚，言動中禮，標望偉如，娶崇儀使李漢斌之女。李悍妬慘酷，宮中女婢小不如意，必加鞭杖，或致死。上每有恩賜，詔令均給，李盡取之。及元份臥病，上親臨問，見左右無侍者，因輟宮人爲主湯劑。初，太宗崩，戚里皆赴禁中，朝晡臨，李多稱疾不至。元份生日，李以衣服器用爲壽，皆飾以龍鳳。居元份喪，無戚容，而有謗上之語。上盡知其所爲，以元份故優容之。及是，復不欲顯究其罪狀，止削國封，置之別所。元份子三人：長允寧；次允懷，改允中，早卒；次則濮王允讓也。

允讓薨，以允寧子宗諤襲虢國公。至熙寧三年，以宗肅嗣封魯國公。宗肅，亦允寧子也。子仲先嗣。徽宗卽位，改封魯王爲商王，詔曰：「宗室諸王追封大國，其世襲子孫尙仍舊國，甚未稱正名之意。如魯王改封商王，其子尙襲魯國之類。其令大宗正司改正。」制以寧遠軍節度使、魯國公仲先改封商國公。

允寧字德之，性至孝，因父感疾，恍惚失常。既而嗜學，尤喜讀唐史，通知近朝典故，工虞世南楷法，眞宗賜詩激賞之。又善射，嘗侍射後苑，屢破的，賜金帶器幣。初授右千牛衞將軍，四遷右武衞，歷唐州團練、潁州防禦、同州觀察使，進彰信軍節度觀察留後、武定軍節度使。景祐元年卒，贈太尉、信安郡王，謚僖簡。子宗諤、宗敏、宗孟、宗肅。

宗諤封虢國公，官累集慶軍節度使、同中書門下平章事，進封豫章郡王。乞比外使相給奉，仁宗以非兼侍中，令詰主吏，宗諤上章自陳，於是御史張商英劾其招權立威等罪，坐落平章事〔六〕。英宗卽位，還所奪。元豐五年薨，贈太尉、韓王。太常謚榮孝，上省集議駁之，改榮恭，僕射王珪復駮之，遂謚榮思〔七〕。

宗肅封魯國公。兄宗諤嘗亡寶器，意宗肅家人子竊之，宗肅曰：「吾廉，不足取信兄弟如此乎？」立償其直。宗諤愧不取，乃施諸僧。久之器得，宗肅不復言。元豐五年，終安化軍留後，以嘗從英宗入慶寧，優贈鎭海軍節度使、開府儀同三司、北海郡王。

宗敏終右千牛衞大將軍、文州刺史，贈越州觀察使、會稽侯。頗涉書傳。緣郊恩建請封所生母范氏，宗室子得封所生母，自宗敏始。

越文惠王元傑字明哲，初名德和。太平興國八年出閤，改名。授檢校太保、同平章事，封益王。端拱初，加兼侍中、成都尹、劍南東西川節度。淳化中，徙封吳王，領揚潤大都督府長史、淮南鎮江軍節度使。至道二年，改揚州大都督、淮南忠正軍節度。眞宗即位，授檢校太尉兼中書令、徐州大都督、武寧泰寧等軍節度使，改封兗王。咸平中，再郊祀，皆爲終獻，加守太保。六年七月暴薨，年三十二。

元傑穎悟好學，善屬詞，工草、隸、飛白，建樓貯書二萬卷，及爲亭榭遊息之所。嘗作假山，既成，置酒召僚屬觀之。翊善姚坦獨顆首不視，元傑強之，坦曰：「坦見血山，安得假山。」言州縣鞭撻徵民，以取租稅，假山實租稅所爲耳。語見姚坦傳中。及薨，眞宗聞之震悼，不俟旦，步及中禁門，乃乘輦臨視，哀動左右，廢朝五日。贈太尉、尙書令，追封安王，謚文惠，後改邢王，後改陳王。無子。仁宗以恭憲王之孫、允言子宗望爲之後。

宗望字子國，終右武衞大將軍、舒州防禦使，贈安化軍節度使觀察留後、高密郡公。仁宗嘗御延和殿試宗子書，以宗望爲第一；又常獻所爲文，賜國子監書，及以塗金紋羅御書「好學樂善」四字賜之。即所居建御書閣，帝爲題其榜。

子仲郃嗣。熙寧三年，與商恭靖王孫宗肅等同日封陳國公。官至陳州觀察使。卒，謚良僖。

子士關嗣。父卒，徒行護喪數百里，路人嗟惻。卒，贈陳州觀察使。徽宗卽位，改封陳王爲越王。

鎭恭懿王元偓字希道。端拱元年出閤，授檢校太保、左衞上將軍，封徐國公。至道二年，拜洪州都督、鎭南軍節度使。眞宗卽位，加同平章事，封彭城郡王。俄加檢校太傅，改鎭靜難、彰化，進封寧王。郊祀、東封，悉爲亞獻，禮成，授檢校太尉兼侍中、護國鎭國等軍節度。

三年，文武官詣闕請祠后土，元偓以領節帥亦奏章以請，詔許之。將行，命爲河、華管內橋道頓遞使。明年，車駕入境，元偓奏方物、酒餼、金帛、茗藥爲貢，儀物甚盛。至河中，與判府陳堯叟分導乘輿度蒲津橋。上登鄈丘亭，目元偓曰：「橋道頓置嚴謹，爾之力也。」元偓頓首謝。及還，加中書令，領成德、安國等軍節度，改封相王。五年，加守太傅。

眞宗自卽位以來，屢以學術勗宗子。元偓首冠藩戚，益自修勵，上每製篇什，必令屬和。一日，謂宰相曰：「朕每戒宗子作詩習射，如聞頗精習，將臨觀焉。」因幸元偓邸第，宴從官，宮僚畢會，賦七言詩。元偓奉觴上壽，賜襲衣、金帶、器幣、緡錢，又與宗室射于西南亭。日晡，從官退，上獨以中官從，幸元偁、元儼宮，復宴元偓宮，如家人禮，夜二鼓而罷。六年，進位太尉。

八年七月，以榮王宮火，徙元偓宮於景龍門外，車駕臨幸。是冬，加兼尚書令。天禧元年二月，换成德、鎭寧二鎭，進封徐王。二年春，宫邸遺燼，燔舍數區，元偓驚悸，暴中風眩薨，年四十二。帝臨哭，廢朝五日，贈太師、尚書令、鄧王，賜謚恭懿。

元偓姿表偉異，厚重寡言，曉音律。後改封密王，又改王蘇。治平中，追封韓王。

子允弼，八歲召入禁中，令皇子致拜，允弼不敢當。御樓觀酺，得與王子並坐〔八〕。皇子卽位，是爲仁宗。允弼累遷武寧軍節度使兼侍中，判大宗正事，封北海郡王。英宗時，拜中書令，徙王東平。神宗卽位，拜太保、鳳翔雄武軍節度使，朝朔望。熙寧二年，丁母憂，悲痛不勝喪，固辭起復。母葬有日而允弼病篤，顧諸子以不得終大事爲恨。薨，帝臨哭之慟，輟朝三日，贈太師、尚書令兼中書令，追封相王，謚孝定。

允弼性端重，時然後言。諸宮增學官員，允弼已貴，猶日至講席，延伴讀官讀孟子一節。領宗正三十年，與濮安懿王共事，相友愛，爲宗屬推敬。

子宗續，襲祖恭懿王封爲韓國公。卒，贈南康郡王，謚良孝。宗續弟宗景，以相州觀察使同知大宗正事。神宗以其父允弼司宗久，故復選用之。宗景事母孝，居喪如不能勝。居第火冒，急赴家廟，不恤其他，火亦不爲害。元祐中，累遷彰德軍節度、開府儀同三司、檢校司空，封濟陰郡王。宗景喪其夫人，將以妾繼室，先出之於外，而託爲良家女且納焉。坐奪開府，既而還之。紹聖四年薨，年六十六，贈太師、循王，謚曰思。

宗績既卒，子仲譽嗣，自平川節度使徙劍南西川。徽宗改封韓王爲鎭王。

楚恭惠王元偁字令聞，七歲授檢校太保、右衞上將軍、涇國公。久之，領鄂州都督、武昌軍節度使。眞宗卽位，加同平章事、安定郡王，進檢校太傅。景德二年，郊祀，遷宣德、保寧兩鎭，進封舒王。大中祥符初，封泰山，加檢校太尉兼侍中，移平江、鎭江軍。從祀汾陰，加兼中書令，改鎭南、寧國軍節度使。五年，拜太保。自景德後，每有大事，皆爲終獻。元偁體素羸多病，上幸眞源，時已被疾，懇求扈從。至鹿邑疾甚，肩輿先歸。車駕還，臨問數四。七年，薨，年三十四。廢朝五日，贈太尉、尙書令，追封曹王，謚恭惠。後改封華王、蔡王。有集三卷、筆札一卷，上爲製序，藏之秘閣。子允則，官至右千牛衞大將軍卒。

先是，諸王子授官，卽爲諸衞將軍，餘以父官及族屬親疏差等。天禧元年，令宗正卿趙安仁議爲定制。安仁請以宣祖、太祖、太宗孫初廕授將軍，曾孫授右侍禁，玄孫授右班殿直，內父爵高者聽從高廕，其事緣特旨者不以爲例。詔中書、門下、樞密院參定行之。

允則無子，以平陽懿恭王之子宗達爲後。熙寧三年，襲封蔡國公。鄰家失火，盜因爲奸，竊宗達所服帶，旣而得之，且知其主名，貸不問。浚井得鐶，復投之。官累武信軍留後。薨，贈安化軍節度使、開府儀同三司、高密郡王。子仲約嗣。徽宗卽位，改封蔡王爲楚王。

周恭肅王元儼，少奇穎，太宗特愛之。每朝會宴集，多侍左右。帝不欲元儼早出宮，期以年二十始就封，故宮中稱爲「二十八太保」，蓋元儼於兄弟中行第八也。

眞宗卽位，授檢校太保、左衞上將軍，封曹國公。明年，爲平海軍節度使，拜同中書門下平章事，加檢校太傅，封廣陵郡王。封泰山，改昭武、安德軍節度使，進封榮王；祀汾陰，加兼侍中，改鎭安靜、武信，加檢校太尉；祠太淸宮，加兼中書令。坐侍婢縱火，延燔禁中，奪武信節，降封端王，出居故駙馬都尉石保吉第。每見帝，痛自引過，帝憫憐之。尋加鎭海、安化軍節度使，封彭王，進太保。仁宗爲皇子，加太傅。歷橫海永淸保平定國節度、陝州大都督，改通王、涇王。仁宗卽位，拜太尉、尙書令兼中書令，徙節鎭安、忠武，封定王，賜贊拜不名，又賜詔書不名。天聖七年，封鎭王，又賜劍履上殿。明道初，拜太師，換河陽三城、武成節度，封孟王，改永興鳳翔、京兆尹，封荆王，遷雍州、鳳翔牧。景祐二年大封拜宗室，授荆南、淮南節度大使〔九〕，行荆州、揚州牧，仍賜入朝不趨。

元儼廣顙豐頤，嚴毅不可犯，天下崇憚之，名聞外夷。事母王德妃孝，妃每有疾，躬侍藥，晨夕盥潔焚香以禱，至憂念不食。母喪，哀戚過人。平生寡嗜慾，惟喜聚書，好爲文詞，頗善二王書，工飛白。

仁宗冲年卽位，章獻皇后臨朝，自以屬尊望重，恐爲太后所忌，深自沉晦。因闔門卻絕人事，故謬語陽狂，不復預朝謁。及太后崩，仁宗親政，益加尊寵，凡有請報可，必手書謝牘。方陝西用兵，上所給公用錢歲五十萬以助邊費，帝不欲拒之，聽入其半。嘗問翊善王渙曰：「元昊平未？」對曰：「未也。」曰：「如此，安用宰相爲。」聞者畏其言。

慶曆三年冬，大雨雪，木冰，陳、楚之地尤甚。占者曰：「憂在大臣。」既而元儼病甚。上憂形于色，親至臥內，手調藥，屏人與語久之，所對多忠言。賜白金五千兩，固辭不受，曰：「臣羸憊且死，將重費家國矣。」帝爲嗟泣。明年正月薨，贈天策上將軍、徐兗二州牧、燕王，謚恭肅。比葬，三臨其喪。詔以元儼墨跡及所爲詩分賜宰臣，餘藏秘閣。

子十三人：允熙、允良、允迪、允初，餘皆早卒。熙寧中，以允良子宗絳嗣封吳國公。徽宗改封吳王爲周王〔10〕。

允熙終右監門衞將軍、滁州刺史，贈博州防禦使、博平侯。

允良歷五節度，領寧海、平江兩軍，封華原郡王，改襄陽，由同中書門下平章事、兼侍中，至太保、中書令。好酣寢，以日爲夜，由是一宮之人皆晝睡夕興。薨，贈定王，有司以其反易晦明，謚曰榮易。

允迪累官耀州觀察使。居父喪不哀，又嘗宮中爲優戲，爲妻昭國夫人錢氏所告。制降右監門衞大將軍，絕朝謁，錢氏亦度爲洞眞道士。

允初，初名允宗，勤於朝會，雖風雨不廢。未嘗問財物厚薄，惟誦佛書，人以爲不慧。累遷寧國軍節度使、同中書門下平章事。治平元年卒，贈中書令、博平郡王。無子。英宗臨奠，以允初後事屬其兄允良，乃以允成孫仲連爲之後。

崇王元億，早亡，追賜名，封代國公。治平中，封安定郡王。徽宗即位，加封崇王。

眞宗六子：長温王禔，次悼獻太子祐，次昌王祗，次信王祉，次欽王祈，次仁宗。禔、祗、祈皆蚤亡，徽宗賜名追封。

悼獻太子祐，母曰章穆皇后。咸平初，封信國公。生九年而薨，追封周王，賜謚悼獻。仁宗即位，贈太尉、中書令。明道二年，追册皇太子。

仁宗三子：長楊王昉，次雍王昕，次荆王曦，皆早亡。徽宗時改封。

濮安懿王允讓字益之，商王元份子也。天資渾厚，外莊內寬，喜慍不見于色。始爲右千牛衞將軍。周王祐薨，眞宗以綠車旄節迎養于禁中。仁宗生，用簫韶部樂送還邸。官衞州刺史。仁宗卽位，授汝州防禦使，累拜寧江軍節度使。上建睦親宅，命知大宗正寺。宗子有好學，勉進之以善，若不率教，則勸戒之，至不變，始正其罪，故人莫不畏服焉。慶曆四年，封汝南郡王，拜同平章事，改判大宗正司。嘉祐四年薨，年六十五，贈太尉、中書令，追封濮王，謚安懿。仁宗在位久無子，乃以王第十三子宗實爲皇子。仁宗崩，皇子卽位，是爲英宗。

治平元年，宰相韓琦等奏：請下有司議濮安懿王及譙國夫人王氏、襄國夫人韓氏、仙遊縣君任氏合行典禮。詔須大祥後議之。

二年，乃詔禮官與待制以上議。翰林學士王珪等奏曰：

謹按儀禮喪服：「爲人後者」傳曰：「何以三年也？受重者必以尊服服之。」「爲所後者之祖父母妻，妻之父母昆弟，昆弟之子若子。」謂皆如親子也。又「爲人後者爲其父母」傳曰：「何以期？不二斬，持重於大宗，降其小宗也。」「爲人後者爲其昆弟」傳曰：「何以大功？爲人後者降其昆弟也。」

先王制禮，尊無二上，若恭愛之心分於彼，則不得專於此故也。是以秦、漢以來，帝王有自旁支入承大統者，或推尊其父母以爲帝后，皆見非當時，取議後世，臣等不敢引以爲聖朝法。

況前代入繼者，多宮車晏駕之後，援立之策或出臣下，非如仁宗皇帝年齡未衰，深惟宗廟之重，祗承天地之意，於宗室衆多之中，簡推聖明，授以大業。陛下親爲先帝之子，然後繼體承祧，光有天下。

濮安懿王雖於陛下有天性之親，顧復之恩，然陛下所以負扆端冕，富有四海，子子孫孫萬世相承，皆先帝德也。臣等竊以爲濮王宜準先朝封贈期親尊屬故事，尊以高官大國，譙國、襄國、仙遊並封太夫人，攷之古今爲宜稱。

於是中書奏：王珪等所議，未見詳定濮王當稱何親，名與不名？珪等議：「濮安於仁宗爲兄，於皇帝宜稱皇伯而不名，如楚王、涇王故事。」

中書又奏：「禮與令及五服年月敕：出繼之子於所繼、所生皆稱父母。又漢宣帝、光武皆稱父爲皇考。今珪等議稱濮王爲皇伯，於典禮未有明據，請下尚書省，集三省、御史臺議奏。」

方議而皇太后手詔詰責執政，於是詔曰：「如聞集議不一，權宜罷議，令有司博求典故以聞。」禮官范鎮等又奏：「漢之稱皇考、稱帝、稱皇，立寢廟，序昭穆，皆非陛下聖明之所法，宜如前議爲便。」自是御史呂誨等彈奏歐陽脩首建邪議，韓琦、曾公亮、趙槩附會不正之罪，固請如王珪等議。

既而內出皇太后手詔曰：「吾聞羣臣議請皇帝封崇濮安懿王，至今未見施行。吾載閱前史，乃知自有故事。濮安懿王、譙國夫人王氏、襄國夫人韓氏、仙遊縣君任氏，可令皇帝稱親，濮安懿王稱皇，王氏、韓氏、任氏並稱后。」

事方施行，而英宗卽日手詔曰：「稱親之禮，謹遵慈訓；追崇之典，豈易克當。且欲以塋爲園，卽園立廟，俾王子孫主奉祠事。」

翌日，誨等以所論列彈奏不見聽用，繳納御史敕告，家居待罪。誨等所列，大抵以爲前詔稱「權罷集議」，後詔又稱「且欲以塋爲園」，卽追崇之意未已。英宗命閤門以告還之。誨等力辭臺職。誨等既出，而濮議亦寢。至神宗元豐二年，詔以濮安懿王三夫人可並稱王夫人云。

王二十八子。長宗懿，英宗時爲宿州團練使，封和國公。神宗以宗懿濮安懿王元子，追封舒王。子仲鸞，常州防禦使。父薨，諸子皆進官，獨不忍受。喜翰墨，樂施與，九族稱賢。卒，贈武康軍節度使、洋國公，謚曰良。仲鸞弟仲汾，幼喜書史，一讀成誦。居父喪，瘠於毁瘠。卒官萊州防禦使，贈昭化軍節度使、榮國公。

次宗樸，爲隴州防禦使，封岐國公。宗樸與英宗友愛。初，詔英宗入居慶寧宮，固辭，宗樸率近屬敦勸，乃入。治平中，建濮王園廟，宗樸遂拜彰德軍節度使，封濮國公，奉王後。神宗卽位，加同平章事兼侍中，進封濮陽郡王。薨，贈太師、中書令，追封定王，謚僖穆。子仲佺，父歿，不食者數日。母葬時，天大雪，步泥中扶翼，道路歎惻。以潤州觀察使卒，贈開府儀同三司。

宗樸旣薨，宗誼襲封。官至昭化軍節度使、同中書門下平章事。薨，贈太師、中書令、廣陵郡王，謚莊孝。

宗暉，元豐中，以淮康軍節度使襲濮國公。安懿王及三夫人改祔，命爲誌幷題神主，加同中書門下平章事、開府儀同三司，進嗣濮王。哲宗立，改鎭南節度使、檢校司徒。紹聖元年薨，年六十七，贈太師，追封懷王，謚榮穆。子仲遜。先是，濮國嗣王四孟詣洛享園廟，以河南府縣官充亞、終獻。宗暉之襲封也，神宗始命以其子爲之，仲璲遂以終獻侍祠，凡十餘年。父喪，哀痛不能勝，纔服除而卒。官右監門衞大將軍、合州刺史。

宗晟，紹聖元年六月，以武安軍節度使判大宗正事，加檢校司徒，嗣濮王。明年三月薨，年六十五，贈太師、昌王，謚端孝。宗晟好古學，藏書數萬卷，仁宗嘉之，益以國子監書。治平將郊而雨，或議改祫享，英宗訪諸宗晟，對曰：「陛下初郊見上帝，盛禮也，豈宜改卜。至誠感神，在陛下精意而已。」帝嘉納。及郊，雨霽。帝數被疾，密請早建儲貳，以係天下之望，世稱其忠。

宗晟薨，哲宗紹聖二年四月，宗愈以鎭安節度使、開府儀同三司、檢校司徒嗣封。故事，嗣王以四時詣祠所，宗愈方屬疾，或曰不可以暑行，曰：「吾身主祀而不往，非禮也。」強輿以行，疾遂亟。是年八月薨，年六十五，贈太師，追封襄王，謚恭憲。

宗綽嗣，官至河陽三城節度使、檢校司徒。紹聖三年二月薨，年六十二，贈太師，追封榮王，謚孝靖。

宗楚，累拜武勝軍節度使、開府儀同三司，封南陽郡王。紹聖三年三月，以檢校司徒改武昌節度使，嗣濮王。既嗣爵，當詣園薦獻，會疾，以弟宗漢代行，歎曰：「不能親奉籩豆，饗我先王，而浮食厚祿，安乎！」請以爵授弟，不許。四年六月薨，贈太師、惠王，謚僖節。

宗祐克己自約，蕭然若寒士，好讀書，尤喜學易。嘉祐中，從父允初未立嗣，咸推其賢，詔以宗祐爲後，泣曰：「臣不幸幼失怙恃，將終身悲慕，忍爲人後乎！敢以死請。」仁宗憐而從之。累遷淸海軍節度使、開府儀同三司，封乘城郡王。紹聖四年八月，加檢校司徒，嗣濮王。時已病，當祠園廟，不肯移疾，自秋涉冬連往來。元符元年春，又亟往，遂薨于祠下。贈太師，追封欽王，謚穆恪。

宗漢，英宗幼弟也。累拜保寧軍留後、鄆國公、東陽安康郡王。元符初，以彰德軍節度使、開府儀同三司、檢校司空嗣濮王。徽宗卽位，徙寧江、保平、泰寧三鎭，判大宗正事，加檢校司徒、太保、太尉。帝幸濮邸，遷其子孫官。時安懿王諸子獨宗漢在，恩禮隆腆。大觀三年八月薨，贈太師，追封景王，謚孝簡。宗漢善畫，嘗作八鴈圖，人稱其工。仲增嗣。

仲增，濮王孫，於屬爲長，故封。官至彰德軍節度使、開府儀同三司。政和五年九月薨，贈少師，追封簡王，謚穆孝。

仲御，自幼不羣，通經史，多識朝廷典故。居父宗晟喪，哲宗起知宗正，力辭，詔虛位以須終制。累遷鎭寧、保寧、昭信、武安節度使，封汝南、華原郡王。政和中，以檢校少傅、泰寧軍節度使、開府儀同三司嗣封。天寧節遼使在廷，宰相適謁告，仲御攝事，率百僚上壽，若素習者。帝每見必加優禮，稱爲嗣王。宣和四年五月薨，年七十一，贈太傅，追封郇王，謚康孝。

仲爰嗣。徽宗卽位，拜建武節度使，爲大宗正，加開府儀同三司，封江夏郡王，徙節泰寧定武，檢校少保、少傅。宣和五年六月薨，年七十，贈太保，追封恭王。

仲理嗣。靖康初，爲安國軍節度使，加檢校少保、開府儀同三司。

嗣濮王者，英宗本生父後也。治平三年，立濮王園廟。元豐七年，封王子宗暉爲嗣濮王，世世不絕封。高宗南遷，奉濮王神主于紹興府光孝寺。

仲湜字巨源，楚榮王宗輔之子，安懿王孫也，初名仲洹。熙寧十年，授右內率府副率。累遷密州觀察使、知西外宗正事、保大軍承宣使。欽宗嗣位，授靖海節度使，更今名。召知大宗正事，未行，汴京失守。康王卽帝位于南京，仲湜由漢上率衆徑謁。時嗣濮王仲理北遷，乃詔仲湜襲封，加開府儀同三司，歷檢校少保、少傅。紹興元年，充明堂亞獻。七年，薨，帝爲輟朝，賜其家銀帛，追封儀王，謚恭孝。仲湜事母以孝聞，喜親圖史。性酷嗜珊瑚，每把玩不去手，大者一株至以數百千售之。高宗嘗問墜地則何如，仲湜對曰：「碎矣。」帝曰：「以民膏血易無用之物，朕所不忍。」仲湜慚不能對。

子士從、士街、士籛、士術、士歆。士從，靖康末，爲洺州防禦使。建炎二年，同知西外宗正事，主管高郵軍宗子。士從招潰卒置屯，奏假江、淮制置使，許之。賊李在犯楚州，士從遣部將乘虛掩襲，狃於小勝，軍無紀律，敗績。士從移司衡、溫二州。臣僚以其弟士錢撓州縣，士從不能制，遂罷。紹興四年，遷涇、洪二州觀察使，權知濮王園令。士從乞擇利便地奉安神位，從之。六年，士街授象州防禦使，遷華州觀察使、同知大宗正事、安慶軍承宣使，主奉濮王祠事。初，以軍興，南班宗子權罷歲賜，至有身歿而不能殮者，士街言于朝，詔復舊制。三十年，拜安德軍節度使。典宗司凡十四年。士錢官至安慶軍節度使、同知大宗正事。隆興元年，上言：「宗司文移視官敍高下，令諉，臣兄也，位反居臣下，失尊卑敍，乞易置之。」詔可其奏。士術，官至崇慶軍節度使、知西外宗正事。右諫議何溥論士術強市海舟，罷官。已而詔歸南班，奉朝請。隆興中，以邊事未寧，與士錢奏減奉給恩賞之半以助軍興。詔加獎諭。

仲儡，景王宗漢子也。初授右內率府副率，轉右監門衛大將軍。建炎末，授武功大夫、忠州防禦使。紹興中，遷濟州，知南外宗正事。八年，加檢校少保、向德軍節度使，襲封嗣濮王。仲儡生而不慧，以次得封。入見榻前慟哭，帝驚問故，答語狂謬，帝優容之。九年，薨，上輟朝三日，追封瓊王，謚恭惠。

士俴，安懿王曾孫也。紹興二十五年十一月襲封，除崇慶軍節度使。初，仲儡薨，秦檜專政，罷襲，檜死，始封士俴。踰年薨，贈少師，追封思王，謚溫靖。

士輵，士佻弟也。紹興二十八年，由建州觀察使襲封，授昭化軍節度使。初，懿王神貌奉安報恩寺西挾，屋居隘陋，士輵請別營祠堂，許之。久之，加檢校少保，累加開府儀同三司，賜嗣濮王居爲世業。除知大宗正事，累加三少，充醴泉觀使。淳熙七年薨，贈太傅，追封安王。

士歆，仲湜第十一子也。由保康軍節度使襲封，加開府儀同三司，累陞三少。慶元二年薨，贈太傅，追封韶王。

不秩，安懿王玄孫也。年七十六，累轉武功郎。士歆既薨，不秩年最高，得襲封，除福州觀察使。由庶官襲封自不秩始。慶元五年，轉武安軍承宣使。俄薨，贈開府儀同三司，追封蔣國公。

不璺〔二〕，由武經大夫授利州觀察使，襲封。開禧初，遷寧遠軍承宣使。薨，贈開府儀同三司，追封安國公。

不儔，開禧二年，由安遠軍承宣使襲封，除昭慶軍節度使，遷檢校少保。嘉定十年薨，贈少師，追封高平郡王。

不嫖，由武翼大夫襲封，授福州觀察使，時嘉定十一年也。踰年而薨，贈開府儀同三司，追封惠國公。

臣僚上言：「嗣濮王元降指揮，雖有擇高年行尊之文，然高宗朝儀王仲湜以德望俱隆，越仲琮而選拜；武德郎璘，次當襲封，以官卑，乃命士傴權奉祠事，越十六年始正士俴之封，是亦不拘定制也。乞自今應封者，命大宗司銓量，都堂審察，閤門引見，然後奏取進止。」寧宗然之。

不淩，父士穊。不嫖既薨，不淩由右千牛衞將軍授福州觀察使，襲封。嘉定十五年，遷奉國軍承宣使。十七年薨，贈開府儀同三司，追封惠國公。

校勘記

〔一〕曰　按宋會要帝系二之二、長編卷二六記本條事都作「元佐謂曰」，疑此上有脫文。

〔二〕仁宗　原作「神宗」，據宋會要帝系四之七、長編卷一五一、通考卷二七七封建考改。

〔三〕子不儻嗣　按本書卷二二七宗室世系表，不儻是仲來之孫，但所記仲來、不儻官爵都與本傳不同，不儻亦無後。

〔四〕長屬籍十六年　按長編卷三二三載神宗詔，謂「宗旦嘗侍仁宗講讀，其後典司宗籍十有六年」，與此處事正合。宋會要職官二〇之五，謂「序同姓之親而第其五屬之戚疏者爲屬籍」。「宗籍」當卽「屬籍」。此處「籍」字原作「疾」，據改。

〔五〕宗立　原作「宗正」，據上文和東都事略卷一五漢王元佐世家改。

〔六〕坐落平章事　按宋會要帝系四之一七，宗諤落平章事在神宗熙寧元年；琬琰集卷一六張少保商英傳張商英於熙寧五年始任監察御史裏行，此處所敍原委疑有誤。

〔七〕謚榮思　「思」原作「恩」，長編卷三一七載定議時博士何洵說：「追悔前過曰思，謚曰榮思。」宋會要禮五八之八三亦作「榮思」，據改。

〔八〕得與王子並坐　按上下文，「王子」當作「皇子」。

〔九〕荆南淮南節度大使　「淮南」原作「淮王」，據宋會要帝系一之三二、長編卷一一七、東都事略卷一五周王元儼世家改。

〔一〇〕徽宗改封吳王爲周王　據宋會要帝系一之三二，英宗追封元儼爲吳王，本傳失書。

〔一一〕不豐　原作「不壆」，據本書卷三七寧宗紀、宋會要帝系二之三五改。

宋史卷二百四十六

列傳第五

宗室三

英宗四子：長神宗，次吳榮王顥，次潤王顏，次益端獻王頵，皆宣仁聖烈高皇后出也。顏早亡，徽宗賜名追封。

吳榮王顥字仲明，初名仲糺，自右內率府副率爲和州防禦使，封安樂郡公〔一〕，轉明州觀察使，進祁國公。治平元年，加檢校太傅、保寧軍節度使、同中書門下平章事，封東陽郡王。三年，出閤。神宗立，進封昌王；官制行，册拜司空，徙王雍。哲宗嗣位，加太保，換成德、橫海二鎭，徙封揚王，賜贊拜不名，五日一謁禁中。帝致恭如家人禮。神宗祔廟，拜太傅，移鎭京兆、鳳翔。

自熙寧以來，顥屢請居外，章上輒卻。至元祐初，乃賜咸宜坊第一區，榜曰「親賢」，與弟頵對邸。車駕偕三宮臨幸，留宴終日。拜太尉，諸子皆命賜官，制曰：「先皇帝篤兄弟之好，以恩勝義，不許二叔出居于外，蓋武王待周公之意。太皇太后嚴朝廷之禮，以義制恩，始從其請，出就外宅，得孔子遠其子之意。二聖不同，同歸于道，皆可以爲萬世法。朕承侍兩宮，按行新第，顧瞻懷思，潸然出涕。昔漢明帝問東平王：『在家何以爲樂？』王言：『爲善最樂。』帝大其言，因送列侯印十九枚，諸子五歲以上悉佩之，著之簡策，天下不以爲私。今王諸子性于忠孝，漸于禮義，自勝衣以上，頎然皆有成人之風，朕甚嘉之。其各進一官，以助其爲善之樂，尙勉之哉！毋忝父祖，以爲邦家光。」徙封徐王，詔書不名。

宣仁有疾，顥旦旦入問，因亦被病。宣仁祔廟，拜太師，徙王冀，賜入朝不趨。改淮南、荆南節度使，徙封楚王。病益篤，帝親挾醫視診，令晝夜具起居狀聞，小愈則喜。既而薨，年四十七。帝卽臨哭，輟朝五日，成服苑中。贈尙書令兼中書令、揚荆冀三州牧、燕王，謚曰榮，陪葬永厚陵。徽宗卽位，改封吳王。

顥天資穎異，尤嗜學，始就外傅，每一經終，卽遺講讀官以器幣服馬。工飛白，善射，好圖書，博求善本。神宗嘉其志尙，每得異書，亟馳使以示。嘗賜方團玉帶，俾服而朝，顥辭，乃爲製玉魚以別之。是後親王遂踵爲故實。初，居英宗喪，丐解官終制，以厭於至尊，不克遂。服慈聖光獻太后之服，易月當除，顥曰：「身爲孫而情文缺然，若是可乎？請如心喪禮，須上禫除，卽吉。」詔可。

子孝騫嗣，終寧國軍節度使、晉康郡王；孝錫終嘉州團練使，贈永國公。

益端獻王頵，初名仲恪〔三〕，封大寧郡公，進鄂國公、樂安郡王、嘉王。所歷官賜，略與兄顥同。更武勝、山南西、保信、保靜、武昌、武安、武寧、鎭海、成德、荆南十節度，徙王曹、荆，位至太尉。元祐三年七月薨，年三十三，贈太師、尙書令、荆徐二州牧、魏王，謚端獻。徽宗改封益王。

頵端重明粹，少好學，長博通羣書，工飛白、篆籀。賓接宮僚，歲滿當去，輒奏留，久者至十餘年。頗好醫書，手著普惠集効方，且儲藥以救病者。

子九人：孝哲，右驍衞將軍，早亡；孝奕，彰化軍節度觀察留後，贈司空、平原郡王；孝參，奉國軍節度使，改寧武、武勝，封豫章郡王；孝永，邢州觀察使，贈司空、廣陵郡王；孝詒、孝騭、孝悅、孝穎、孝愿，皆至節度使。

神宗十四子：長成王佾，次惠王僅，次唐哀獻王俊，次褒王伸，次冀王僩，次哲宗，次豫悼惠王价，次徐沖惠王倜，次吳榮穆王佖，次儀王偉，次徽宗，次燕王俁，次楚榮憲王似，次越王偲。八王皆早薨：佾、僅、伸、偉，徽宗賜名追封；俊、僩、倜、价，徽宗改封。

吳榮穆王佖，帝第九子。初授山南東道節度使〔三〕，封儀國公。哲宗立，加開府儀同三司、大寧郡王，進申王，拜司空。帝崩，佖於諸弟爲最長，有目疾不得立。徽宗嗣位，以帝兄拜太傅，加殊禮，旋拜太師，歷京兆、眞定尹，荆、揚、太原、興元牧，徙國陳。崇寧五年薨，輟視朝七日。贈尙書令兼中書令、徐州牧、燕王，謚榮穆。又加贈侍中，改封吳王。子有奕，武信軍節度使、和義郡王。

燕王俁，帝第十子；越王偲，帝第十二子。母曰林婕妤。俁初授定武軍節度使、檢校太尉，封成國公；偲初授武成軍節度使、檢校太尉、祁國公。哲宗朝，俁加開府儀同三司，封咸寧郡王；偲加開府儀同三司，封永寧郡王。是後累換節鉞，歷任尹牧，俁進封莘王〔四〕，偲封睦王。徽宗朝，俱歷太保、太傅，俁進封衞王、魏王、燕王，偲進封定王、鄧王、越王。靖康元年，同遷太師，俁授河東劍南西川節度使、成都牧〔五〕，偲授永興成德軍節度使、雍州眞定牧。

二年，上皇幸青城，父老邀之不及，道遇二王，哭曰：「願與王俱死。」徐秉哲捕爲首者戮之，益兵衞送二王于金營，北行至慶源境上，俁乏食薨，偲至韓州而薨。紹興初，有崔紹祖者至壽春府，稱越王次子，受上皇蠟詔爲天下兵馬大元帥，興師恢復。鎭撫使趙霖以聞。召赴行在，事敗，送臺獄伏罪，斬于越州市。

楚榮憲王似，帝第十三子。初爲集慶軍節度使、和國公，進普寧郡王。元符元年出閤，封簡王。似於哲宗爲母弟，哲宗崩，皇太后議所立，宰相章惇以似對。后曰：「均是神宗子，何必然。」乃立端王。徽宗定位，加司徒，改鎭武昌、武成，徙封蔡，拜太保，移鎭保平、鎭安，又改鳳翔、雄武。以王府史語言指斥，送大理寺驗治，似上表待罪。

左司諫江公望上疏，以爲：「親隙不可開，開則言可離貳；疑迹不可顯，顯則事難磨滅。陛下之得天下也，章惇嘗持異議，已有隙迹矣。蔡王出於無心，年尙幼小，未達禍亂之萌，恬不以爲恤。陛下一切包容，已開之隙復塗，已顯之迹復泯矣。恩意渥縟，懽然不失兄弟之情。若以曖昧無根之語，加諸至親骨肉之間，則有魏文『相煎太急』之譏，而忘大舜親愛之道，豈治世之美事邪。臣願陛下密詔有司，凡無根之言勿形案牘，倘有瑕可指，一入胸次，則終身不忘，迹不可泯，隙不可塗，則骨肉離矣。一有浸淫旁及蔡王之語，不識陛下將何以處之，陛下何顏見神考於太廟乎？」疏入，公望罷知淮陽軍。徽宗雖出公望，然頗思其言，止治其左右。

崇寧中，徙鎭荆南、武寧。崇寧五年薨，贈太師、尙書令兼中書令、冀州牧、韓王，改封楚王，謚榮憲。

子有恭，定國軍節度使、永寧郡王。

哲宗一子：獻愍太子茂，昭懷劉皇后爲賢妃時所生。帝未有子，而中宮虛位，后因是得立。然纔三月而夭，追封越王，謚沖獻。崇寧元年，改謚獻愍。后之立也，鄒浩凡三上疏諫，隨削其稿。至是，或謂浩有「殺卓氏而奪其子，欺人可也，詎可以欺天乎」之語，徽宗昭暴其事，復竄浩昭州，而峻茂典册。后上表謝，然浩蓋無是言也。

徽宗三十一子：長欽宗，次兗王檉，次鄆王楷，次荆王楫，次肅王樞，次景王杞，次濟王栩，次益王棫，次高宗，次祁王材，次莘王模，次沂王植，次儀王朴，次徐王棣，次沂王樗，次鄆王棋，次和王栻，次信王榛，次漢王椿，次安康郡王楃，次廣平郡王楗，次陳國公機，次相國公梴，次瀛國公樾，次建安郡王楧，次嘉國公椅，次温國公棟，次英國公㮚，次儀國公桐，次昌國公柄，次潤國公樅。檉、楫、材、棋、椿、機六王早薨。

鄆王楷，帝第三子。初名煥。始封魏國公，進高密郡王、嘉王，歷奉寧、鎮安、鎮東、武寧、保平、荆南、寧江、劍南西川、鎮南、河東、寧海十一節度使。政和八年，廷策進士，唱名第一。母王妃方有寵，遂超拜太傅，改王鄆，仍提舉皇城司。出入禁省，不復限朝暮，於外第作飛橋複道以通往來。北伐之役，且將以爲元帥，會白溝失利而止。欽宗立，改鎮鳳翔、彰德軍。靖康初，與諸王皆北遷。

肅王樞，帝第五子。初封吳國公，進建安郡王、肅王，歷節度六鎭。靖康初，金人圍京城，要帝子弟爲質，且求輸兩河。於是遣宰臣張邦昌從樞使斡离不軍，爲金人所留，約俟割地畢遣還，而挾以北去。

景王杞，初授武安軍節度使、檢校太尉，封冀國公。大觀二年，改授山南東道節度使，加開府儀同三司，封文安郡王。政和中，授檢校太保，尋遷太保，改授護國、武昌軍節度使，追封景王。靖康元年，授荆南、鎭東軍節度使，遷太傅。

二年，遣詣金營充賀正旦使。既歸，又從上幸靑城。及上皇出郊，杞日侍左右，衣不解帶，食不食肉，上皇製發願文，述祈天請命之意，以授杞。杞頓首泣。及北行，鬚髮盡白。

濟王栩，初授鎭洮軍節度使、檢校太尉，封魯國公。大觀二年，改授彰武軍節度使，加開府儀同三司，封安康郡王。政和中，授檢校太保，改荆南、淸海軍節度使，進封濟王。靖康元年，授護國、寧海軍節度使，遷太傅。

同景王杞爲賀金人正旦使。既還，又與何㮚爲請命使，金帥紿栩曰：「自古有南卽有北，不可相無，今所欲割地而已。」栩回以白上，且言金帥請與上皇相見，上曰：「豈可使上皇蒙塵。」遂自出，以栩從行。及索諸王家屬，栩夫人曹氏避難他出，徐秉哲捕而拘之，遂同北去。

徐王棣，初授鎮江軍節度使、檢校太尉，封徐國公。政和中，授檢校太保。宣和中，改鎮南軍節度使，加開府儀同三司，封高平郡王。尋改山南東道、河陽三城節度使，進封徐王。後從淵聖北去。

紹興二年，有萬州李勃者，僞稱祁王，內侍楊公謹與言徐王起居狀，勃遂改稱徐王。宣撫使張浚遣赴行在，上命王府故吏驗視，言非眞，詔送大理，情得，棄市。

沂王㮙，初授橫海軍節度使、檢校太尉，冀國公。政和中，授檢校太保。宣和中，改劍南西川節度使，加開府儀同三司，封河間郡王。尋改劍南東川、威武軍節度使，遷太保，進封沂王。

後從淵聖出郊，至北方，與駙馬劉彥文告上皇左右謀變，金遣人按問，上皇遣莘王植、駙馬蔡鞗等對辨，凡三日，㮙、彥文氣折，金人誅之。

和王栻，初授靜江軍節度使、檢校太尉、廣國公。三年〔六〕，授檢校太保。尋改定武軍節度使，加開府儀同三司，封南康郡王。靖康元年，授瀛海、安化軍節度使、檢校太傅，追封和王。後從淵聖出郊。

有遺女一人，高宗朝封樂平縣主，出適杜安石，命大宗正司主婚。

信王榛，初授建雄軍節度使、檢校太尉，封福國公。三年，授檢校太保。宣和末，改安遠軍節度使，加開府儀同三司，封平陽郡王。靖康元年，授慶陽、昭化軍節度使，遷檢校太傅，進封信王。

後從淵聖出郊，北行至慶源，亡匿眞定境中。時馬廣〔七〕與趙邦傑聚兵保五馬山砦，陰迎榛歸，奉以爲主，兩河遺民聞風響應。

榛遣廣詣行在奏之，其略曰：「邦傑與廣，忠義之心，堅若金石，臣自陷賊中，頗知其虛實。賊今稍惰，皆懷歸心，且累敗於西夏，而契丹亦出攻之。今山西諸砦鄉兵約十餘萬，力與賊抗，但皆苦窘，兼闕戎器。臣多方存恤，惟望朝廷遣兵來援，不然，久之恐反爲賊用。臣於陛下，以禮言則君臣，以義言則兄弟，其憂國念親之心無異。願委臣總大軍，與諸砦鄉兵，約日大舉，決見成功。」廣既至，黃潛善、汪伯彥疑其非眞，上識榛手書，遂除河外兵馬都元帥。潛善、伯彥終疑之，廣將行，密授朝旨，使幾察榛，復令廣聽諸路節制。廣知事不成，遂留于大名府不進。會有言榛將渡河入京，朝廷因詔擇日還京，以伐其謀。金人恐廣以援兵至，急發兵攻諸砦，斷其汲道，諸砦遂陷。榛亡，不知所在，或曰後與上皇同居五國城。

紹興元年，鄧州有楊其姓者，聚千餘人，自稱信王。鎭撫使翟興覺詐，遣將斬之以聞。

欽宗皇太子諶，朱皇后子也。政和七年生，爲嫡皇孫，祖宗以來所未有，徽宗喜。蔡京奏除檢校少保、常德軍節度使，封崇國公，從之。會王黼得政，謀傾京，言其以東宮比人主，遂降爲高州防禦使。靖康元年，遷檢校少保、昭慶軍節度使、大寧郡王。尋進檢校少傅、寧國軍節度使。四月，詔立爲皇太子。

二年，上幸青城，命密院同知孫傅兼太子少傅，吏部侍郎謝克家兼太子賓客，輔太子監國，稱制行事。未幾，金人請二帝諭太子出城。統制吳革力請留，欲以所募士微服衞太子潰圍以出。傅不許，乃謀匿民間，別求狀類太子者幷宦者二人殺之，送金人，紿以宦者竊太子欲投獻，都人爭之，併傷太子。遲疑不決者五日。吳幵、莫儔督脅甚急，范瓊恐變生，以危言讋衞士，遂擁太子與皇后共車以出。百官軍吏奔隨號哭，太學諸生擁拜車前，太子呼云：「百姓救我！」哭聲震天，已而北去。弟訓。

訓乃北地所生。有碭山人留遇僧者，金人見之曰：「全似趙家少帝。」遇僧竊喜。紹興十年，三京路通，詔求宗室。遇僧自言少帝第二子，守臣遣赴行在，過泗州，州官孫守信疑之，白其守，請于朝。閤門言淵聖無第二子，乃詔守信劾治。遇僧伏罪，黥隸瓊州。後有自北至者，曰：「淵聖小大王訓，見居五國城。」

元懿太子諱旉，高宗子也，母潘賢妃。建炎元年六月，生于南京。拜檢校少保、集慶軍節度使，封魏國公。金人侵淮南，帝幸臨安，會苗傅、劉正彥作亂，逼帝禪位于旉，改元明受。既而傅等伏誅，帝復位，乃以旉爲皇太子，從幸建康。太子立，屬疾，宮人誤蹴地上金鑪有聲，太子驚悸，疾轉劇，薨，謚元懿。

信王璩字潤夫，初名伯玖，藝祖七世孫，秉義郎子彥之子也。生而聰慧。

初，伯琮以宗子被選入宮，高宗命鞠于婕妤張氏；吳才人亦請于帝，遂以伯玖命才人母之，賜名璩，除和州防禦使，時生七歲矣。伯琮以建國公就傅，璩獨居禁中。俄拜節度使，封吳國公，宰執趙鼎、劉大中、王庶等堅持之，命不果行。會秦檜專政，遂除保大軍節度使，封崇國公。尋詔赴資善堂聽讀。紹興十五年，加檢校少保，進封恩平郡王〔八〕，出就外第。時伯琮已封普安郡王，璩官屬禮制相等夷，號東、西府。踰年，改武昌軍節度使。

二十二年，子彥卒，璩去官持服，終喪，還舊官。顯仁太后崩，普安郡王始立爲皇太子，璩因加恩稱皇姪，名位始定。遷開府儀同三司，判大宗正事，置司紹興府。

孝宗卽位，璩表請入賀，許之，特授少保，改靜江軍節度使。頃之，省紹興府宗正事，改判西外宗正司。璩累章乞閑，改醴泉觀使。淳熙中，除少傅。高宗崩，奔赴得疾，踰年而薨，年五十九，追封信王，累贈太保、太師。

始，璩之入宮也，儲位未定者垂三十年，中外頗以爲疑。孝宗旣立，天性友愛，璩入朝，屢召宴內殿，呼以官，不名也，賜予無算。

子四人：師淳歷忠州團練使、永州防禦使，師灝、師瀹、師路並補武翼大夫。孫希𢒰，特補保義郎。

莊文太子諱愭，孝宗嫡長子也，母郭皇后。初名愉，補右內率府副率，尋賜名愭，除右監門衞大將軍、榮州刺史。孝宗爲皇子時，愭拜蘄州防禦使。及受禪，除少保、永興軍節度使，封鄧王。故事皇子出閤，封王，兼兩鎭，然後加司空。愭自防禦使躐拜少保，章異數也。乾道元年，立爲皇太子，册廣國夫人錢氏爲妃。詔增東宮從衞，太子謙讓。及奏捐月給雜物，從之。三年秋，太子病暍，醫誤投藥，病劇。上皇與帝親視疾，爲赦天下。越三日薨，年二十四，謚莊文。

太子賢厚，上皇與帝皆愛之。帝從禮官議服期，以日易月；文武百官服衰，服一日而除；東宮臣僚齊衰三月，臨七日而除。比葬，帝再至東宮，命宰臣奉謚册，大小祥皆以執政官行禮。

子挺〔九〕，錢氏所生也，甫晬，除福州觀察使，封榮國公。乾道九年卒，贈武當軍節度使，追封豫國公。

寧宗時，命宗子希瑵爲太子後。希瑵，藝祖九世孫也，賜名搢，補右千牛衞將軍，置教授于府。開禧二年，除忠州防禦使。嘉定八年，更名思正。

魏惠憲王諱愷，莊文同母弟也。初補右內率府副率，轉右監門衞大將軍、貴州團練使。孝宗受禪，拜雄武軍節度使、開府儀同三司，封慶王。

莊文太子薨，愷次當立，帝意未决。既而以恭王英武類己，竟立之。加愷雄武、保寧軍節度使，進封魏王〔一〇〕，判寧國府。妻華國夫人韋氏，特封韓、魏兩國夫人，以示優禮。賜黃金三千兩、白金一萬兩，命宰執設祖于玉津園，王登車，顧謂虞允文曰：「更望相公保全。」比至鎮，奏朝天申節，許之。

府長史上言，欲與司馬分治郡，俾王受成。愷奏曰：「臣被命判府，今專委長史、司馬，是處臣無用之地。况一郡置三判府，臣恐吏民紛競不一，徒見其擾。長史、司馬宜主錢穀、訟牒，俾擬呈臣依而判之，庶上下安，事益易治。」又請增士人貢額。朝廷悉從之。愷究心民事，築圩田之隤圮者，帝手詔嘉勞之。

淳熙元年，徙判明州。輟屬邑田租以贍學。得兩歧麥，圖以獻，帝復賜手詔曰：「汝勸課藝植，農不游惰，宜獲瑞麥之應。」加愷荆南、集慶軍節度使，行江陵尹，尋改永興、成德軍節度使、揚州牧〔一一〕。七年，薨于明州，年三十五。帝素服發哀於別殿，贈淮南武寧軍節度使、揚州牧兼徐州牧，謚惠寧。

王性寬慈，上皇雅愛之。雖以宗社大計出王於外，然心每念之，賜賚不絕。訃聞，帝泫然曰：「向所以越次建儲者，正爲此子福氣差薄耳！」治二郡有仁聲，薨之日，四明父老乞建祠立碑，以紀遺愛。

子二人。攄早卒。抦生於明州〔二〕，母卜氏，信安郡夫人，王薨，還居行在。抦性早慧，帝愛之，將內禪，升耀州觀察使，封嘉國公。慶元間，封吳興郡王，領昭慶軍節度使。開禧二年薨〔三〕，贈太保，封沂王，謚靖惠。

子垓，三歲而夭。詔立宗室希瞿子爲其後，更名均，領右千牛衞將軍，置教授于府。尋加福州觀察使。後更名貴和，卽鎭王竑也。

景獻太子詢，燕懿王後，藝祖十一世孫也。初名與愿。寧宗旣失兗王，從宰執京鏜等請，取與愿養于宮中，年六歲，賜名曮，除福州觀察使。嘉泰二年，拜威武軍節度使，封衞國公，聽讀資善堂。

開禧元年，時邊事益急，金人請誅首謀用兵者，曮用翊善史彌遠計，奏韓侂胄輕起兵端，上危宗社，宜賜黜罷，以安邊境。從之。

曮立爲皇太子，拜開府儀同三司，封榮王，更名幬。詔御朝太子侍立，宰執日赴資善堂會議。尋用天禧故事，宰輔大臣並兼師傅、賓客，太子出居東宮，更名詢。嘉定十三年薨，年二十九，謚景獻。

鎭王竑，希瞿之子也。初，沂靖惠王薨，無嗣，以竑爲之後，賜名均，尋改賜名貴和。太子詢薨，乃立貴和爲皇子，賜名竑，授寧武軍節度使，封祁國公。嘉定十五年五月，加檢校少保，封濟國公。

十七年六月辛未，竑生子，詔告天地、宗廟、社稷、宮觀。八月癸未，賜竑子名銓，授左千牛衞大將軍。丁亥，銓薨，贈復州防禦使，追封永寧侯。竑上表稱謝。

竑好鼓琴，丞相史彌遠買美人善鼓琴者，納諸御，而厚廩其家，使美人瞯竑，動息必以告。美人知書慧黠，竑嬖之。宮壁有輿地圖，竑指瓊厓曰：「吾他日得志，置史彌遠於此。」又嘗呼彌遠爲「新恩」，以他日非新州則恩州也。彌遠聞之，嘗因七月七日進乞巧奇玩以覘之，竑乘酒碎於地。彌遠大懼，日夕思以處竑，而竑不知也。

時沂王猶未有後，方選宗室希瓐子昀繼之。一日，彌遠爲其父飯僧淨慈寺，獨與國子學錄鄭清之登慧日閣，屏人語曰：「皇子不堪負荷，聞後沂邸者甚賢，今欲擇講官，君其善訓迪之。事成，彌遠之坐即君坐也。然言出於彌遠之口，入於君之耳，若一語洩者，吾與君皆族矣。」清之拱手曰：「不敢。」乃以清之兼魏忠憲王府教授。清之日教昀爲文，又購高宗書俾習焉。清之上謁彌遠，即以昀詩文翰墨以示，彌遠譽之不容口。彌遠嘗問清之：「吾聞其賢已熟，大要竟何如？」清之曰：「其人之賢，更僕不能數，然一言以斷之曰：不凡。」彌遠頷之再三，策立之意益堅。清之始以小官兼教授，其後累遷，兼如故。

寧宗崩，彌遠始遣清之往，告昀以將立之之意。再三言之，昀默然不應。最後清之乃言曰：「丞相以清之從遊之久，故使布腹心於足下。今足下不答一語，則清之將何以復命于丞相？」昀始拱手徐答曰：「紹興老母在。」清之以告彌遠，益相與歎其不凡。

竑跂足以需宣召，久而不至。彌遠在禁中，遣快行宣皇子，令之曰：「今所宣是沂靖惠王府皇子，非萬歲巷皇子，苟誤，則汝曹皆處斬。」竑不能自已，屬目牆壁間，見快行過其府而不入，疑焉。已而擁一人徑過，天已暝，不知其爲誰，甚惑。

昀既至，彌遠引入柩前，舉哀畢，然後召竑。竑聞命亟赴，至則每過宮門，禁衞拒其從者。彌遠亦引入柩前，舉哀畢，引出帷，殿帥夏震守之。既而召百官立班聽遺制，則引竑仍就舊班，竑愕然曰：「今日之事，我豈當仍在此班？」震紿之曰：「未宣制以前當在此，宣制後乃卽位耳。」竑以爲然。未幾，遙見燭影中一人已在御坐，宣制畢，閤門贊呼，百官拜舞，賀新皇帝卽位。竑不肯拜，震捽其首下拜。皇后矯遺詔：竑開府儀同三司，進封濟陽郡王，判寧國府。帝因加竑少保，進封濟王。九月丁丑，以竑充醴泉觀使，令就賜第。

寶慶元年正月庚午，湖州人潘壬與其弟丙謀立竑，竑聞變匿水竇中，壬等得之，擁至州治，以黃袍加身。竑號泣不從，不獲已，與之約曰：「汝能勿傷太后、官家乎？」衆許諾。遂發軍資庫金帛、會子犒軍，命守臣謝周卿率官屬入賀，僞爲李全榜揭于門，數彌遠廢立罪，云：「今領精兵二十萬，水陸進討。」比明視之，皆太湖漁人及巡尉兵卒，不滿百人耳。竑知其謀不成，率州兵討之。遣王元春告于朝，彌遠命殿司將彭任討之，至則事平。彌遠令客秦天錫託召醫治竑疾，竑本無疾。丙戌，天錫詣竑，諭旨逼竑縊于州治。

帝輟朝，賻銀絹各一千、會子萬貫，贈少師、保靜鎭潼軍節度使。給事中盛章、權直舍人院王塈一再繳奏，詔從之。右正言李知孝累奏，追奪王爵，降封巴陵縣公。於是在廷之臣眞德秀、魏了翁、洪咨夔、胡夢昱等每以竑爲言，彌遠輒惡而斥遠之。

端平元年，詔復官爵。妻吳氏爲比丘尼，賜惠淨法空大師，月給鉢錢百貫。景定五年，度宗降詔，追復元贈節度使。德祐元年，提領戶部財用兼修國史常楙請立竑後，試禮部侍郎兼中書舍人王應麟請更封大國，表墓錫謚，命大宗正司議選擇立後，迎善氣，銷惡運，莫先於此。下禮部議，贈太師、尙書令，依舊節度使，陞封鎭王，謚昭肅。以田萬畝賜其家，遣應麟致祭。

校勘記

〔一〕安樂郡公　宋會要帝系一之三六、長編卷一九八作「樂安郡公」。

〔二〕仲恪　原作「仲格」，據東都事略卷一六益王頵世家、宋會要帝系一之三七改。

〔三〕山南東道節度使　「山南」二字原倒，據宋會要帝系一之三九、長編卷三三六改。

〔四〕莘王　原作「萃王」，據本書卷一八哲宗紀、宋會要帝系一之三九改。

〔五〕俁授河東劍南西川節度使成都牧　宋會要帝系一之四〇「成都」上有「太原」二字。

〔六〕三年　據宋會要帝系一之四三、十朝綱要卷一五，趙栻授檢校太保，事在政和三年，此上失書「政和」紀元。

〔七〕馬廣　原名馬擴，見本書卷二五高宗紀、繫年要錄卷一三、北盟會編卷一一五。此因避宋寧宗趙擴諱改。

〔八〕恩平郡王　「恩」原作「思」，據本書卷三〇高宗紀、繫年要錄卷一五三改。

〔九〕子挺　「挺」原作「挻」。參見本書卷三四孝宗紀校勘記〔六〕。

〔一〇〕進封魏王　「進」原作「追」，據本書卷三四孝宗紀、中興聖政卷五〇改。

〔一一〕尋改永興成德軍節度使揚州牧　「揚州牧」，本書卷三五孝宗紀作「雍州牧」，疑是。

〔一二〕抦生於明州　「抦」原作「柄」，據本書卷三七、三八寧宗紀和兩朝綱目卷三、四、九改。下文「抦」字同。

〔一三〕開禧二年薨　「二年」原作「三年」，據本書卷三八寧宗紀、兩朝綱目卷九改。

宋史卷二百四十七

列傳第六

宗室四

子潚　子崧　子櫟　子砥　子晝　子潚　師羿　希言　希懌

士㻂　士㒟　士崿　士晴　不羣　不棄　不尤　不惪　善俊

善譽　汝述　叔近　叔向　彥倓　彥橚　彥逾

子潚字正之，燕王五世孫。父令鑠，官至寶文閣待制。子潚以蔭補承務郎，累遷少府監主簿，改河南少尹。

時治西內，子潚有幹才，漕使宋昇器之。或事有未便，子潚輒力爭，昇每改容謝之。除蔡河撥發綱運官。會夏旱，河水涸，轉餉後期，貶秩一級。提舉三門、白波輦運事，除直祕閣。

丁內艱，起復。累進龍圖閣、祕閣修撰，除陝西轉運副使。

初，蔡京鑄夾錫錢，民病壅滯，子淔請鑄小鐵錢以權之，因範格以進。徽宗大說，御書「宣和通寶」四字爲錢文。旣成，子淔奏令民以舊銅錢入官，易新鐵錢。旬日，易得百餘萬緡。帝手札以新錢百萬緡付五路，均糴細麥，命子淔領其事。民苦限迫，詣子淔訴者日數百人，子淔奏請寬其期，民便之。會蔡京再相，言者希京意，論子淔亂錢法，落職奉祠。

靖康初，復祕閣修撰。金人侵洛，子淔奔荊南。潰兵祝靖、盛德破荊南城，子淔匿民家，靖等知之，來謁，言京城已破。子淔泣，說之曰：「君輩宜亟還都城，護社稷，取功名，無貪財擾州縣也。」皆應曰：「諾。」子淔因草檄趣之。翌日，靖等遂北行。

紹興元年，召見，復徽猷閣直學士、知西外宗正司，改江西都轉運使。時建督府，軍須浩繁，子淔運餉不絕，以功進寶文閣直學士，再知西外宗正司。三京新復，除京畿都轉運使，以疾辭。卒于家，年六十七。

子淔幼警悟，蘇軾過其家，抱置膝上，謂其父曰：「此公家千里駒也。」及長，善談論，工詩。然崇寧、大觀間土木繁興，子淔每董其役，識者鄙之。

子崧字伯山，燕懿王後五世孫。登崇寧五年進士第。宣和間，官至宗正少卿，除徽猷閣直學士、知淮寧府。

汴京失守，起兵勤王，道阻未得進。聞張邦昌僭位，以書白康王：「宜遣師邀金人河上，迎請兩宮，問罪僭逆，若議渡江，恐誤大計。」遂與知潁昌府何志同等盟，傳檄中外。已而聞金人退，引兵襄邑，遣范埍、徐文中詣濟州〔一〕，請王進兵南京，且言：「國家之制，無親王在外者，主上特付大王以元帥之權，此殆天意。亟宜承制號召四方豪傑，則中原可傳檄而定。」王命子崧充大元帥府參議官、東南道都總管。邦昌家在廬州，子崧檄通守趙令儦幾察之，且請捕誅其母子，以絕姦心。

又言：「自圍城以來，朝命隔絕，乞下諸路，凡有事宜，並取大元帥府裁決，僞檄毋輒行。宣撫使范訥逗撓營私，所宜加罪。宜蠲被兵州縣租，經理淮南、荆、浙形勢之地，毋爲羣盜所據。」

檄止諸路毋受邦昌僞赦，移書責邦昌曰：「人臣當見危致命，今議者籍籍，謂劫請傾危之計實由閤下，不然，金人何堅拒孫傅之請，而卒歸於閤下也。敵既遠去，宜速反正，若少遲疑，則天下共誅逆節，雖悔無及矣。」又遺書王時雍曰：「諸公相與亡人之國，方且以爲佐命功臣，不知平日所學何事。」

會邦昌遣使迎王次第白子崧，子崧卽貽王書曰：「似聞謂以京師殘破，不可復入，止欲卽位軍中，便圖遷徙，臣竊惑焉。夫欲致中興，當謹舉措，宜先謁宗廟，覲母后，明正誅賞，降霈四方。若京師果不可都，然後徐議所向。」

遂傳檄京師，奏于隆祐太后曰：「諸路先聞二聖北遷，易姓改國，恐間有假討逆之名，以竊據州郡者。乞速下明詔，諭四方以迎立康王之意，庶幾人心慰安，奸宄自消矣。」尋以所部兵會濟州。

康王卽位，子崧請放諸路常平積欠錢，又言：「臺諫爲人主耳目，近年用非其人，率取旨言事。請遵舊制，聽學士、中丞互舉。范祖禹、常安民、上官均先朝言事盡忠，請錄其子。」帝皆可其奏。因建三屯之議：一屯澶淵，一屯河中、陝、華，一屯靑、鄆間，以張聲勢。萬一敵騎南侵，則三道並進，可成大功。

除延康殿學士、知鎭江府、兩浙路兵馬鈐轄。上章論王時雍、徐秉哲、吳幵、莫儔、范瓊、胡思、王紹、王及之、顏博文、余大均等逼遷上皇，取太子，辱六宮，捕宗室，竊禁物，都人指爲國賊。伏望肆諸市朝，以爲臣子之戒。時滑州兩經殘破，子崧薦傅亮可任。除亮滑州通判，黃潛善沮之，命遂寢。

賊趙萬犯鎭江，子崧遣將擊萬於丹徒，調鄉兵乘城爲備。頃之，官軍敗歸，鄉兵驚潰，子崧率親兵保焦山寺，賊據鎭江。

初，昌陵復土，司天監苗昌裔謂人曰：「太祖後當再有天下。」子崧習聞其說，靖康末起兵，檄文頗涉不遜。子崧與御營統制辛道宗有隙，道宗求得其文，上之。詔御史往案其獄，情得，帝震怒，不欲暴其罪，坐以前擅棄城，降單州團練副使，謫居南雄州。紹興二年赦，復集英殿修撰，而子崧已卒于貶所。

子櫟，燕懿王後五世孫。登元祐六年進士第。靖康中，爲汝州太守。金人再渝盟，破荆湖諸州，獨子櫟能保境土。李綱言于朝，遷寶文閣直學士，尋提舉萬壽觀。紹興七年卒。

子砥，藝祖後令珦之子也。仕至鴻臚丞。北遷至燕山，久之，欲遁歸，乃遣其徒朱國賓、王孝安至中京，求得上皇宸翰，懷之以歸。建炎二年六月，至行在，帝命輔臣召問于都堂。子砥言：「金人講和以用兵，我國斂兵以待和。往者契丹主和議，女眞主用兵，十餘年間竟滅契丹。今復蹈其轍。譬人畏虎，啗虎以肉，食盡終必食人。若設陷穽待之，庶能制虎。」因復故官。已而賜對稱旨，命知台州，卒。

子晝字叔問，燕王五世孫。少警敏強記，工書翰。累官憲州通判。宣和初，充詳定九域圖志編修官。出知澤州，改密州。詔爲刑部員外郎，以憂去。建炎四年，遷吏部員外郎。尋用大宗正士㒟薦，遷尚書左司員外郎，兼權貨務，歲收茶、鹽、香錢六百九萬餘緡，以功進秩一階。試太常少卿，集太常因革禮八十篇，爲二十七卷。上言復春分祀高禖禮。除權禮部侍郎，遷徽猷待制、樞密都承旨。以公族爲侍從，及改官制後都承旨用文臣，皆自子晝始。

衢、嚴、信、饒之民，生子多不舉，子晝請禁絕之。累求補外，遷徽猷閣直學士、知秀州。既而奉祠以歸，寓于衢。紹興十二年卒，年五十四。

子潚字清卿，秦康惠王後，孝靖公令奧之子也。七歲而孤，家貧力學。登宣和中進士第。調眞州刑曹掾，與守爭獄事，解官去。改衢州推官。胡唐老奇其才，任之。屬時多故，子潚佐唐老繕完城具，苗、劉兵至城下，不能攻，以功進一秩。累官吏部郎中，求補外，遷戶部郎中，總領江、淮軍馬錢糧。諸司饋禮，月以千緡，悉歸之公帑。除直秘閣、兩浙轉運副使〔二〕。朝廷遣人檢沙田蘆場，欲概增租額，子潚以承買者冒占，力止之。

時議者言：「田之並太湖者被水患，宜分道諸浦注之江。」詔子潚往案視。還言：「太湖當數州巨浸，豈松江一川所能獨泄。昔人於常熟北開浦二十四以達大江，又開浦十於崑山東南以入海，今皆湮塞，宜加疏浚。」從之。遂浚常熟東栅至雉浦入于涇谷；又疏鑿福山塘，至尙市橋北注大江，分殺其勢，水患用息。

明州守趙善繼治郡殘酷，子潚率諸監司劾罷之。除直敷文閣、知臨安府，吏不能欺，禁權家僦人子女爲僕妾者。詔權戶部侍郎，陞敷文閣待制〔三〕，復知臨安府。調三衙卒修築都城，不擾而辦。金主亮渝盟，子潚獻助軍錢十五萬緡，特遷一秩。帝幸建康，充行宮留守參謀官。扈蹕還，復知臨安府。金人來議和，子潚謂事情叵測，宜以軍禮待之。

孝宗嗣位，志圖恢復，子潚練兵，習爲「鵝鸛魚麗陣」，上觀於便殿，嘉之，賜金帶。擢敷文閣直學士，移知明州、沿海制置使。臺諫王十朋、王大寶抗疏留之，帝曰：「朕委以防海，行召還矣。」初，海寇以賂通郡胥吏，吏反爲之用，匿其蹤迹，賊遂大熾，商舶不通。子潚以禮延士豪，俾率郡胥分道入海，告之曰：「用命者有厚賞，不則殺無貸。」胥衆震恐，爭指賊處，悉禽獲。凡豪猾爲賊囊橐者，窮治之，海道遂平。進龍圖閣學士，移陞龍圖閣直學士、知福州。歲饑，告糴旁郡，米價頓平，民賴以濟。知泉州。吏有掠民女爲妾者，其妻妬悍，殺而礫之，貯以缶，抵其兄興化掾，安廨中。妾父詣郡訴，吏不決。子潚訪知狀，亟遣人往興化，果得缶以歸，獄遂決。其發擿槩類此。乾道二年卒于官，年六十六。

師羼字從善，系出燕懿王。王生彰化軍節度使惟忠，惟忠生宣城侯從謹，從謹生崇國公世恬，世恬生嘉國公令晙。中興初，韓世清挾令晙爲變，裂黃旗被其身，固拒獲免。令晙生朝奉郎子笈，子笈生和州防禦使伯驌。伯驌少從高宗于康邸，以文藝侍左右。

師羼，伯驌之子也。舉進士第，除司農簿，遷金部郎中。孝宗奇其才，顧遇頗厚。師羼奏：左右曹、度支、倉部宜立總計，司歸併財物之數，以絕吏奸。制可。知吉州，卽山鍊銅，足冶欠額二十萬。進戶部郎官、淮東總領。

光宗初，擢太府少卿、知秀州，改淮南運判。時郡鐵錢不行，鹽商弗至，師羼請發度牒，出倉粟，以收鐵錢，鹽利遂通。累遷司農卿、知臨安府。有僧號散聖者，以妖術惑衆，師羼捕治黥之。

韓侂胄用事，師𢍰附之，遂得尹京。侂胄生日，百官爭貢珍異，師𢍰最後至，出小合曰：「願獻少果核侑觴。」啓之，乃粟金蒲萄小架，上綴大珠百餘，衆慚沮。侂胄有愛妾十四人，或獻北珠冠四枚於侂胄，侂胄以遺四妾，其十人亦欲之，侂胄未有以應也。師𢍰聞之，亟出錢十萬緡市北珠，製十冠以獻。妾爲求遷官，得轉工部侍郎。侂胄嘗飲南園，過山莊，顧竹籬茅舍，謂師𢍰曰：「此眞田舍間氣象，但欠犬吠鷄鳴耳。」俄聞犬嘷叢薄間，視之乃師𢍰也，侂胄大笑久之。以工部尚書知臨安府。

侂胄將用兵，師𢍰度侂胄材疏意廣，必召禍，乃持異論，侍御史鄧友龍劾罷之。侂胄死，其黨多坐謫，以師𢍰嘗與侂胄異，故獲用。除寶謨閣直學士、知鎭江府。

會荆湖始置制閫，以命師𢍰，給事中蔡幼學繳其命，遂罷歸。未幾，詔爲兵部尚書、知臨安府。幼學時爲學士，亦不草詔，留元剛草之。時楮輕糴貴，師𢍰尹京未數月，楮價寖昂，糴亦稍平，執政愈益賢之。會武學士柯子沖、盧宣德以事至府，師𢍰擅撻遣之，衆譁譟，文武二學之士交投牒，師𢍰乃罷免，與祠。卒于家，年七十。

師𢍰四尹臨安，有能聲。嘗鈎致民罪，沒其家貲，諂事權貴，人以是鄙之。

希言字若訥，惠王令廣元孫也。淳熙十四年登第。調衢州司戶，合郡民以計，表其坊里，標其戶數，爲圖獻于守，守才之。西安令不職，守檄希言攝邑。漕善令，會嚴州請復烏龍嶺稅場，檄希言往訪之，俾令得復職。希言力陳烏龍場不當復，漕怒曰：「衢已復孔步、章戴二場，何烏龍獨不可復？」希言謂二場當併罷去，漕不能奪，二場竟亦廢。改吉州司理，屬邑有誣人以殺人罪者，吏治之急，囚誣服。希言鞫得實，檄縣他捕，乃得眞盜。用楊萬里、周必大薦，授臨安府司法，改淮西總所幹辦。移書約諸郡：綱必時發，至卽受納，無滯留。始至，軍庫見錢不滿千緡，比去，庫錢充溢。

知臨安仁和縣。闢學宮四百餘畝。適大旱，蝗集御前蘆場中，亙數里。希言欲去蘆以除害，中使沮其策，希言驅卒燔之。臨平塘堤決，希言督役，親捧土投石，兵民爭奮，堤成，因築重隄，後不復決。民病和買絹折錢重，希言節公費，代其輸。

除太社令〔四〕，遷樞密院編修官兼右司。上言：「諸將但務城守，敵來不拒，去不復追，異時之憂，殆不止保江而已。宜諭諸將，一軍受圍，諸軍共守，敵不渡淮則均受賞，以戰爲守，毋以守爲守。」遷宗正丞，請南班得與輪對，許之。累遷秘書丞、著作郎、軍器少監，皆兼右司，又充密院檢詳，爲宰屬、樞掾凡六年，奉祠去。嘉定十七年卒，年六十一。贈資政殿大學士，封越國公，謚忠憲。

子與權，登進士第，再中刑法科。官至開府儀同三司。

希懌字伯和，燕王八世孫。登淳熙十四年進士第。趙汝愚帥福建，希懌爲屬吏，嘗言：治人如修身，治政如理家，愛民如處昆弟。取古今官著惠愛者緝爲一編，曰：「是吾師矣。」汝愚嘉之，薦于憲辛棄疾。棄疾尙氣，僚吏不敢與可否，希懌獨盡言無所避。屬邑候官苦稅重，每不登額，希懌稽核公帑羨錢以足之。棄疾亦薦其能。汝愚當國，調江東運司幹辦。同寅有坐侂胄黨者，諸司莫敢薦，希懌賢其人，請以薦己者薦之。改太平州通判。先是盜黥而逃者，捕得處死。希懌言：「強盜特貸命而輒逃者斬，今黥罪致死，非法之平也。」自是皆減死論。

遷江西茶鹽提舉。歲饑，惡少聚劫，希懌將自臨按，幕屬力止之，不聽，曰：「希懌不出，饑民終不得食，且召亂矣。」遂行。發粟賑給，禽首謀者治之，其黨遂散。陞本路帥兼漕事。黑風峒羅世傳寇郴陽，奸民潛通賊，陰濟以糧。希懌捕治之，賊乏食，乃去。未幾，李元礪寇郴，陳廷佐寇南安，復誘羅世傳與合，劫掠至龍泉。有何光世者，能知賊動息，希懌授光世計，俾誘世傳誅元礪以自贖。功未竟，移知平江府，其後世傳果縛元礪以獻，廷佐勢孤，亦降。

移知太平州，希懌爲倅日，習知其民利病，遂損折帛價〔五〕，減榷酤額，以蘇民力。已而乞祠，遷端明殿學士，換昭信軍節度使、開府儀同三司，致仕。嘉定五年卒，年五十八，贈少保，封成國公。

士珸〔六〕字公美，濮安懿王曾孫也。天資警敏，兒時儼如成人。比弱冠，爲右監門衞大將軍、貴州團練使。從上皇北遷，次洛州東，與諸宗室議，欲遁還據城。謀未就而金人圍合，皆散走。士珸乘驢西亡，夜半盜奪驢去，徒步疾趨，遲明，抵武安酒家，語人曰：「我皇叔也。」邑官聞之來謁，資以衣冠鞍馬。因募得少壯百餘人，從至磁州，招集義兵以解洛圍。旬日間，得勝兵五千人，歸附者數萬。

時洛州守臣王麟欲叛降敵，軍民怒殺之，推統制韓一爲主。士珸夜半薄城下，力戰破圍。翌日入城，部分守禦。敵治壕塹，樹鹿角，示以持久。士珸礪將士死守，飛火砲碎其攻具，以計生得其首領，敵乃解圍去。以功遷權知洛州，仍兼防禦使。

建炎二年，金人再犯洛，粮盡援絕，衆不能守，乃擁士珸出城，由白家灘抵大名府，詔赴行在。

紹興五年，遷泉州觀察使，再遷平海軍承宣使、知南外宗正事。時泉邸新建，向學者少，士珸奏宗子善軫文藝卓絕，衆所推譽，乞免文解，由是人知激勸。遷節度使，未拜而卒，年四十六。贈少師，追封和義郡王。淳熙中，謚忠靖。子不流，歷臨安、紹興帥，治有聲。

士㒟字立之，郇康孝王仲御第四子。有大志，好學，善屬文。初補右班殿直，累遷忠州防禦使、鄭州觀察使，由寧遠軍承宣使轉權同知大宗正事。時康王建大元帥府，士㒟請於孟太后，乞命帥府得承制便宜行事，又請奉王承大統，太后從之，王遂即位。

除光山軍節度使，扈蹕南幸。黃潛善等用事，士㒟論其誤國，潛善斥之，出知南外宗正事。會苗傅、劉正彥作亂，士㒟易服入杭，以蠟書遺張浚，趣其勤王；復遺呂頤浩書，勉其與浚同濟國難。苗傅等怒浚，浚坐謫。復遺浚書，謂朝廷無他意，俾賊勿疑耳。事平，加檢校少保，除同知大宗正事。

丁母憂，起復，除知大宗正事〔七〕。請序位安定郡王下，從之。累乞祠，不許。以定策功，詔其子不議改文秩，不恤易環衞官。加士㒟檢校少師。尋加開府儀同三司，判大宗正事。入覲，勸帝留意恤民。

金人既歸河南、陝西地，命士㒟謁陵寢，遂入柏城，披歷榛莽，隨宜葺治，禮畢而還。特封齊安郡王，以旌其勞。

尋權主奉濮安懿王祠事。軍興，罷宗室賜予，至有喪不能斂者，士㒟以聞。詔緦麻、袒免親任環衞官而身亡者，賜錢有差。

士㒟數言事，忤秦檜。及岳飛被誣，士㒟力辨曰：「中原未靖，禍及忠義，是忘二聖不欲復中原也。臣以百口保飛無他。」檜大怒，諷言者論士㒟交通飛，蹤迹詭秘，事切聖躬，遂奪官。中丞万俟卨復希旨連擊之。謫居于建，凡十二年而薨，年七十。帝哀之，贈太傅，追封循王。六子皆進官二階。

長子不凡，方苗傅之亂，封股納蠟書，持告張浚，以功轉兩官，易文資。從趙哲收復建州，殺葉濃，以功賜爵二級。

士㠂字仰夫，太宗五世孫。初以蔭補官，累轉太子率府副率。建炎初，隆祐太后幸洪州，敵奄至，百司散走。士嶟至一大船中，見二帝御容，負以走。遇潰兵數百，同行至山中，衆欲聚爲盜，士嶟出御容示之曰：「盜不過求食爲朝夕計耳，孰若仰給州縣。士嶟以近屬諭之，必從。如此，則今日不饑餓，後日不失賞，是一舉而兩得也。」衆聽命。乃走謁太后虔州。

會虔民作亂，鄉兵在外爲應，與官軍相持。士嶟詣執政，謂當請太后急肆赦，人知免死，庶可安集；又宜急諭城中，城中定，則外寇可弭，譬如服藥，心腹已安，外禦風濕，乃餘事耳。赦既下，城中遂定。遷右監門衞大將軍、惠州防禦使。紹興二十一年卒，贈建寧軍承宣使，追封建安郡王。

士晴，太宗之後，商、濮王之裔也。從上皇俱北遷，乘間變姓名入僧寺中，落髮，衣僧衣以行，抵會稽。扈駕循幸，以覃恩轉千牛衞將軍奉朝請而卒。

不羣字介然，太宗六世孫。宣和中，量試授承事郎。靖康初，宰濟南章丘縣。縣當山東、河北之衝，不羣募效用五千人，增城浚濠，爲戰守備，敵攻圍兩月不能下。

遷維州通判，陞直祕閣，通判鎭江府，辟充兩浙宣撫司主管機宜文字。高宗在越，詔改郴州。時羣盜出沒湖、湘間，不羣嚴備禦，盜不能犯。進直顯謨閣，移知鼎州，充湖北兵馬副鈐轄。既而朝廷慮郴失守，復留不羣于郴。會岳飛破曹成，成遁，因犯郴，不羣乘城固守，拒卻之。

進直寶文閣，移知宣州。軍需以時辦，而民不擾。進秩二階。知廬州。酈瓊叛，擁不羣北去，尋釋之以歸。帝召見，問瓊叛故，不羣曰：「由劉錡除制置，瓊等以爲圖己，兼撫諭後時，故叛。」帝悔之。除知荆南府，累遷兩浙路轉運副使，卒于官。

不棄字德夫，太宗之裔。紹興中，爲江東轉運判官。秦檜忌四川宣撫使鄭剛中，以不棄能制之，除太府少卿、四川宣撫司總領官。初，趙開總蜀賦，宣撫司文移率用申狀，不棄至官，用張憲成故事，以平牒見剛中。剛中愕然，久之始悟其不隸己，遂有隙。不棄欲盡取宣撫司所儲，剛中不與，不棄怒。剛中辟利州轉運使王陟兼本司參議，不棄劾罷之。二人愈不相能，檜併召還。剛中在蜀，服用頗踰制，不棄復文致其事。檜乃罷剛中，陞不棄敷文閣待制，知臨安府。

踰年改工部侍郎，尋除敷文閣直學士、知紹興府。時浙東旱，饑民多流亡。提舉秦昌時，檜兄子也，不棄言其悉心振恤，全活甚衆，昌時得遷秩。其媚檜如此。未幾卒。

不尤，有武力。靖康之難，與王明募義兵，與金人戰，雄張河南、北。盜皆避其鋒，曰：「此小使軍也。」高宗卽位，引衆歸，補武翼郎。從岳飛平湖寇。飛死，檜奪其兵，遣守橫州而卒。

子善悉，進士登第。累官敷文閣直學士、兩浙轉運副使。

不恴字仁仲，嗣濮王宗暉曾孫也。父士圃，從上皇北遷，遂拜集慶軍節度使。不恴初補保義郎，紹興二十七年登第，易左宣義郎，調婺州金華丞。治縣豪何汝翼，械請於郡，編隸他州，邑人慴服。

除永州通判。郡歲輸米，倍收其贏，民病之，不恴言於守，損其數。帥司檄不恴錄靖州獄，辨出寃者數十百人，靖人德之，繪其像以祠。

除知開州。開在巴東，俗鄙陋，不愿爲興學，俾民知孝義。郡有鹽井，舊長吏必遣所親監之，私其利。不愿罷遣，鹽利倍入，郡計用饒，以羡餘代民輸夏秋兩稅及天申節銀絹。在開二年，民絕鬥爭，夜戶不閉。諸司交薦，以比古循吏。轉夔州轉運判官，開人數千遮城門，不得行。

至夔，民病上供銀。時部使者以親故攝大寧鹽場，專其利。不愿斥去，而鹽獲羡餘。乃出錢市羡鹽數十萬斤，易米得三萬餘斛，運抵湖北，市銀以歸，代諸郡納上供銀，省緡錢十五餘萬。

改成都路轉運判官。適歲饑，不愿行抵瀘南，貸官錢五萬緡，遣吏分糴。比至，下令曰：「米至矣。」富民爭發粟，米價遂平。雙流朱氏獨閉糴，邑民羣聚發其廩。不愿抵朱氏法，籍其米，黥盜米者，民遂定。

永康軍歲治都江堰，籠石蛇絕江遏水，以灌數郡田。吏盜金，減役夫，堰不固而圮，田失水，故歲屢饑。不愿躬視，操板築，繩吏以法。乃出令：民業耕者田主貸之，事末作者富民振之，老幼疾患者官爲粥視。全活數百萬。

黎州靑羌奴兒結反〔九〕，制司調兵往戍，屬不愿給餉。故事，富人出粮，而下戶以力致于邊。不愿曰：「民饑，不可擾也。」以糴餘米發卒運之。已而朝廷命不愿攝制司。初，官兵敗，前制使遣人賂奴兒結以和。不愿曰：「奴兒結，吐蕃小種也，今且和，若大族何？」不聽。

會酋豪夢束畜列率數千人入漢地二百餘里，成都大恐。不愿靜以鎮之，召僚屬飲。夜遣步將領飛山軍徑赴沉黎，又徙綿州兵戍邛州爲後援，戒之曰：「堅守勿動。」密檄諸蕃部：生獲吐蕃一人賞十縑，殺一人二縑。於是邛部川首領崖禨合諸部落，大破吐蕃於漢源，斬夢束畜列首來獻，凡十有六日而平。嘉州虛恨蠻入寇，不愿標吐蕃首境上，蠻懼，一夕遁去。不愿乃令緣邊家出丁夫一人，分戍諸堡，復其家。不愿罷歸，蜀人送者自成都至雙流，遮道不得行。

未幾，除成都提刑，改江西路轉運判官。廷臣薦其賢，詔授右監門衞大將軍、惠州防禦使、知大宗正事。非常制也。吏白承受奏請須用中貴人，不愿曰：「有司不存乎？」罷不用。中貴人或請見，輒謝出之。

進明州觀察使，俄陞昭慶軍承宣使〔九〕。金人完顏烈來聘，充館伴副使。金使從者舊見館使，皆對揖，不愿不爲禮。宴玉津園，不愿連射皆中，使者驚服。

不愿以文行訓勉族屬，薦其秀傑者。奏新學宮，增廣弟子員，倣大學校定法。置自訟齋，使有過者讀書其中，人人感勵。淳熙十四年卒，年六十七。贈開府儀同三司，封崇國公。

不㥷性篤孝，生七歲，遭父北遷，每思慕涕泣。長力學，母曹氏止之，答曰：「君父讎未報，非敢志富貴也。」登第時已入仕，法當超兩秩，請回授其母。母封法止令人，高宗嘉其志，特封郡夫人。

居官所至有聲，立朝好言天下事。蜀中武帥操重權，不㥷請復置安撫司，相維而治。其論王抃不宜揀選諸路軍，王友直不可爲副都指揮使，尤人所難言者。遇大旱，一日九疏，勸上求直言，通下情，退而燔其稿。時布衣上書狂悖，多抵罪，不㥷謂太上皇帝不罪言者，此宜書之御座右。帝悚然可之。旣嘉其忠諒，每宴禁中，帝飲之酒，顧謂皇太子曰：「此賢宗室也。」一日，坐待漏院，有給事中白英國公借擊毬馬〔10〕，不㥷正色曰：「上惟一皇孫，萬一馬驚墮，斬汝輩無益也。」馬竟不可得。所敬者朱熹、張栻，栻死爲請謚，又請用熹。其好尙如此。

善俊字俊臣，太宗七世孫。父不衰，閩路兵馬鈐轄。善俊初補承節郎。紹興二十七年登第。換左承務郎，調南城丞，改昭信軍，簽判奇之。虞允文亦薦其有邊帥才，除幹辦諸司審計司。知郴州，數奏稱旨，留爲太府寺丞。

尋攝帥、知廬州。會歲旱，江、浙饑，民麇至。善俊括境內官田均給之，貸牛種，僦屋以居，死者爲給櫬，人至如歸。州城舊毁于兵，善俊葺完之，因言：「異時恃焦湖以通饋餉，今既堙涸，宜募鄉兵保孤、姥二山，治屋以儲粟。敵或敗盟，則吾城守有餘，餉道無乏矣。」又增築學舍，新包拯祠，春秋祀之，人感其化。

累遷龍圖閣直學士，移知建州。建俗生子往往不舉，善俊痛繩之，給金穀，捐己奉，以助其費。

再知廬州。首言和好不可恃，當高城浚池以爲備。復芍陂、七門堰，農政用修。免責屬邑坊場、河渡羨錢，百姓德之。

以父憂去，服闋，起知鄂州。適南市火，善俊亟往視事，弛竹木稅，發粟振民，開古溝，創火巷，以絕後患。僚屬爭言用度將不足，善俊曰：「吾將瘠己肥人。」乃省燕游車騎鼓吹之費，郡計用饒，代輸民役錢。

再知建州。歲饑，民羣趨富家發其廩，監司議調兵掩捕，善俊曰：「是趣亂也。」諭許自新，平米價，民乃定。邑尉入盜十三人死罪，以希賞，善俊辨其冤。

徙知隆興府，移江西轉運副使。時朝廷議減月椿錢，善俊言：「及州不及縣，則縣仍迫取於民，猶不減也。宜一路通裁其額，下之漕臣，科郡縣輕重均減之。」又奏：「和買已是白科，從而折變，益加糜費，其數反重於正絹，併乞蠲減。黥卒遇赦還者，刺充鋪兵，可除民害。」所言多見用。

轉湖南帥。郴、桂地絕遠，守多非才，善俊謂宜精其選。代輸潭州經、總制錢，停醴陵淥水渡錢。加秘閣修撰，移知鎮江府。丁母憂，終喪而卒，年六十四。

善俊風儀秀整，喜功名，尤好論事。孝宗時，日中有黑子，地屢震，每以飭邊備爲戒。孝宗英武獨運，缺相者累年，善俊極言相位不可無人，尤人所難言者。

善譽字靜之，父不倚，太宗之後也。善譽幼敏慧，力學。乾道五年，試禮部第一。初調昌國簿，攝邑事。勸編戶裒金買田，以助嫁娶喪葬。捕得海盜全黨，守欲上其功，善譽曰：「奈何以人命希賞。」守益賢之，薦于朝。授兩浙運幹，改知撫州臨川縣。縣嘗預借民賦，善譽閱籍發逋負，按籍征催，卒以時辦集，遂罷預借。

改常州添差通判。史浩言其賢，詔赴部堂審察，累遷大理丞、湖北常平茶鹽提舉。會大旱，善譽通融諸郡常平，計戶振貸，嗣歲麥禾倍收，民爭負以償。奏罷稅場十餘、渡四十五，民便之。俾諸郡售田，委郡文學董其入，以給計偕者。

移潼川路提刑、轉運判官。遂寧守徐詡乏廉聲，部使者以其故御史，寬假之。善譽過遂寧，詡出迎，善譽抑使循廊，詡大沮。郡人聞之，爭訟其過。善譽劾諸朝，宰相王淮善詡，寢其章。善譽徑以聞，罷詡。又以羨貲給諸郡置莊，民生子及娠者俱給米，威惠並孚。宗子寓蜀者，少業儒，善譽卽郡庠立學以教之，人始感勵。引年乞祠，歸處一室，以圖書自娛。無疾而卒，年四十七，時淳熙十六年也。

善譽早失怙恃，撫育諸季備至，居官廉靖自將，多所著述，郭雍、朱熹嘗取其易說云。

汝述字明可，太宗八世孫。曾祖士說，從二帝北遷，臨河駡敵而死。汝述登淳熙十一年進士第。調南劍州順昌尉。嘉定六年，詔主管官告院，自是常兼宰士，累遷將作少監，權侍立修注官。八年，除起居郎兼密院都承旨，俄遷兵部侍郎。以母憂去，服闋，改刑部侍郎，遷尙書，知平江府，卒。

汝述爲尉，應詔上封事，論議懇惻。立朝薦引，多知名之士。然爲時相所親，躐躋通顯，人亦以此少之。

叔近，悼王元孫，榮良公克類之子也。建炎元年，爲秀州守，杭卒陳通反，詔辛道宗將西兵討之。兵潰爲亂，抵秀州城下，叔近乘城諭以禍福，亂兵乃去。未幾，差權兩浙提刑。叔近招通，通聽命。叔近以素隊數十人入賊城，衆猶不解甲。叔近置酒，推誠待之，遂皆感服，城中稍定。叔近奏：「通初無叛心，止緣葉夢得賞不時給，遂至紛爭；今已就招，請赦其徒二百餘人。」帝許之。臺諫皆言不可，遂寢。

叔近還秀州，已而王淵兵至杭，詐傳呼云：「趙秀州來。」通郊迎，淵遂誅之。初，淵在汴京，狎娼周氏，周氏後歸叔近，淵銜之，乃誣叔近通賊，奪職拘于州，以朱芾代之。芾肆殘虐，軍民怨憤，小卒徐明率衆囚芾，迎叔近領郡事，叔近不得辭，因撫定之，請擇守于朝。

奏未達，朝廷命張俊致討。俊，淵部曲也，辭行，淵謂之曰：「叔近在彼。」俊諭意。領兵至郡，叔近出迎，俊叱令置對。方操筆，羣刀遽前，斷其右臂，叔近呼曰：「我宗室也。」俊曰：「汝既從賊，何云宗室！」語未竟，已折首于地。徐明等見叔近死，遂反戈嬰城，縱火驅掠。翌日，俊斬關入，捕明等誅之。取周氏歸于淵。紹興九年，御史言叔近之寃，贈集英殿修撰。

叔向，魏王之系也。方汴京破時，叔向潛出，之京西。金人退，引衆屯青城，入至都堂，叱王時雍等速歸政，置救駕義兵。其後爲部將于渙上變，告叔向謀爲亂，詔劉光世捕誅之。

彥倓字安卿，彭城侯叔褎曾孫也。父公廣，饒州太守。彥倓初調溧陽尉，邑民潘氏兄弟橫邑中，號「三虎」，畜僮僕數百，邑官莫敢誰何。彥倓白其守治之，縛潘氏昆弟，正其罪。

改揚州司戶，攝獄掾。有告主藏吏盜錢餘千萬，治之急，吏泣請死。彥倓察其情，屏人問，則諸吏共貸也，乃許自首免罪，一日而畢。

改平江府推官，攝宜興縣。縣自中興後，預借民明年稅，民挾此得慢其令。彥倓請禁預借，邑遂易治。

知臨安於潛縣。縣胥往往通臺省吏，得肆其奸。彥倓執其黠者，械送府。臺省吏從中救之，彥倓力爭，竟抵胥罪。浮橋屢以水敗，彥倓梁以石，民免溺死。陞臨安府通判。

開禧初，知興國軍。歲旱蝗，而軍需益急，屬邑令吳格負上供銀尤多，彥倓坐累貶秩，格愧謝。彥倓曰：「屬時多艱，宜寬民力以崇根本，何謝爲？」潰卒據外城爲變，彥倓募能斬捕者賞之。既而各斬首以獻，散其餘黨。

累遷湖南運判。猺人羅孟傳反，累歲不能平。彥倓謂帥臣曰：「猺人讎殺，乃其常情，況主斷不平，是激之使叛也。能遣諜者離其黨與，俾還自相讎，破之易矣。」帥從其計，遂降孟傳。

尋知紹興府。楮價輕，彥倓權以法，民便之。復鹿鳴禮，置興賢莊以資其費。築捍海石塘，亦置莊以備增築。會旱，饑民聚陂湖中，彥倓取死四，冪首刖足，徇於衆曰：「此劫蕿藕者也。」遂散其衆。乃第民高下，損其稅有差，免輸湖籍田米，舉緡錢四十萬以助荒政，民賴以濟。詔改太府少卿，遷顯謨閣、知太平州，調江西轉運使。嘉定十一年卒于官，年六十四。

彥𣚴字文長，悼王七世孫。祖訓之在忠義傳。彥𣚴登乾道二年進士第。尉樂清，會大旱，令循故事禱雨，而責租益急。彥𣚴曰：「損斂已責，所以招和氣，何禱爲？」已而果雨。累官福建路運幹，屬邑負振鹽本錢數千萬，累歲不能償，彥𣚴白其長，蠲之。

慶元初，知晉陵縣，歲饑，彥橚振恤有方，所活幾二十萬。又以羡錢爲五等戶代輸。擢監登聞檢院。時韓侂冑方柄用，朝士悉趨其門，彥橚切歎惋。出知汀州，州民葉姓者，嘯聚汀、贛間，彥橚遣將捕戮之。遷廣西提刑，諸郡鬻官鹽，取息之六以奉漕司，後增至八分。彥橚復其舊，以蘇民力，朝廷從之。

侂冑死，詔戶部侍郎兼樞密院檢詳。士大夫前與兵議者，坐侂冑黨，將併逐之。彥橚歎曰：「士方以僞學廢，今又以兵端斥去，苟欲錮士，何患無名！」每見帝，必言才難。遷湖廣總領。舊士卒物故，大將不落其籍，而私其月請，彥橚置別籍稽核之。或傳軍中有怨言，彥橚曰：「不樂者主帥耳，何損士卒。」持之三年，掛虛籍者贏三萬，額減錢百萬緡，用度以饒。比去，餘七百萬，而諸路累積逋負猶四百萬，盡蠲之。知平江府。郡之昆山並大海，盜出沒，莫可蹤迹，彥橚奏分其半置嘉定縣，屯兵以守。轉寶謨閣待制。卒于官，年七十一。

彥逾字德先，魏悼王後，崇簡國公叔寓曾孫也。紹興三十年登第。淳熙五年，知秀州。累遷太府少卿、四川總領。將入境，利西帥吳挺遣屬吏安丙來迓，彥逾見卽喜其人，從容問之曰：「太尉統衆六萬，得無虛籍乎？」丙以情告。彥逾遺挺書，俾損虛籍數千，以寬四川之賦。挺不敢隱。改知鎭江府，郡適旱饑，彥逾節浮費，發粟振糴，民賴以濟。

遷戶部侍郎、工部尙書。孝宗崩，光宗疾，不能持喪。樞密趙汝愚議請立嘉王爲皇帝，欲倚殿帥郭杲爲用，遣中郎將范任告之，杲不應。時中外洶洶，彥逾見汝愚，對泣，汝愚密告以翊戴之議。彥逾大喜，力贊其決。郭杲嘗被誣，彥逾爲白于帝，杲德之，遂馳告杲曰：「彥逾與樞密第能謀之耳，太尉爲國虎臣，當任其責。」杲未及對，彥逾急責之，杲許諾，遂領兵爲衞。寧宗卽位，汝愚謂彥逾曰：「我輩宗臣，不當言功。」

會留正免相，汝愚登右揆，彥逾以端明殿學士出知建康，兼江東安撫使。未行，改四川安撫制置使，兼知成都府。彥逾爲政不擾，蜀人便安之。以定策勳，累遷資政殿大學士。嘉泰間，知明州兼沿海制置使。嘉定間，乞祠以歸，尋卒。

彥逾始與汝愚協濟大計，冀汝愚引己共政，及外除，頗觖望，乃疏當時名臣上之，目爲汝愚黨，帝由是疑汝愚。

其兩入蜀皆有聲。然吳氏世守武興，兼利西安撫，操重權。吳挺卒，朝廷用丘崈議，併利西安撫於東路，以革世將之弊。而彥逾奏復利西安撫，乃領以武帥。其後吳曦因之以生變，人以是咎彥逾云。

校勘記

〔一〕遣范埴徐文中詣濟州　「濟州」原作「濟王」。按繫年要錄卷四載此事說：「子崧因遣埴與承事徐文中偕至帥府。」帥府是指康王趙構的兵馬大元帥府，這時駐在濟州；趙構也未曾封濟王，「王」字當是「州」字之訛，據改。

〔二〕兩浙轉運副使　「兩浙」原作「兩淮」，據繫年要錄卷一七八、一七九、一八二改。

〔三〕陞敷文閣待制　「敷文」原作「華文」，按本書卷一六二職官志，敷文閣紹興十年置，華文閣慶元二年置；繫年要錄卷一八八、咸淳臨安志卷四七都作「敷文閣」，據改。

〔四〕除太社令　「太」原作「大」，太社令紹興十五年置，見本書卷一六四職官志，據改。

〔五〕遂損折帛價　「帛」原作「市」。按眞德秀西山先生眞文忠公文集卷四五少保成國趙正惠公墓誌銘云：「其爲太平州，則睃折帛價使輕，蠲榷酤欲使少。」「市」字當爲「帛」字之訛，據改。

〔六〕士珸　原作「士晤」，據本書卷二四高宗紀、卷二三一宗室世系表和中興聖政卷二、繫年要錄卷一、宋會要帝系六之一七改。下同。

〔七〕除知大宗正事　「知」字原脫，據繫年要錄卷三六補。

〔八〕奴兒結　原作「奴結兒」，據本書卷三五孝宗紀、卷四九六蠻夷傳、朝野雜記乙集卷一九丙申青羌之變條改。

〔九〕昭慶軍承宣使 「昭慶」原作「招慶」。按宋無「招慶軍」而有昭慶軍，據葉適水心先生文集卷二六故昭慶軍承宣使知大宗正事贈開府儀同三司崇國趙公行狀改。

〔一〇〕有給事中白英國公借擊毬馬 同上書同卷同篇此語作「有給使數人白同班曰英國公借擊毬馬」，疑此處「給事中」三字有誤。

宋史卷二百四十八

列傳第七

公主

秦國大長公主　太祖六女　太宗七女　眞宗二女　仁宗十三女
英宗四女　神宗十女　哲宗四女　徽宗三十四女　孝宗二女
光宗三女　魏惠獻王一女　寧宗一女　理宗一女

秦國大長公主，太祖同母妹也。初適米福德，福德卒。太祖卽位，建隆元年，封燕國長公主，再適忠武軍節度使高懷德，賜第興寧坊。開寶六年十月薨，太祖臨哭，廢朝五日，賜謚恭懿。眞宗追封大長公主。元符三年，改秦國。政和四年，改封恭懿大長帝姬。

有姊一人，未笄而夭。建隆三年，追封陳國長公主。元符改封荊國大長公主。政和改封恭獻大長帝姬。

太祖六女。申國、成國、永國三公主，皆早亡。

魏國大長公主，開寶三年，封昭慶公主，下嫁左衞將軍王承衍，賜第景龍門外。太宗卽位，進封鄭國。淳化元年，改封秦國。眞宗至道三年，進長公主。大中祥符元年薨，賜謚賢肅。元符改封魏國大長公主。政和改賢肅大長帝姬。

魯國大長公主，開寶五年，封延慶公主，下嫁左衞將軍石保吉。太宗卽位，進封許國。淳化元年，改晉國。眞宗初，進長公主。大中祥符二年，進大長公主。薨，賜謚賢靖。元符改封魯國。政和改賢肅大長帝姬。

陳國大長公主，開寶五年，封永慶公主，下嫁右衞將軍魏咸信。太宗卽位，進封虢國。淳化元年，改齊國。眞宗初，進許國長公主。咸平二年薨，謚貞惠，後改恭惠。景祐三年，追封大長公主。元符改封陳國。政和改賢惠大長帝姬。

太宗七女。長滕國公主，早亡。

徐國大長公主，太平興國九年，封蔡國，下嫁左衞將軍吳元扆。淳化元年，改魏國。薨，謚英惠。至道三年，追封燕國長公主。景祐三年，進大長公主。元符改徐國。政和改英惠大長帝姬。

邠國大長公主，太平興國七年爲尼，號員明大師。八年卒。至道三年，追封曹國長公主。景祐三年，進大長公主。元符改邠國。

揚國大長公主，至道三年，封宣慈長公主。咸平五年，進魯國，下嫁左衞將軍柴宗慶，賜第普寧坊。宗慶，禹錫之孫，帝命主以婦禮謁禹錫第。歷徙韓、魏、徐、福四國。仁宗立，進鄧國大長公主。明道二年薨，追封晉國〔一〕，謚和靖。元符封揚國。政和改和靖大長帝姬。

主性妬，宗慶無子，以兄子爲後。

雍國大長公主，至道三年，封賢懿長公主。咸平六年，下嫁右衞將軍王貽永，進封鄭國，賜第。景德元年薨，謚懿順。景祐三年，追封大長公主。皇祐三年，改韓國。徽宗改封雍國。政和改懿順大長帝姬。

衞國大長公主，至道三年，封壽昌長公主。大中祥符二年，進封陳國，改吳國，號報慈正覺大師。改楚國，又改邠國。天禧二年，改建國。乾興元年，封申國大長公主。天聖二年薨，賜謚慈明。徽宗改衞國。政和改慈明大長帝姬。

荆國大長公主，幼不好弄，未嘗出房闥。太宗嘗發寶藏，令諸女擇取之，欲以觀其志，主獨無所取。眞宗卽位，封萬壽長公主，改隨國，下嫁駙馬都尉李遵勖。舊制選尙者降其父爲兄弟行，時遵勖父繼昌亡恙，主因繼昌生日以舅禮謁之。帝聞，密以衤兼衣、寶帶、器幣助其爲壽。遵勖賓客皆一時賢士，每燕集，主必親視饔饎。嘗有盜入主第，帝命有司訊捕。主請出所逮繫人，以私錢募告者，果得眞盜，法當死，復請貰之。歷封越、宿、鄂、冀四國。

明道元年，進魏國。

初，遵勗出守許州，暴得疾，主亟欲馳視之，左右白：「須奏得報乃可行，」主不待報而往，從者裁五六人。帝聞，遽命內侍督諸縣邏兵以衞主車。其後居夫喪，衰麻未嘗去身，服除，不復御華麗。嘗燕禁中，帝親爲簪花，辭曰：「自誓不復爲此久矣。」嘗因浴仆地，傷右肱，帝遣內侍責侍者，主曰：「早衰力弱，不任步趨，非左右之過。」由是悉得免。

主善筆札，喜圖史，能爲歌詩，尤善女工之事。嘗誡諸子以「忠義自守，無恃吾以速悔尤」，視他子與己出均。及病目，帝挾醫診視，自后妃以下皆至第候問。帝親舐其目，左右皆感泣，帝亦悲慟曰：「先帝伯仲之籍十有四人，今獨存大主，奈何嬰斯疾！」復顧問子孫所欲，主曰：「豈可以母病邀賞邪？」賚白金三千兩，辭不受。帝因謂從臣曰：「大主之疾，倘可移於朕，亦所不避也。」主雖喪明，平居隱几，冲淡自若。誡諸子曰：「汝父遺令：柩中無藏金玉，時衣數襲而已。吾歿後當亦如是。」

皇祐三年薨，年六十四。帝臨奠，輟視朝五日。追封齊國大長公主，謚獻穆。徽宗改封荆國。政和改獻穆大長帝姬。

眞宗二女。長惠國公主，早亡。

昇國大長公主，初入道。明道二年，封衞國長公主，號淸虛靈照大師。慶曆七年，追封魯國，諡昭懷。徽宗改封昇國大長公主。政和改昭懷大長帝姬。

仁宗十三女。徐國、鄧國、鎭國、楚國、商國、魯國、唐國、陳國、豫國九公主，皆早亡。

周、陳國大長公主，帝長女也。寶元二年，封福康。嘉祐二年，進封兗國。主幼警慧，性純孝。帝嘗不豫，主侍左右，徒跣籲天，乞以身代。帝隆愛之。

帝念章懿太后不及享天下養，故擇其兄子李瑋使尙主。瑋朴陋，與主積不相能。主中夜扣皇城門入訴，瑋皇懼自劾。諫官王陶論宮門夜開，乞繩治護衞，御史又共論主第內臣多不謹，帝爲黜都監梁懷一輩十餘人。後數年不復協，詔出瑋於外，主降封沂，屏居內廷。久之，復召瑋，使爲駙馬都尉如初。英宗立，進越國長公主。神宗治平四年，進楚國大長公主。

熙寧三年薨，年三十三。以瑋奉主無狀，貶陳州。輔臣議謚，帝以主事仁祖孝，命曰莊孝，追封秦國。徽宗加周、陳國。政和改封莊孝明懿大長帝姬。

秦、魯國賢穆明懿大長公主，仁宗皇帝第十女也。母曰周貴妃。嘉祐五年，封慶壽，進惠國。治平四年，進許國大長公主〔三〕。下嫁吳越忠懿王之曾孫、右領軍衞大將軍錢景臻。改韓、周、燕國。徽宗朝，進秦、魏兩國。政和三年，更封令德景行大長帝姬。靖康二年，諸帝姬北徙，姬以先朝女，金人不知，留于汴。建炎初，復公主號，改封秦、魯國。避地南渡，賊張遇掠其家，中子愕被害。公主至揚州朝謁，復避地之閩。紹興三年，自閩至會稽，請入見，因留居焉。後徙台州。上以公主行尊年高，甚敬之，每入內，見必先揖。靖康中，戚里例納節，至是，公主爲其子忱請還舊官，上以忱爲瀘川節度使，仍詔戚里不得援例。久之，又爲忱請優賜推恩，上重違之，加忱開府儀同三司。時主有三子，愐、愷非己所出，故獨厚於忱。上戒之曰：「長主壽考如此，乃仁宗皇帝四十二年深仁厚澤，是以鍾慶於長主。長主待遇諸子，宜法仁宗用心之均一。」主感服。

薨，年八十六。上輟朝五日，幸其第臨奠，詔子孫皆進官一等。謚曰賢穆。二十九年，加謚明懿。

兗國大長公主，帝第十一女也。嘉祐六年，封永壽。進榮國長公主。治平四年，進邠國大長公主〔三〕。熙寧九年，改魯國。下嫁左領軍衞大將軍曹詩。主性儉節，於池臺苑囿一無所增飭。十年夏，旱，曹族以主生日將盛具爲壽，主曰：「上方損膳徹樂，吾何心能安。」悉屏之。

元豐六年薨，年二十四，追封荆國，謚賢懿。遷其二子曄、旼皆領團練使。徽宗追封兗國，又改賢懿恭穆大長帝姬。

燕、舒國大長公主，帝第十二女也。嘉祐六年，封寶壽。八年，進封順國長公主。治平四年，進冀國大長公主。元豐五年，改魏國，下嫁開州團練使郭獻卿。八年，進楚國。徽宗改吳國，進吳、越國，改秦、兗國。政和二年薨，追封燕、舒國，謚懿穆，復改懿穆大長帝姬。

英宗四女。舒國公主，早亡。

魏、楚國大長公主，帝長女。嘉祐八年，封德寧。治平三年，進封徐國，下嫁左衞將軍王師約。四年，進陳國長公主。元豐八年薨，追封燕國大長公主，謚惠和。元祐四年，追封秦國。徽宗追封魏國，加韓、魏國，改魏、楚國，又改惠和大長帝姬。

魏國大長公主，帝第二女，母曰宣仁聖烈皇后。嘉祐八年，封寶安公主。神宗立，進舒國長公主，改蜀國，下嫁左衞將軍王詵。詵母盧寡居，主處之近舍，日致膳羞。盧病，自和湯劑以進。帝厚於姊妹，故主第池籞服翫極其華縟。主以不得日侍宣仁於寶慈宮，居常悒然。間遇旱暵，帝降損以禱，主亦如之，曰：「我奉賜皆出公上，固應同其休戚。」帝居慈聖光獻皇后喪，毀甚，主曰：「吾與上同體，視此亦復何聊！」立散遣歌舞三十輩。

元豐三年，病篤。主性不妬忌，王詵以是自恣，嘗貶官。至是，帝命還詵官，以慰主意。太后臨問，已不省，后慟哭，久稍能言，自訴必不起，相持而泣。帝繼至，自爲診脈，親持粥食之，主強爲帝盡食。賜金帛六千，且問所須，但謝復詵官而已。明日薨，年三十。帝未上食，即駕往，望第門而哭，輟朝五日。追封越國，謚賢惠。後進封大長公主，累改秦、荊、魏三國。

主好讀古文章，喜筆札，賙恤族黨，中外稱賢。詵不矜細行，至與妾姦主旁，妾數抵戾主。薨後，乳母訴之，帝命窮治，杖八妾以配兵。既葬，謫詵均州。子彥弼，生三歲卒。

韓、魏國大長公主，帝第三女，與魏國同生。始封壽康公主，改祁國、衞國，下嫁張敦禮。進冀國大長公主，改秦、越、楚國，加今封。政和三年，改賢德懿行大長帝姬〔四〕。宣和五年薨。

神宗十女。楚國、鄆國、潞國、邢國、邠國、兗國六公主，皆早薨。

周國長公主，帝長女也。母曰欽聖憲肅皇后。封延禧公主。生而警悟，自羈丱習嗜宛如成人。年十二卒，帝后皆變服哀送。追贈燕國。元符末，改封周國。

唐國長公主，帝第三女也。始封淑壽公主。初，帝念韓琦功德，欲與爲婚姻，故哲宗緣先帝意，以主降琦之子嘉彥。歷封温、曹、冀、雍、越、燕六國。政和元年薨，追封唐國長公主。

潭國賢孝長公主，帝第四女也。母曰宋貴妃。始封康國。紹聖四年，下嫁王遇。歷韓、魯、陳、鄆四國。大觀二年薨，追加封謚。

徐國長公主，帝幼女也。母曰欽成皇后。始封慶國，進益、冀、蜀、徐四國。年及笄，猶處聖瑞宮。侍母疾，晝夜不暫去，藥餌非經手弗以進。迨疾革，號慟屢絕，左右不忍視。崇寧三年，下嫁鄭王潘美之曾孫意。事姑修婦道。潘故大族，夫黨數千百人，賓接皆盡禮，無裹外言。志向沖淡，服玩不爲紛華，歲時簡嬉遊，十年間惟一適西池而已。再生子，不成而死，媵妾得女，拊視如己出。政和三年，改稱柔惠帝姬。五年薨，年三十一，追封賢靜長帝姬。

哲宗四女。鄧國、揚國二公主，早亡。

陳國公主，始封德康公主，進瀛國、榮國。大觀四年，下嫁石端禮，徙陳國。改淑和帝姬。政和七年薨。

秦國康懿長公主，帝第三女也。始封康懿，進嘉國、慶國。政和二年，改韓國公主，出降潘正夫。改淑愼帝姬。靖康末，與賢德懿行大長公主俱以先朝女留于汴。建炎初，復公主號，改封吳國。覲上于越，以玉管筆、小玉山、奇畫爲獻，上溫辭卻之。避地至婺州。紹興四年入見，其子堯卿等五人各進官一等。主奏言：「祖宗以來，駙馬都尉石保吉、魏咸信、柴宗慶皆除使相。今正夫歷事四朝，在汴京曾建議迎陛下，至杭州又言禁衞未集，預宜防變，乞除開府。」上不許。八年再入見，留宮中三日。時極暑，上每正衣冠對之飲食，又爲正夫求恩數，上曰：「官爵豈可私與人，況今日多事，未暇及此。」時趙鼎當國，方論羣臣紹述之奸，頗抑正夫。鼎去位，正夫始得開府之命。給事中劉一正言其非舊制，恐援例者多，乃詔：「哲宗惟正夫爲近親，餘人毋得援例。」顯仁太后歸，主同秦、魯國大長公主迎于道。十九年，又入朝。子長卿、粹卿、端卿皆自團練使陞觀察使，從所請也。孝宗卽位，進封秦國大長公主。隆興二年薨，謚康懿。

主在日，正夫官至少傅，封和國公；温卿寧國軍承宣使，長卿寧江軍承宣使，端卿昭信軍承宣使，淸卿容州觀察使，墨卿、才卿並帶團練使，其盛如此。正夫薨於紹興二十二年，贈太傅。

徽宗三十四女。政和三年，改公主號爲帝姬，國號易以美名，二字。

嘉德帝姬，建中靖國元年六月，封德慶公主。改封嘉福，尋改號帝姬，再封嘉德。下嫁左衞將軍曾夤〔五〕。

榮德帝姬，初封永慶公主，改封榮福。尋改號帝姬，再封榮德。下嫁左衞將軍曹晟。

順淑帝姬，初封順慶公主。薨，追封益國〔六〕。及改帝姬號，追封順淑。

安德帝姬，初封淑慶公主，改封安福。尋改號帝姬，再封安德。下嫁左衞將軍宋邦光。

茂德帝姬，初封延慶公主，改封康福。尋改號帝姬，再封茂德。下嫁宣和殿待制蔡鞗。

壽淑帝姬，初封壽慶公主。薨，追封豫國。及改帝姬號，追封壽淑。

惠淑帝姬，初封惠慶公主。薨，追封鄧國。及改帝姬號，追封惠淑。

安淑帝姬，初封安慶公主，改封隆福。薨，追封蜀國。及改帝姬號，追封安淑。

崇德帝姬，初封和慶公主，改封崇福。尋改帝姬號。下嫁左衞將軍曹湜。再封崇德。宣和二年薨。

康淑帝姬，初封康慶公主，改封承福。薨，追封商國。及改帝姬號，追封康淑。

榮淑帝姬，初封崇慶公主〔七〕，改封懿福。薨，追封蔡國。及改帝姬號，追封榮淑。

保淑帝姬，初封保慶公主。薨，追封魯國。及改帝姬號，追封保淑。

成德帝姬，初封昌福公主。改號帝姬，再封成德。下嫁向子房。

洵德帝姬，初封衍福公主〔八〕。改號帝姬，尋改封洵德。下嫁田丕。

悼穆帝姬，初封徽福公主。改號帝姬。薨，追封悼穆。

顯德帝姬，初封顯福公主。改號帝姬，尋改封顯德。下嫁劉文彥。

熙淑帝姬，初封熙福公主。薨，追封華國。及改帝姬，追封熙淑。

敦淑帝姬，初封壽福公主。薨，追封涇國。及改帝姬，追封敦淑。

順德帝姬，初封順福公主〔九〕。改號帝姬，尋改封順德。下嫁向子扆。

柔福帝姬，初封柔福公主。後改帝姬。

申福帝姬，初封。薨，追封沖慧。

寧福帝姬，政和四年封。

保福帝姬，追封莊懿。

賢福帝姬，追封沖懿。

仁福帝姬，追封順穆。

和福帝姬。

永福帝姬。

惠福帝姬。

令福帝姬。

華福帝姬。

慶福帝姬。

儀福帝姬。

純福帝姬。

恭福帝姬。

右三十四帝姬，早亡者十四人，餘皆北遷。獨恭福帝姬生纔周晬，金人不知，故不行。建炎三年薨，封隋國公主。

安德帝姬有遺女一人，後適嗣秀王伯圭，封秦國夫人。

榮德帝姬至燕京，駙馬曹晟卒，改適習古國王。紹興中，有商人妻易氏者，在劉超軍中見內人言宮禁事，遂自稱榮德帝姬。鎮撫使解潛送至行在，遣內夫人驗之，詐。付大理寺，獄成，詔杖死。

又有開封尼李靜善者，內人言其貌似柔福，靜善即自稱柔福。蘄州兵馬鈐轄韓世清送至行在，遣內侍馮益等驗視，遂封福國長公主，適永州防禦使高世榮。其後內人從顯仁太后歸，言其妄，送法寺治之。內侍李揆自北還，又言柔福在五國城，適徐還而薨。靜善遂伏誅。柔福薨在紹興十一年，從梓宮來者以其骨至，葬之，追封和國長公主。

孝宗二女：長嘉國公主，紹興二十四年，封碩人，進永嘉郡主，三十二年卒。詔以醫官李師克等屬吏，孝宗時居東宮，奏：「臣女幼而多疾，不宜罪醫。」遂寢。乾道二年，贈嘉國公主。次女生五月而夭，未及封。

文安郡主，光宗長女也；次女封和政郡主；季女封齊安郡主。皆早卒。紹熙元年，並追贈公主。

安康郡主，魏惠獻王女也。初封永寧郡主，改封通義。以父遺表，遂升安康。歸殿前司前軍統領羅忠信子良臣。詔王府主管鄧從義諭旨：「皇女孫郡主宜執婦道，務成肅雍之德，毋敢或違。」賜甲第居之。良臣以恩轉秉義郎，除閤門祗候官。開禧元年，郡主薨，年三十九。

祁國公主，寧宗女也。生六月而薨，追封祁國。

周、漢國公主，理宗女也。母賈貴妃，早薨。帝無子，公主生而甚鍾愛。初封瑞國公主，改昇國。開慶初，公主年及笄，詔議選尙。宰臣請用唐太宗下降士人故事，欲以進士第一人尙主，遂取周震炎。廷謝日，公主適從屛內窺見，意頗不懌，帝微知之。

景定二年四月，帝以楊太后擁立功，乃選太后姪孫鎭尙主。擢鎭右領軍衞將軍、駙馬都統，進封公主爲周國公主。帝欲時時見之，乃爲主起第嘉會門，飛樓閣道，密邇宮苑，帝常御小輦從宮人過公主第。特賜董役官減三年磨勘，工匠犒賞有差。明年，進封周、漢國公主，拜鎭慶遠軍承宣使。鎭宗族娣姒皆推官加封，寵異甚渥。

七月，主病。有烏九首大如箕，集主家擣衣石上，是夕薨，年二十二。無子。帝哭之甚哀，謚端孝。鎭官節度使云。

校勘記

〔一〕追封晉國　「追」原作「進」，據宋會要帝系八之九、長編卷一一二改。

〔二〕進許國大長公主　「許國」原作「魯國」，據宋會要帝系八之一七、十朝綱要卷四、長編卷二七三改。

〔三〕進邠國大長公主　「邠國」原作「祁國」，據宋會要帝系八之二四、十朝綱要卷四和宋大詔令集卷三七邠國大長公主進封魯國大長公主制改。

〔四〕改賢德懿行大長帝姬　「大長」二字原脫，據宋會要帝系八之二九、十朝綱要卷七補。

〔五〕曾夤　原作「曹夤」。按宋會要帝系八之五六，「以故相曾公亮四世孫姪進士夤爲左衞將軍駙馬都尉，選尙嘉德帝姬。」「曹」應作「曾」，據改。十朝綱要卷一五作「曾寅」。

〔六〕追封益國　「封」原作「謚」，據宋會要帝系八之四〇改。

〔七〕崇慶公主　宋會要帝系八之四二、十朝綱要卷一五都作「榮慶公主」。

〔八〕衍福公主　「衍福」原作「衍國」，據宋會要帝系八之四二、十朝綱要卷一五和宋大詔令集卷四〇衍福公主特改封衍福帝姬制改。

〔九〕順福公主　「福」原作「德」，據宋會要帝系八之四二、十朝綱要卷一五改。

宋史卷二百四十九

列傳第八

范質 子旻 兄子杲　王溥 父祚　魏仁浦 子咸信 孫昭亮

范質字文素，大名宗城人。父守遇，鄭州防禦判官。質生之夕，母夢神人授以五色筆。九歲能屬文，十三治尚書，教授生徒。

後唐長興四年舉進士，爲忠武軍節度推官，遷封丘令。晉天福中，以文章干宰相桑維翰，深器之，即奏爲監察御史。及維翰出鎮相州，歷泰寧、晉昌二節度，皆請質爲從事。維翰再相，質遷主客員外郎、直史館。歲餘，召入爲翰林學士，加比部郎中、知制誥。契丹侵邊，少帝命漢祖等十五將出征。是夜，質入直，少帝令召諸學士分草制，質曰：「宮城已閉，恐泄機事。」獨具草以進，辭理優贍，當時稱之。漢初，加中書舍人、戶部侍郎。周祖征叛，每朝廷遣使齎詔處分軍事，皆合機宜。周祖問誰爲此辭，使者以質對。歎曰：「宰相器也。」

周祖自鄴起兵向闕，京城擾亂，質匿民間，物色得之，喜甚，時大雪，解袍衣之。且令草太后誥及議迎湘陰公儀注，質蒼黃論撰，稱旨。乃白太后，以質爲兵部侍郎、樞密副使。周廣順初，加拜中書侍郎、平章事、集賢殿大學士。翌日，兼參知樞密院事。郊祀畢，進位左僕射兼門下侍郎、平章事、監修國史。從征高平還，加司徒、弘文館大學士。顯德四年夏，從征壽州還，加爵邑。質建議以律條繁冗，輕重無據，吏得因緣爲奸。世宗特命詳定，是爲刑統。六年夏，世宗北征，質病留京師，賜錢百萬，俾市醫藥。及平關南，至瀛州，質見于路左。師還，以樞密使魏仁浦爲相，命質與王溥並參知樞密院事。世宗不豫，入受顧命。恭帝嗣位，加開府儀同三司，封蕭國公。

及太祖北征，爲六師推戴，自陳橋還府署。時質方就食閤中，太祖入，率王溥、魏仁浦就府謁見。太祖對之嗚咽流涕，具言擁逼之狀。質等未及對，軍校羅彥瓌舉刃擬質曰：「我輩無主，今日須得天子。」太祖叱彥瓌不退，質不知所措，乃與溥等降階受命。

宋初，加兼侍中，罷參知樞密。俄被疾，太祖征澤、潞，幸其第，賜黃金器二百兩、銀器千兩，絹二千匹、錢二百萬。太祖初卽位，庶事謙抑，至於藩戚尚未崇建，幕府賓佐未列于位。質因上奏曰：「自古帝王開基創業，封建子弟，樹立磐維，宗戚旣隆，社稷永固。伏見皇弟泰寧軍節度使光義，自居戎職，特負將材，及領藩維，尤積時望；嘉州防禦使光美，雄俊老成，修身樂善，嘉譽日聞。乞並行封册，申錫命書。皇子皇女雖在襁褓者，亦乞下有司許行恩制，此臣之願也。臣又聞爲宰相者，當舉賢能，以輔佐天子。竊以端明殿學士呂餘慶、樞密副使趙普精通治道，經事霸府，歷歲滋深，觀其公忠，誠堪毗倚。乞授以台司，俾申才用。」帝嘉納之。

先是，宰相見天子議大政事，必命坐面議之，從容賜茶而退，唐及五代猶遵此制。及質等憚帝英睿，每事輒具劄子進呈，具言曰：「如此庶盡稟承之方，免妄庸之失。」帝從之。由是奏御寖多，始廢坐論之禮。

乾德初，帝將有事圜丘，以質爲大禮使。質與鹵簿使張昭、儀仗使劉溫叟討論舊典，定南郊行禮圖上之。帝尤嘉獎。由是禮文始備，質自爲序。禮畢，進封魯國公，質奉表固辭，不允。二年正月，罷爲太子太傅。九月，卒，年五十四。將終，戒其子旻勿請謚，勿刻墓碑。太祖聞之，爲悲惋罷朝。贈中書令，賵絹五百匹、粟麥各百石。

質力學強記，性明悟。舉進士時，和凝以翰林學士典貢部，覽質所試文字，重之，自以登第名在十三，亦以其數處之。貢闈中謂之「傳衣鉢」。其後質登相位，爲太子太傅，封魯國公，皆與凝同云。初，質既登朝，猶手不釋卷，人或勞之，質曰：「有善相者，謂我異日位宰輔。誠如其言，不學何術以處之。」後從世宗征淮南，詔令多出其手，吳中文士莫不驚伏。

質每下制敕，未嘗破律，命刺史縣令，必以戶口版籍爲急。朝廷遣使視民田，按獄訟，皆延見，爲述天子憂勤之意，然後遣之。

世宗初征淮南，駐壽、濠，銳意攻取，且議行幸揚州。質以師老，與王溥泣諫乃止。及再駕揚州，因事怒竇儀，罪在不測。質入謁請見，世宗意其救儀，起避之。質趨前曰：「儀近臣也，過小不當誅。」因免冠叩頭泣下，曰：「臣備位宰相，豈可使人主暴怒，致近臣於死地耶？願寬儀罪。」世宗意遂解，復坐，卽遣赦儀。

質性卞急，好面折人。以廉介自持，未嘗受四方饋遺，前後所得祿賜多給孤遺。閨門之中，食不異品。身沒，家無餘貲。太祖因論輔相，謂侍臣曰：「朕聞范質止有居第，不事生產，眞宰相也。」太宗亦嘗稱之曰：「宰輔中能循規矩、愼名器、持廉節，無出質右者，但欠世宗一死，爲可惜爾。」從子校書郎杲求奏遷秩，質作詩曉之，時人傳誦以爲勸戒。有集三十卷，又述朱梁至周五代爲通錄六十五卷，行于世。子旻。

旻字貴參，十歲能屬文。以父任右千牛備身、太子司議郎，累遷著作佐郎。宋初，爲度支員外郎、判大理正事，俄知開封縣。太宗時領京尹，數召與語，頗器重之。嶺南平，遷知邕州兼水陸轉運使。俗好淫祀，輕醫藥，重鬼神，旻下令禁之。且割己奉市藥以給病者，愈者千計，復以方書刻石置廳壁，民感化之。會南漢知廣州官鄧存忠刼土人二萬衆，攻州城七十餘日。昊屢出親戰，矢集於胸，猶激勵將卒殊死戰，賊遂少却。病創日篤，堅壁固守，遣使十五輩求援。廣州救兵至，圍解，賜璽書獎之。昊病甚，詔令有司以肩輿載歸闕下。疾愈，通判鎭州，有能聲，賜錢二百萬，遷庫部員外郎。

開寶九年，知淮南轉運事。太祖謂昊曰：「朕今委卿以方面之重，凡除民隱、急軍須之務，悉以便宜從事，無庸一一中覆也。」歲運米百餘萬石給京師，當時稱有心計。

太平興國初，召爲水部郎中。錢俶獻地，以昊爲考功郎中，權知兩浙諸州軍事。昊上言：「俶在國日，徭賦繁苛，凡薪粒、蔬菓、箕帚之屬悉收算。欲盡釋不取，以蠲其弊。」從之。車駕征晉陽，上書求從，召爲右諫議大夫、三司副使，判行在三司，又兼吏部選事。師還，加給事中。坐受人請求擅市竹木入官，爲王仁贍所發，貶房州司戶。語在仁贍傳。量移唐州。六年，卒，年四十六。有集二十卷、邕管記三卷。其後子貽孫上言，詔復舊官。貽孫官至主客員外郎。

杲字師回，父正，青州從事。杲少孤，質視如己子。刻志於學，與姑臧李均、汾陽郭昱齊名，爲文深僻難曉，後生多慕效之。以蔭補太廟齋郎，再遷國子四門博士。

嘗擕文謁陶穀、竇儀，咸大稱賞，謂杲曰：「若舉進士，當待汝以甲科。」及秋試，有上書言伐閱之家不當與寒士爭科第，杲遂不應舉。稍遷著作佐郎，出爲許、鄧二州從事，坐事免。太平興國初，遷著作郎、直史館，歷右拾遺、左補闕。雍熙二年，同知貢舉。俄上書自言其才比東方朔，求顯用，以觀其效。太宗壯之，擢知制誥。

杲家貧，貸人錢數百萬。母兄晞性嗇，嘗爲興元少尹，居京兆，殖貨鉅萬。親故有自長安來者，紿杲曰：「少尹不復靳財物，已揮金無算矣。」杲聞之喜，因上言兄老，求典京兆以便養。太宗從其請。改工部郎中，罷知制誥。杲既至，而晞吝如故，且常以不法事干公府。杲大悔。杲視事踰年，境內不治。會賊帥劉渥剽掠屬縣，吏卒解散，遂驚悸成疾。

移知壽州，上言：「家世史官，願秉直筆，成國朝大典。」召爲史館修撰，固求掌誥詞，帝從之。時翰林學士宋白左遷鄜州，賈黃中、李沆參知政事，蘇易簡轉承旨，杲連致書相府，求爲學士，且言於宰相李昉曰：「先公嘗授以制誥一編，謂杲才堪此職。」因出示昉，昉屢開解之。未幾，太宗飛白書「玉堂」額以賜翰林，杲又上玉堂記，因請備職。太宗惡其躁競，改右諫議大夫、知濠州，復召爲史館修撰。

初，太宗以太祖朝典策未備，乃議召杲。杲聞命喜甚，以爲將加優擢，晨夜趨進。至宋州，遇朗州通判錢熙，杲問以「朝議將任僕何官」，熙言：「重修太祖實錄爾。」杲默然久之。

感疾，至京師，旬月卒，年五十六。太宗閔之，錄其二子。

杲性虛誕，與人交，好面譽背非，惟與柳開善，更相引重，始終無間。不善治生，家益貧，杲端坐終日，不知計所出，人皆笑之。子坦亦登進士第。

王溥字齊物，并州祁人。

父祚，爲郡小吏，有心計，從晉祖入洛，掌鹽鐵案，以母老解職歸。漢祖鎭并門，統行營兵拒契丹，委祚經度芻粟；卽位，擢爲三司副使。歷周爲隨州刺史。漢法禁牛革，輦送京師，遇暑雨多腐壞，祚請班鎧甲之式於諸州，令裁之以輸，民甚便之。移刺商州，以奉錢募人開大秦山岩梯路，行旅感其惠。顯德初，置華州節度，以祚爲刺史。未幾，改鎭潁州。均部內租稅，補實流徙，以出舊籍。州境舊有通商渠，距淮三百里，歲久湮塞，祚疏導之，遂通舟楫，郡無水患。歷鄭州團練使。宋初，升宿州爲防禦，以祚爲使。課民鑿井修火備，築城北隄以禦水災。因求致政，至闕下，拜左領軍衞上將軍，致仕。

溥，漢乾祐中擧進士甲科，爲秘書郞。時李守貞據河中，趙思綰反京兆，王景崇反鳳翔，周祖將兵討之，辟溥爲從事。河中平，得賊中文書，多朝貴及藩鎭相交結語。周祖籍其名，將按之，溥諫曰：「魑魅之形，伺夜而出，日月既照，氛沴自消。願一切焚之，以安反側。」周祖從之。師還，遷太常丞。從周祖鎭鄴。廣順初，授左諫議大夫、樞密直學士。二年，遷中書舍人、翰林學士。三年，加戶部侍郎，改端明殿學士。周祖疾革，召學士草制，以溥爲中書侍郎、平章事。宣制畢，周祖曰：「吾無憂矣。」卽日崩。

世宗將親征澤、潞，馮道力諫止，溥獨贊成之。凱還，加兼禮部尙書，監修國史。世宗嘗從容問溥曰：「漢相李崧以蠟書與契丹，猶有記其詞者，信有之耶？」溥曰：「崧爲大臣，設有此謀，肯輕示外人？蓋蘇逢吉誣之耳。」世宗始悟，詔贈其官。世宗將討秦、鳳，求帥於溥，溥薦向拱。事平，世宗因宴酌酒賜溥曰：「爲吾擇帥成邊功者，卿也。」從平壽春，制加階爵。顯德四年，丁外艱。起復，表四上，乞終喪。世宗大怒，宰相范質奏解之，溥懼入謝。六年夏，命參知樞密院事。

恭帝嗣位，加右僕射。是冬，表請修世宗實錄，遂奏史館修撰、都官郎中、知制誥扈蒙，右司員外郎、知制誥張淡，左拾遺王格，直史館、左拾遺董淳，同加修纂，從之。

宋初，進位司空，罷參知樞密院。乾德二年，罷爲太子太保。舊制，一品班於臺省之後，太祖因見溥，謂左右曰：「溥舊相，當寵異之。」卽令分臺省班於東西，遂爲定制。五年，丁內艱。服闋，加太子太傅。開寶二年，遷太子太師。中謝日，太祖顧左右曰：「溥十年作相，三遷一品，福履之盛，近世未見其比。」太平興國初，封祁國公。七年八月，卒，年六十一。輟朝二日，贈侍中，謚文獻。

溥性寬厚，美風度，好汲引後進，其所薦至顯位者甚衆。頗吝嗇。祚頻領牧守，能殖貨，所至有田宅，家累萬金。

溥在相位，祚以宿州防禦使家居，每公卿至，必首謁。祚置酒上壽，溥朝服趨侍左右，坐客不安席，輒引避。祚曰：「此豚犬爾，勿煩諸君起。」溥諷祚求致政，祚意朝廷未之許也，既得請，祚大罵溥曰：「我筋力未衰，汝欲自固名位，而幽囚我。」舉大梃將擊之，親戚勸諭乃止。

溥好學，手不釋卷，嘗集蘇冕會要及崔鉉續會要，補其闕漏，爲百卷，曰唐會要。又采朱梁至周爲三十卷，曰五代會要。有集二十卷。

子貽孫、貽正、貽慶、貽序。貽正至國子博士。貽慶比部郎中。貽序，景德二年進士，後改名貽矩，至司封員外郎。貽正子克明，尙太宗女鄭國長公主，改名貽永，令與其父同行。見外戚傳。

貽孫字象賢，少隨周祖典商、潁二州，署衙內都指揮使。顯德中，以父在中書，改朝散大夫、著作佐郎。宋初，遷金部員外郎，賜紫，累遷右司郎中。淳化中，卒。太祖平吳、蜀，所獲文史副本分賜大臣。溥好聚書，至萬餘卷，貽孫遍覽之；又多藏法書名畫。太祖嘗問趙普，拜禮何以男子跪而婦人否，普問禮官，不能對。貽孫曰：「古詩云『長跪問故夫』，是婦人亦跪也。唐太后朝婦人始拜而不跪。」普問所出，對云：「大和中，有幽州從事張建章著渤海國記，備言其事。」普大稱賞之。端拱中，右僕射李昉求郡省百官集議舊儀，貽孫具以對，事見禮志，時論許其諳練云。

魏仁浦字道濟，衞州汲人。幼孤貧，母爲假黃縑製暑服，仁浦年十三，嘆曰：「爲人子不克供養，乃使慈母求貸以衣我，我能安乎！」因慷慨泣下。辭母詣洛陽，濟河沉衣中流，誓曰：「不貴達，不復渡此！」晉末，隸樞密院爲小史，任職端謹，儕輩不能及。契丹入中原，仁浦隨衆北遷。會契丹主殂于眞定，仁浦得脫歸。魏帥杜重威素知仁浦謹厚，善書計，欲留補牙職。仁浦以重威降將，不願事之，遂遁去。重威遣騎追之，不及。漢祖起太原，次鞏縣，仁浦迎謁道左，即補舊職。

時周祖掌樞密，召仁浦問闕下兵數，仁浦悉能記之，手疏六萬人。周祖喜曰：「天下事不足憂也。」遷兵房主事，從周祖鎭鄴。

乾祐末，隱帝用武德使李鄴等謀，誅大臣楊邠、史弘肇等，密詔澶帥李洪義殺騎將王殷，令郭崇害周祖。洪義知事不濟，與殷謀，遣副使陳光穗齎詔示周祖。周祖懼，召仁浦入計，且示以詔曰：「朝廷將殺我，我死不懼，獨不念麾下將士乎？」仁浦曰：「侍中握強兵臨重鎭，有功朝廷，君上信讒，圖害忠良，雖欲剖心自明，奚可得也，事將奈何。今詔始下，外無知者，莫若易詔以盡誅將士爲名，激其怒心，非徒自免，亦可爲楊、史雪冤。」周祖納其言，倒用留守印，易詔書以示諸將。衆懼且怒，遂長驅渡河。及卽位，以仁浦爲樞密副承旨，俄遷右羽林將軍，充承旨。

周祖嘗問仁浦諸州屯兵之數及將校名氏，令檢簿視之。仁浦曰：「臣能記之。」遂手疏於紙，校簿無差，周祖尤倚重焉。廣順末，太原劉崇寇晉州，仁浦居母喪，而宅邇宮城，周祖步登寬仁門，密遣小黃門召仁浦計事。明日，起復舊職。周祖大漸，謂世宗曰：「李洪義長與節鎭，魏仁浦無遺違禁密。」

世宗卽位，授右監門衛大將軍、樞密副使。從征高平，周師不利，東偏已潰，仁浦勸世宗出陣西殊死戰，遂克之。師還，拜檢校太保、樞密使。故事，惟宰相生辰賜器幣鞍馬，世宗特以賜仁浦。從平壽春，加檢校太傅，進爵邑，遷中書侍郎、平章事、集賢殿大學士兼樞密使。世宗欲命仁浦爲相，議者以其不由科第，世宗曰：「古人爲宰相者，豈盡由科第耶？」

遂決意用之。恭帝嗣位，加刑部尙書。

宋初，進位右僕射，以疾在告。太祖幸其第，賜黃金器二百兩、錢二百萬。再上表乞骸骨，不許。乾德初，罷守本官。開寶二年春宴，太祖笑謂仁浦曰：「何不勸我一杯酒？」仁浦奉觴上壽，帝密謂之曰：「朕欲親征太原，如何？」仁浦曰：「欲速不達，惟陛下愼之。」宴罷，就第，復賜上尊酒十石、御膳羊百口。從征太原，中途遇疾。還，至梁侯驛卒，年五十九，贈侍中。

仁浦性寬厚，接士大夫有禮，務以德報怨。漢乾祐中，有鄭元昭者，開封浚儀人，爲安邑、解縣兩池榷鹽使，遷解州刺史。會詔以仁浦婦翁李溫玉爲榷鹽使管兩池，元昭不得專其利。仁浦方爲樞密院主事，元昭意仁浦必庇溫玉，會李守貞以河中叛〔一〕，溫玉子在城中，元昭卽繫溫玉以變聞。時周祖總樞務，知其有間，置而不問。顯德中，仁浦爲樞密使，元昭不自安。及代歸闕，道洛都，以情告仁浦弟仁滌，仁滌曰：「公第去，可無憂。我兄素寬仁有度，雖公事不欲傷於人，豈念私隙乎？」元昭至京師，仁浦果不介意，白周祖授元昭慶州刺史。漢隱帝寵作坊使賈延徽，延徽與仁浦並居，欲併其第，屢譖仁浦，幾至不測。及周祖入汴，有擒延徽授仁浦者，仁浦謝曰：「因兵戈以報怨，不忍爲也。」力保全之。當時稱其長者。世宗朝近侍有忤上至死者，仁浦力救之，全活者衆。淮南之役，獲賊兵數千人，仁浦從容上言，俾隸諸軍，軍中無濫殺者。

景德四年，其子咸信請謚曰宣懿。

子咸美、咸熙、咸信。咸美以左司禦率府率致仕。咸熙性仁孝，嘗會賓客，家童數輩覆案碎器，客皆驚愕，咸熙色不變，止令更設饌具。其寬厚若此。以父任，累遷屯田郎中，後至太僕少卿。卒年四十九。子昭慶駕部員外郎，昭文西染院使，昭素供奉官、閤門祗候。

咸信字國寶，建隆初，授朝散大夫、太子右坊通事舍人，改供奉官。初，太祖在潛邸，昭憲太后嘗至仁浦第，咸信方幼，侍母側，儼如成人。太后奇之，欲結姻好。開寶中，太宗尹京，成昭憲之意，延見咸信於便殿，命與御帶党進等較射，稱善。遂選尚永慶公主，授右衞將軍、駙馬都尉。踰年，出領吉州刺史。太平興國初，眞拜本州防禦使。四年，詔用奉外賜錢十萬。五年，坐遣親吏市木西邊，矯制免所過稅算，罰一季奉。俄遷愼州觀察使。雍熙三年冬，契丹擾邊，王師出討，悉命諸主壻鎭要地：王承衍知大名，石保吉知河陽，咸信知澶州。四年，本郡黃河淸，咸信以聞，詔褒答之。籍田畢，就拜彰德軍節度。八月，遣歸治所。

淳化四年，河決澶淵，陷北城，再命知州事。太宗親諭方略，傳置而往。時遣閤承翰修河橋，咸信請及流水未下造舟爲便，承翰入奏：「方冬難成，請權罷其役。」咸信因其去，乃集工成之。奏至，上大悅。河平，遣還役兵。俄詔留築隄，咸信以爲天寒地涸，無決溢之患，復奏罷之。

眞宗卽位，改定國軍節度。咸平中，大閱東郊，以爲舊城內都巡檢。車駕北征，爲貝冀路行營都統署，詔督師。至貝州，敵人退，召還行在所。景德初，從幸澶州，石保吉與李繼隆爲排陣使。契丹請和，帝置酒行宮，面賞繼隆、保吉，咸信避席，自愧無功，上笑而撫慰之。二年，改武成軍節度，知曹州。秋霖積潦，咸信決廣濟河隄以導之，民田無害。扈駕朝陵還，上言先墳在洛，欲立碑，求涖盟津，以便其事，卽改知河陽。大中祥符初，從東封，加檢校太尉。將祀汾陰，命知澶州，令入內副都知張繼能諭旨。移領忠武軍節度。

未幾召還，年已昏眊，見上，希旨求寵渥。七年，表乞任用，上出示中書向敏中曰：「咸信聯榮戚里，位居節制，復何望耶？」是冬，以新建南京，獎太祖舊臣，加同平章事。俄判天雄軍。天禧初，改陝州大都督府長史、保平軍節度。有感風疾苦，歸。眞宗嘗謂宰相曰：「咸信老病，諸子不克承順，身後復能保守其家業耶？」未幾卒，年六十九，贈中書令。錄其諸子孫姪，遷官者七人。

咸信頗知書，善待士，然性吝嗇利，仁浦所營邸舍悉擅有之。旣卒，爲諸姪所訟，時人恥之。

子昭易、昭亮、昭侃。昭易西京作坊使，知隰州。昭侃改名昭昞，爲崇儀使。

昭亮字克明，公主所生。幼未名，太宗召入禁中，命賦賞花詩，詩成上之，太宗大悅，酌以上尊酒，命筆題「從訓」、「昭亮」二名，令自擇之。拜如京副使，遷如京、洛苑使，掌翰林司。丁公主憂，起復，授六宅使，領富州刺史，遷內藏庫副使。未幾，拜西上閤門使，進秩東上。上言閤門舊儀制未當，乃詔龍圖閣學士陳彭年、待制張知白、引進使白文肇與昭亮同加詳定，既成，賜白金千兩。又建議設儀石於內殿，加領恩州團練使。時咸信在大名，屬生日，命昭亮就賜禮物。是日，告命至，軍府榮之。父卒，遷四方館使，仍兼掌客省，多糾羣官之失儀者。昭亮多病在告，詔給其奉。天禧二年，卒。

昭亮未死日，數遣人入謁，求進用，加兼端州防禦使。未及拜命，死，仍以制書賜其家，贈貝州觀察使。以弟昭侃爲供備庫使，子餘慶爲內殿崇班。

昭亮與陳彭年款昵，彭年嘗稱其才。昭亮居官務皦察，多遣人偵伺僚輩，樞密承旨尹德潤嘗少之。會閤門副使焦守節、內殿崇班郭盛以役卒與德潤治第，昭亮廉知發其事，皆坐黜削。李維即王曾妻之叔父，同在翰林，曾受詔試舉人，以家事屬維。昭亮意曾受祈請，奏其竊語。遣中使參問無他狀，曾始得釋。昭亮陰險多此類，時人惡之。餘慶改名成德，爲供備庫副使。

贊曰：五季至周之世宗，天下將定之時也。范質、王溥、魏仁浦，世宗之所拔擢，而皆有宰相之器焉。宋祖受命，遂爲佐命元臣，天之所置，果非人之所能測歟。質以儒者曉暢軍事，及其爲相，廉慎守法。溥刀筆家子，而好學終始不倦。仁浦嘗爲小史，而與溥皆以寬厚長者著稱，豈非絕人之資乎。質臨終，戒其後勿請謚立碑，自悔深矣。太宗評質惜其欠世宗一死。嗚呼，春秋之法責備賢者，質可得免乎！

校勘記

〔一〕會李守貞以河中叛　「李守貞」原作「李守眞」，據本卷王溥傳、東都事略卷一八魏仁浦傳、舊五代史卷一〇九本傳改。

宋史卷二百五十

列傳第九

石守信 子保興 保吉 孫元孫　王審琦 子承衍 承衎 孫克臣等
高懷德　韓重贇 子崇訓 崇業　張令鐸　羅彥瓌　王彥昇

石守信，開封浚儀人。事周祖，得隸帳下。廣順初，累遷親衞都虞候。從世宗征晉陽，遇敵高平，力戰，遷親衞左第一軍都校。師還，遷鐵騎左右都校。從征淮南，爲先鋒，下六合，入渦口，克揚州，遂領嘉州防禦使，充鐵騎、控鶴四廂都指揮使。從征關南，爲陸路副都部署，以功遷殿前都虞候，轉都指揮使、領洪州防禦使。恭帝卽位，加領義成軍節度。

太祖卽位，遷侍衞馬步軍副都指揮使，改領歸德軍節度。李筠叛，守信與高懷德率前軍進討，破筠衆于長平，斬首三千級。又敗其衆三萬于澤州，獲僞河陽節度范守圖，降太原援軍數千，皆殺之。澤、潞平，以功加同平章事。李重進反揚州，以守信爲行營都部署兼知揚州行府事。帝親征至大儀頓，守信馳奏：「城破在朝夕，大駕親臨，一鼓可平。」帝亟赴之，果克其城。建隆二年，移鎭鄆州，兼侍衞親軍馬步軍都指揮使，詔賜本州宅一區。

乾德初，帝因晚朝與守信等飲酒，酒酣，帝曰：「我非爾曹不及此，然吾爲天子，殊不若爲節度使之樂，吾終夕未嘗安枕而臥。」守信等頓首曰：「今天命已定，誰復敢有異心，陛下何爲出此言耶？」帝曰：「人孰不欲富貴，一旦有以黃袍加汝之身，雖欲不爲，其可得乎。」守信等謝曰：「臣愚不及此，惟陛下哀矜之。」帝曰：「人生駒過隙爾，不如多積金、市田宅以遺子孫，歌兒舞女以終天年。君臣之間無所猜嫌，不亦善乎。」守信謝曰：「陛下念及此，所謂生死而肉骨也。」明日，皆稱病，乞解兵權，帝從之，皆以散官就第，賞賚甚厚。

已而，太祖欲使符彥卿管軍，趙普屢諫，以爲彥卿名位已盛，不可復委以兵權，太祖不從。宣已出，普復懷之，太祖迎謂之曰：「豈非符彥卿事耶？」對曰：「非也。」因奏他事。既罷，乃出彥卿宣進之，太祖曰：「果然，宣何以復在卿所？」普曰：「臣託以處分之語有侏傹者，復留之。惟陛下深思利害，勿復悔。」太祖曰：「卿苦疑彥卿，何也？朕待彥卿厚，彥卿豈負朕耶。」普對曰：「陛下何以能負周世宗？」太祖默然，事遂中止。

開寶六年秋，加守信兼侍中。太平興國初，加兼中書令。二年，拜中書令，行河南尹，充西京留守。三年，加檢校太師。四年，從征范陽，督前軍失律，責授崇信軍節度、兼中書令，俄進封衞國公。七年，徙鎭陳州，復守中書令。九年，卒，年五十七，贈尙書令，追封威武郡王，謚武烈。

守信累任節鎭，專務聚斂，積財鉅萬。尤信奉釋氏，在西京建崇德寺，募民輦瓦木，驅迫甚急，而傭直不給，人多苦之。子保興、保吉。

保興字光裔，本名保正，太祖取興宗之義改之。建隆初，年十四，以蔭補供奉官。明年，遷尙食副使。太祖嘗召功臣子弟詢以時事，保興年最少，應對明白，太祖奇之，拜如京使。開寶中，領順州刺史。太宗征河東，爲御砦四面都巡檢。太平興國八年，出爲高陽關監軍。守信卒，起復，領本州團練使。雍熙初，契丹擾邊，與戴興、楊守一並爲澶州前軍駐泊。

李繼遷入鈔，徙銀、夏、綏、府都巡檢使。嘗巡按罨子砦，並黑水河，趣谷中，夏人知之，以數千騎據險，渡河求戰。保興所部不滿二千人，乃分短兵伏於河滸，俟其半渡，急擊之，斬首百餘級，追北數十里。優詔褒美。端拱中，知平戎軍，徙莫州，俄爲西京都巡檢使。淳化五年，眞拜蘄州團練使，爲永興軍鈐轄，改夏、綏、麟、府州鈐轄。至道二年，徙延州都巡檢使兼署州事，改本路副都部署，與范重召等五路討賊。有岌伽羅膩數族率衆來拒，保興選敢死士數百人銜枚夜擊，殲之。自是吳移、越移諸族歸降。還，至烏、白池，賊又爲方陣來拒。保興麾衆出入陣中，會乘馬中流矢，挺身持滿，易騎奮呼，且行且鬥，凡三日四十二戰，賊遂引去。

咸平二年，知威虜軍。會夏人入鈔，保興發官帑錢數萬緡分給戰士，主者固執不可。保興曰：「城危如此，安暇中覆，事定，覆而不允，願以家財償之。」夏人退，驛置以聞，眞宗貸而不問。

三年，就拜棣州防禦使。徙知邢州，改澶州。在郡頗峻刑罰，每捶人，令緩施其杖，移晷方畢。五年，以疾求歸京師。未幾卒，年五十八。子元孫。

保興世豪貴，累財鉅萬，悉爲季弟保從之子所廢。

保吉字祐之，初以蔭補天平軍衙內都指揮使。開寶四年，召見，賜襲衣、玉帶、金鞍勒馬。選尚太祖第二女延慶公主，拜左衞將軍、駙馬都尉，俄領愛州刺史。太平興國初，遷本州防禦使。五年，坐遣親吏市竹木秦、隴間，矯制渡關，爲王仁贍所發，罰一季奉。七年，改朔州觀察使。守信卒，起復，爲威塞軍節度。雍熙三年，出知河陽。四年，召入，復命知大名府兼兵馬都部署，連改橫海、安國二鎭節度。

真宗即位，加檢校太尉、保平軍節度。車駕北巡，命爲河北諸路行營都部署，屯定州。景德初，改武寧軍節度、同平章事。冬，幸澶淵，命與李繼隆分爲駕前東西面都排陣使，軍于北門外。遼騎數萬驟至城下，保吉不介馬而馳當其鋒，遼人引去。俄而請盟，錫宴射於行宮後苑。帝謂繼隆等曰：「自古北邊爲患，今其畏威服義，息戰安民，卿等力也。」保吉進曰：「臣受命禦患，上稟成算。至於布列行陣，指授方略，皆出於繼隆。」繼隆曰：「宣力用心，躬率將士，臣不及保吉。」帝曰：「卿等協和，共致太平，軍旅之事，朕復何憂。」歡甚，賜以襲衣、金帶、鞍勒馬。

二年，改鎭安軍節度。未幾，自治所來朝，願奉朝請，從之。四年，部民上治狀，乞還鎭所，詔獎諭之，仍從其請。大中祥符初，從東封，攝司徒，封祀壇奉俎，加檢校太師還鎭。冬，公主疾，詔歸視，主薨。明年，保吉卒，年五十七，贈中書令，謚莊武。

保吉姿貌瓌碩，頗有武幹。累世將相，家多財，所在有邸舍、別墅，雖饌品亦飾以綵繢。好治生射利，性尤驕倨，所至峻暴好殺，待屬吏不以禮。鎭大名也，葉齊、查道皆知名士，嘗械以運糧。初，程能爲京西轉運，保吉託治其私負，能不從。至是，其子宿爲屬邑吏，將辱之，會有辟召乃止。又染家貸錢，息不盡入，質其女，其父上訴，眞宗亟命遣還。嘗有僕侵盜私積，不時求對，懇請配隸，帝曰：「是有常法，不可。」保吉請不已，帝戒勖之。

善弋獵，畜鷙禽獸數百，令官健羅鳥雀飼之，人有規勸者輒怒之。在陳州，盛飾廨舍以迓貴主。因完葺城壘，疏牖于上，以瞰衢路，如箭窗狀。未嘗上聞，賓佐諫之不聽，頗涉衆議。初，守信鎭陳，五十七年卒，及保吉繼是鎭，壽亦止是，談者異之。

保吉子貽孫，任崇儀使、帶御器械，坐事免官。孝孫，西京左藏庫使。

元孫字善良〔一〕，始名慶孫，避章獻太后祖諱易之。以守信蔭爲東頭供奉官、閤門祗候，累遷如京副使。

仁宗卽位，改文思副使、勾當法酒庫。吏盜酒，坐失察，追二官，復如京副使。爲澶州巡檢，徙知莫州，有治迹，以禮賓使再任。又徙保州，領廉州刺史，兼廣信、安肅軍緣邊都巡檢。時開屯田，鑿塘水，有訟元孫擅污民田者，遣官按視，訟者以誣服，卽賜白金五百兩，詔褒諭之。再遷西上閤門使、并代州兵馬鈐轄，歷侍衞親軍步軍殿前都虞候、鄜延副都總管、緣邊安撫使，遷邕州觀察使。

康定初，夏人寇延州，元孫與戰于三川口，軍敗見執。傳者以爲已死，贈忠正軍〔二〕節度使兼太傅，錄其子孫七人。及元昊納款，縱元孫歸。諫官御史奏：元孫軍敗不死，辱國，請斬塞下。賈昌朝獨言曰：「在春秋時，晉獲楚將穀臣，楚獲晉將知罃，亦還其國不誅。」因入對，探袖出魏志于禁傳以奏曰：「前代將臣敗覆而還，多不加罪。」帝乃貸元孫，安置全州。以升祔赦，内徙襄州。侍御史劉湜言：「元孫失軍辱命，朝廷貸而不誅，若例從量移，無以勸用命之士。」元孫遂不徙。後徙許州，還京師卒。

王審琦字仲寶，其先遼西人，後徙家洛陽。漢乾祐初，隸周祖帳下，性純謹，甚親任之。從平李守貞，以功署廳直左番副將。廣順中，歷東西班行首、内殿直都知、鐵騎指揮使，從世宗征劉崇，力戰有功，遷東西班都虞候，改鐵騎都虞候，轉本軍右第二軍都校。世宗召禁軍諸校宴射苑中，審琦連中的，世宗嘉之，賞賚有加。俄領勤州刺史。親征淮南，舒州堅壁未下，詔以郭令圖領刺史，命審琦及司超以精騎攻其城，一夕拔之，擒其刺史，獲鎧仗軍儲數十萬計。令圖既入城，審琦等遂救黃州，數日，令圖爲舒人所逐。審琦選輕騎銜枚夜發，信宿至城下，大敗舒人，令圖得復還治所。世宗嘉之，授散員都指揮使。又破南唐軍于紫金山，先登，中流矢，轉控鶴右廂都校、領虔州團練使。世宗圍濠州，審琦率敢死士數千人拔其水砦，奪月城，濠州遂降。及攻楚州，爲南面巡檢，城將陷，審琦意淮人必遁，設伏待之。少頃，城中兵果鑿南門而潰，伏兵擊之，斬數千級，繫五千餘人，獻于行在，賜名馬、玉帶、錦綵數百匹。淮南平，改鐵騎右廂都校。又從平瓦橋關。恭帝卽位，遷殿前都虞候、領睦州防禦使。

宋初，擢爲殿前都指揮使、領泰寧軍節度。從征李筠，爲御營前洞屋都部署，爲飛石所傷，車駕臨視。澤、潞平，改領武成軍節度。李重進叛，副石守信爲前軍部署討之。建隆二年，出爲忠正軍〔三〕節度。在鎭八年，爲政寬簡。所部邑令以罪停其錄事吏，幕僚白令不先咨府，請按之。審琦曰：「五代以來，諸侯強橫，令宰不得專縣事。今天下治平，我忝守藩維，而部內宰能斥去黠吏，誠可嘉爾，何按之有？」聞者歎服。開寶二年，從征太原，爲御營四面都巡檢。三年，改鎭許州，賜甲第，留京師。太祖嘗召審琦宴射苑中，連中的，賜御馬、黃金鞍勒。六年，與高懷德並加同平章事。七年，卒，年五十。

初，審琦暴疾，不能語，帝親臨視，及卒，又幸其第，哭之慟。賜中書令，追封琅琊郡王，賻贈加等。葬日，又爲廢朝。

審琦重厚有方略，尤善騎射。鎭壽春，歲得租課，量入爲出，未嘗有所誅求。素不能飲，嘗侍宴，太祖酒酣仰祝曰：「酒，天之美祿；審琦，朕布衣交也。方與朕共享富貴，何靳之不令飲邪？」祝畢，顧謂審琦曰：「天必賜卿酒量，試飲之，勿憚也。」審琦受詔，飲十杯無苦。自此侍宴常引滿，及歸私家即不能飲，或強飲輒病。子承衍、承衎、承德、承祐、承俊、承偓、承僎、承僅、承休。承德西上閤門使、會州刺史，承祐至如京使，承俊、承僎至內殿崇班，承偓至閤門祗候，承僅至左神武將軍致仕，承休至內殿承制。

承衍字希甫，幼端謹，審琦鎮兗、滑、壽春〔四〕，皆署以牙職。開寶初，補內殿供奉官都知。三年，尚太祖女昭慶公主，授右衞將軍、駙馬都尉，仍充都知。踰年，領恩州刺史，加本州防禦使。太平興國初，遷應州觀察使。二年春，太宗幸其第，賜宴，承衍以金器、名馬爲壽，詔賜銀萬兩、錦綵五千匹。三年，加檢校太保。坐市竹木秦、隴，矯制免稅算，罰一季奉。七年，授彰國軍節度。

雍熙中，出知天雄軍府兼都部署。時契丹擾鎮陽，候騎至冀州，去魏二百餘里。鄰境戒嚴，城中大恐，屬上元節，承衍下令市中及佛寺然燈設樂，與賓佐宴遊達旦，人賴以安。明年召還，復爲貝冀都部署。端拱初，換永清軍節度，再知天雄軍。吏民千餘詣監軍，請爲本道節帥，詔褒之。

眞宗卽位，改河中尹、護國軍節度，加檢校太尉。咸平六年，以疾求罷節鉞，三抗表不許。帝自臨問，至臥內慰勉久之，賜予甚厚，擇尙醫數人迭宿其第。卒，年五十二。車駕親臨，贈中書令，給鹵簿葬，謚恭肅。其後公主請置守冢五戶，從之。

承衍善騎射，曉音律，頗涉學藝，好吟咏。以功臣子尙主貴顯，擁富貲，自奉甚厚。子世安、世隆、世雄、世融。世安至崇儀副使、通事舍人。世隆字本支，以公主子爲如京副使，歷洛苑、六宅二使、領平州刺史。性驕恣，每坐諸叔之上，人皆嗤之。景德初卒，特贈泰州防禦使。召見其三子，賜名克基、克緖、克忠，皆面授供奉官。世雄至內殿崇班。世融爲內殿承制。世安子克正殿中丞。克基、克忠並爲西染院副使兼閤門通事舍人。克緖至內殿承制。世隆幼子克明爲西上閤門副使。

承衍字希悅，開寶中，授閑廐使，面賜紫袍、金帶，纔十二歲。太平興國中，出監徐州軍，又爲西京水南巡檢使，改如京使。表求治郡自效，命知潭州，遷六宅使、領昭州刺史，俄知澶州，加莊宅使。咸平中，兩賜川峽傳詔，慰撫官吏，經略蠻洞。連知延、代、幷三州，皆兼兵馬鈐轄，改尙食使。鳳翔張雍病，命承衍代之，徙涇州，授西上閤門使，改領永州刺史。景德中，眞宗以天水近邊，蕃漢雜處，擇守臣撫治，擢承衍知秦州，徙知天雄軍。大中祥符初，進秩東上閤門使。承衍病足，在大名不能騎，政多廢弛，及代，賜告家居，表求解職，不允。以久不朝請，求近郡，改左武衞大將軍，知壽州。二年，卒，年四十九。詔遣其弟承僎馳往護喪。

承衍頗涉學，喜爲詩，所至爲一集。曉音律，多與士大夫遊，意豁如也。初，審琦鎮壽春，承衍生于郡廨，至卒亦於其地，人咸異之。

子世京爲閤門祗候，世文內殿崇班。

克臣字子難。祖承衍尚秦國賢穆公主。克臣第景祐進士，仁宗閱其文，顧侍臣曰：「賢穆有孫登科，可喜也。」仕累通判壽州。鼓角卒夜入州廨，擊郡將，既就擒，而監兵使所部被甲操刃立庭中，官吏駭觀。克臣徐言曰：「此不過爲盜耳。」立遣甲者去，戒兇卒勿妄引他人，衆讋服。是日天貺節，率掾屬朝謁如常儀，人賴以安，猶坐貶監潭州稅。

熙寧中，爲開封、度支二判官，遷鹽鐵副使。時鄭俠以上書竄嶺表，克臣嘗薦俠，且餽之白金，又坐奪官。復爲戶部副使，以集賢殿修撰知鄆州。京東多盜，克臣請以便宜處決，遂下諸郡使械送尤桀者斬以徇，盜爲少衰。河決曹村，克臣亟築隄城下，或曰：「河決澶淵，去鄆爲遠，且州徙於高，八十年不知有水患，安事此。」克臣不聽，役愈急，隄成，水大至，不沒者才尺餘。復起甬道，屬之東平王陵埽，人得趨以避水。事寧，皆繪像祀之。

進天章閣待制，徙知瀛州。有告外間入境，密旨趣具獄，株連甚衆，克臣陰緩之，已而得爲間者於他道。徙知太原。王中正西討罔功，而誣克臣姑息士卒，使無固志，黜爲單州。明年，拜工部侍郎。至是，神宗幸尙書省，至部舍止輦，奬其治力，以爲雖少者不及。顧其子駙馬都尉師約使入覲。元祐四年，以龍圖閣直學士、太中大夫卒，年七十六。

師約字君授，少習進士業。英宗欲求儒生爲主壻，命宰相召克臣諭旨，令師約持所爲文至第。明日，獻賦一編，卽坐中賦大人繼明詩，遂賜對，選爲駙馬都尉，尙徐國公主。授左衞將軍，面賜玉帶。又賜九經、筆硯，勉之進學。

神宗卽位，拜嘉州刺史，遷成州團練使。國朝故事主壻未嘗居職，帝始令師約同管當三班院，試其才。明年，主就館乃罷，遷汝州防禦使。始制駙馬都尉七年考績法。轉晉州觀察使。

哲宗立，遷鎭安軍節度觀察留後。宣仁后臨朝，師約屢上書言事。元符初，議者以爲職不當上言，褫其秩。徽宗卽位，乃復保平軍留後，又爲樞密都承旨，未幾復罷。崇寧元年，卒，年五十九。

師約善射，嘗陪遼使燕射玉津園，一發中鵠，發必破的，屢受金帶及鞍勒馬之賜。

子殊，主所生，至閬州觀察使。

高懷德字藏用，眞定常山人，周天平節度齊王行周之子。懷德忠厚倜儻，有武勇。行周歷延、潞二鎭及留守洛都，節制宋、亳，皆署以牙職。晉開運初，遼人侵邊，以行周爲北面前軍都部署。懷德始冠，白行周願從北征。行周壯之，許其行，至戚城遇遼軍，被圍數重，援兵不至，危甚。懷德左右射，縱橫馳突，衆皆披靡，挾父而出。以功領羅州刺史，賜珍裘、寶帶、名馬以寵異之。及行周移鎭鄆州，改集州刺史，仍領牙校。又遷信州刺史，從行周再鎭宋州。

晉末，契丹南侵，以行周爲邢趙路都部署禦之，留懷德守睢陽。會杜重威降契丹，京東諸州羣盜大起，懷德堅壁淸野，敵不能入。行周率兵歸鎭，敵遂解去。漢初，行周移鎭魏博，及再領天平，以懷德爲忠州刺史領職如故。周祖征慕容彦超，還過汶上，寵賜行周甚厚，并賜懷德衣帶、綵繒、鞍勒馬。

行周卒，召懷德爲東西班都指揮使、領吉州刺史，改鐵騎都指揮使。太原劉崇入寇，世宗討之，以懷德爲先鋒都虞候。高平克捷，以功遷鐵騎右廂都指揮使、領果州團練使。

從征淮南，知廬州行府事，充招安使。戰廬州城下，斬首七百餘級。尋遷龍捷左廂都指揮使、領岳州防禦使，賜駿馬七匹。南唐將劉仁贍據壽春，舒元據紫金山，置連珠砦爲援，以抗周師。世宗命懷德率帳下親信數十騎覘其營壘。懷德夜涉淮，遲明，賊始覺來戰，懷德以少擊衆，擒其裨將以還，盡偵知其形勢強弱，以白世宗。世宗大喜，賜襲衣、金帶、器幣、銀鞍勒馬。世宗一日因按轡淮壖以觀賊勢，見一將追擊賊衆，奪槊以還，令左右問之，乃懷德也。召至行在慰勞，許以節鉞。

世宗北征，命與韓通率兵先抵滄州。初得關南，又命副陳思讓爲雄州兵馬都部署，克瓦橋關，降姚內斌以歸。恭帝嗣位，擢爲侍衞馬軍都指揮使、領江寧軍節度〔五〕，又爲北面行營馬軍都指揮使。

太祖卽位，拜殿前副都點檢，移鎭滑州，充關南副都部署，尙宣祖女燕國長公主，加駙馬都尉。李筠叛上黨，帝將親征，先令懷德率所部與石守信進攻，破筠衆於澤州南。事平，以功遷忠武軍節度、檢校太尉。從平揚州。建隆二年，改歸德軍節度。開寶六年秋，加同平章事；多，長公主薨，去駙馬都尉號。

太宗卽位，加兼侍中，又加檢校太師。太平興國三年春，被病，詔太醫王元佑、道士馬志就第療之。四年，從平太原，改鎭曹州，封冀國公。七年，改武勝軍節度。是年七月，卒，年五十七，贈中書令，追封渤海郡王，謚武穆。懷德將家子，練習戎事，不喜讀書，性簡率，不拘小節。善音律，自爲新聲，度曲極精妙。好射獵，嘗三五日露宿野次，獲狐兔累數百，或對客不揖而起，由别門引數十騎從禽於郊。

子處恭，歷莊宅使至右監門衞大將軍致仕。處俊至西京作坊使。

韓重贇，磁州武安人。少以武勇隸周太祖麾下。廣順初，補左班殿直副都知。從世宗戰高平，以功遷鐵騎指揮使。從征淮南，先登中流矢，轉都虞候。俄遷控鶴軍都指揮使、領虔州刺史。

宋初，以翊戴功，擢爲龍捷左廂都校、領永州防禦使。從征澤、潞還，命代張光翰爲侍衞馬步軍都指揮使、領江寧軍節度〔六〕。討李重進，爲行營馬步軍都虞候。建隆二年，改殿前都指揮使、領義成軍節度。三年，發京畿丁壯數千，築皇城東北隅，且令有司繪洛陽宮殿，按圖修之，命重贇董其役。乾德三年秋，河決澶州，命重贇督丁壯數十萬塞之。四年，太祖郊祀，以爲儀仗都部署。時有譖重贇私取親兵爲腹心者，太祖怒，欲誅之。

趙普諫曰：「親兵，陛下必不自將，須擇人付之。若重贇以讒誅，卽人人懼罪，誰復爲陛下將親兵者。」太祖納其言，重贇得不誅。後聞普嘗救己，卽詣普謝，普拒不見。

五年二月，出爲彰德軍節度。開寶二年，太祖征太原，過其郡，重贇迎謁於王橋頓，召赴燕飲。帝曰：「契丹知我是行，必率衆來援，彼意鎭、定無備，必由此路入。卿爲我領兵倍道兼行，出其不意，破之必矣。」乃命爲北面都部署。重贇令軍士銜枚夜發，果遇契丹兵于定州，見重贇旗幟，大駭欲引去，重贇乘之，大破其衆，獲馬數百匹。太祖大喜，優詔褒美。七年，卒，贈侍中。

重贇信奉釋氏，在安陽六七年，課民採木爲寺，郡內苦之。子崇訓、崇業。

重贇與張光翰、趙彥徽分領諸軍節度，嘉其翊戴功也。光翰，後唐山南節度使虔釗兄子，及卒，贈侍中。彥徽，眞定安喜人，與太祖同事世宗，太祖兄事之，及卒，贈侍中。

崇訓字知禮，乾德中，以蔭補供奉官，遷西京作坊副使，出爲澶州河南北都巡檢使。從太宗征河東，還，以貝、冀等州都巡檢使權知麟州。

雍熙中，李繼遷寇夏州，崇訓領兵赴援，大敗之。徙監夏州軍。歷知越、泉、登、莫四州，徙知威虜軍，改如京使。咸平初，出知石州。屬繼遷犯境，崇訓追襲之，至賀蘭山而還。

二年，再知麟州，又敗繼遷於城下。崇訓由河西徙閬、越，再移北邊，凡二十五年，以勞擢西上閤門使、邠寧環慶清遠軍都巡檢使。徙鎭、定、高陽關行營鈐轄，屯鎭州，兼河北都轉運使事。契丹兵至方順河，將寇威虜軍，崇訓陳兵唐河，折其要路。敵遣別騎寇赤塽驛，崇訓分兵擒戮之。既而值霖雨，敵兵饑乏不敢進，遂遁去。移幷、代鈐轄，權知幷州。從部署張進領兵由土門會大將王超，襲破契丹于定州。六年，授四方館使、樞密都承旨。又命爲鎭、定、高陽馬步軍都鈐轄，屯定州。

景德初，契丹入寇至唐河，崇訓陳兵河南。翌日，又與王超追襲至鎭州。既而都部署桑贊逗留不進，崇訓帥兵獨往。時車駕幸澶州，召崇訓，乃還。三年春，拜檢校太傅。大中祥符二年，授右龍武軍大將軍，領韶州防禦使〔七〕，以本官分司西京卒，年五十六。

崇訓爲人長厚謙畏，未嘗忤物。子允恭，禮賓副使，有謀略，好學，人以爲能世其家云。

崇業字繼源，以蔭補供奉官，選尙秦王廷美女雲陽公主，授左監門衞將軍、駙馬都尉。廷美得罪，降爲右千牛衞率府率，分司西京，俄削秩，去駙馬之號，從貶房陵。廷美卒，起爲靜難軍行軍司馬。雍熙三年，授寧州刺史。公主卒，葬州境。眞宗初，始得入朝。咸平四年，改左屯衞大將軍、領高州團練使，追封公主爲虢國長公主。五年十月，卒，年四十一。

子允升爲內殿承制、閤門祗候。

張令鐸，棣州厭次人。少以勇力隸軍伍。後唐清泰中，補寧衞小校。晉初，改隸奉國軍。漢乾祐中，從周太祖平河中，以功遷奉國軍指揮使。廣順初，遷控鶴指揮使。累遷本軍左廂都指揮使、領虔州團練使。從世宗征淮南，移領虎捷左廂，加常州防禦使。再征壽春，命與龍捷右廂柴貴分爲京城左右廂巡檢。世宗將北征，命與韓通、高懷德領兵先赴滄州，又副韓令坤爲霸州部署，率兵戍守。恭帝卽位，授侍衞親軍步軍都指揮使、領武信軍節度使。令鐸本名鐸，以與河中張鐸同姓名，故賜今名。

宋初，遷馬步軍都虞候、領陳州節制。太祖征李筠，以令鐸爲東京舊城內都巡檢。建隆二年，出爲鎭寧軍節度。帝爲皇弟興元尹光美娶其第三女。開寶二年，來朝被病，車駕臨問，賜帛五千匹、銀五千兩，幷賜其家人甚厚。明年春，卒於京師，年六十。帝甚悲悼，贈侍中。

令鐸性仁恕，嘗語人曰：「我從軍三十年，大小四十餘戰，多摧堅陷敵，未嘗妄殺一人。」及卒，人多惜之。

子守正，至內園使。守恩，淳化中，累至崇儀副使，稍遷崇儀使，領綿州刺史。景德初，知原州，就加西上閤門使、知泰州，卒。錄其子奉禮郎永安爲大理評事，後至殿中丞。

羅彥瓌，幷州太原人。父全德，晉沁州刺史，彥瓌得補內殿直。少帝在澶州，欲命使宣慰大名府，時河北契丹騎充斥，遂募軍中驍勇士十人從行，彥瓌備選。銜枚夜發，往返如期，由是補興順指揮使。開運末，契丹主至汴，遣彥瓌送廐馬千匹赴幽薊。彥瓌至元氏，聞漢祖建號太原，以馬歸漢，漢祖嘉之。及入汴，擢爲護聖指揮使。周初，遷散員都虞候，坐樞密使王浚黨，出爲鄧州教練使。世宗嗣位，召爲伴飲指揮使，改馬步軍都軍頭。從向訓收秦、鳳有功，遷散指揮都虞候。

顯德末，太祖自陳橋入歸公署，見宰相范質等，未及言，彥瓌挺劍而前曰：「我輩無主，今日須得天子。」質等由是降階聽命。擢爲控鶴左廂都指揮使，改內外馬軍都軍頭、領眉州防禦使。

從平澤、潞還，命代趙彥徽爲侍衞步軍都指揮使、領武信軍節度。建隆二年，出爲彰德軍節度。乾德二年，改安國軍節度，與昭義軍節度李繼勳大破契丹。四年春，又與閤門使田欽祚殺太原軍千餘人于靜陽，禽其將鹿英等，獲馬三百匹。明年，移鎮華州。開寶二年，卒，年四十七。

王彥昇字光烈，性殘忍多力，善擊劍，號「王劍兒」。本蜀人，後唐同光中，蜀平，徙家洛陽。

初事宦官驃騎大將軍孟漢瓊，漢瓊以其趫勇，言於明宗，補東班承旨。晉天福中，轉內殿直。開運初，契丹圍大名，少帝幸澶淵，募勇敢士齎詔納城中，彥昇與羅彥瓌應之。一夕突圍而入，以功遷護聖指揮使。周廣順中，從向拱破太原兵虒亭南，斬敵帥王璋於陣，以功遷龍捷右第九軍都虞候。累轉鐵騎右第二軍都校、領合州刺史。世宗征淮南，從劉崇進、宋偓破金牛水砦，禽僞軍校閻承旺、范横。又從李重進扞吳兵于盛唐，斬二千餘級。又從張永德攻瀛州，下束城，改散員都指揮使。

太祖北征，至陳橋，爲衆推戴。彥昇以所部先入京，遇韓通於路，逐至第殺之。初，太祖誓軍入京不得有秋毫犯，及聞通死，意甚不樂。以建國之始，不及罪彥昇，拜恩州團練使、領鐵騎左廂都指揮使。

後爲京城巡檢，中夜詣王溥第，溥驚悸而出，既坐，乃曰：「此夕巡警甚困，聊就公一醉耳。」彥昇意在求賄，溥佯不悟，置酒數行而罷。翌日，溥密奏其事，乃出爲唐州刺史。乾德初，遷申州團練使。開寶二年，改防州防禦使，是冬，又移原州。西人有犯漢法者，彥昇不加刑，召僚屬飲宴，引所犯以手捽斷其耳，大嚼，卮酒下之。其人流血被體，股慄不敢動。前後啗者數百人。西人畏之，不敢犯塞。七年，以病代還，次乾州卒，年五十八。太祖以其專殺韓通，終身不授節鉞。

論曰：石守信而下，皆顯德舊臣，太祖開懷信任，獲其忠力。一日以黃袍之喻，使自解其兵柄，以保其富貴，以遺其子孫。漢光武之於功臣，豈過是哉。然守信之貨殖鉅萬，懷德之馳逐敗度，豈非亦因以自晦者邪。至於審琦之政成下蔡，重贇之功宣廣陵，卓乎可稱。令鐸身四十餘戰，未嘗妄殺，可謂勇者之仁矣。彥瓌於革命之日，首挺劍以語范質，於宋則未必功在衆先，於周則其過不在人后矣。王彥昇殺韓通，太祖雖不加罪，而終身不授節鉞，是足垂訓後人矣。保吉、承衍咸以帝壻致位藩鎭，其被驅策、著戎功，則保吉爲優，況推功李繼隆，尤爲不伐而有讓，然械役名士，縱意禽荒，累德多矣。

校勘記

〔一〕元孫字善良 「善良」，隆平集卷一九、東都事略卷一九本傳都作「善長」。

〔二〕忠正軍 原作「中正軍」，據長編卷一二七、東都事略卷一九本傳改。

〔三〕忠正軍 原作「中正軍」，據長編卷二、東都事略卷一九本傳改。

〔四〕兗滑壽春 「滑」原作「海」。按上文王審琦傳，審琦先後領鎭有泰寧、武成和忠正軍，據本書卷八五、卷八八地理志，此三處卽兗州、滑州和壽春，「海」爲「滑」之誤，據改。

〔五〕〔六〕領江寧軍節度 「江寧軍」，東都事略卷二一高懷德傳、韓重贇傳都作「寧江軍」。參考本書卷一太祖紀校勘記〔三〕。

〔七〕領韶州防禦使 原作「領詔防禦使」，按長編卷七四、宋會要職官四六之二所載大中祥符三年七月韓崇訓死時的官銜，和東都事略卷二一本傳記載此事，都作「韶州防禦使」，據改補。

宋史卷二百五十一

列傳第十

韓令坤 父倫 慕容延釗 子德豐 從子德琛 符彥卿 子昭愿 昭壽

韓令坤，磁州武安人。

父倫，少以勇敢隸成德軍兵籍，累遷徐州下邳鎮將兼守禦指揮使。世宗以令坤貴，擢陳州行軍司馬，及令坤領陳州，徙倫許州。罷職，復居宛丘，多以不法干郡政，私酤求市利，掊斂民財，公私患之。項城民武都詣闕訴其事，命殿中侍御史率汀按之。倫詐報汀云被詔赴闕，汀奏之。世宗怒，追劾具伏，法當棄市。令坤泣請於世宗，遂免死流海島。顯德六年，爲左驍衞中郎將，遷左監門衞將軍。宋初，拜磁州刺史，轉亳州團練使。乾德四年，改本州防禦使，卒。

令坤少隸周祖帳下，廣順初，歷鐵騎散員都虞候，控鶴右第一軍都校、領和州刺史。世宗卽位，授殿前都虞候。俄賞高平之功，爲龍捷左廂都虞候、領容州團練使，進本廂都指揮使、領泗州防禦使。征太原，爲行營前軍馬軍都校。未幾，爲侍衞馬軍都指揮使、領定武軍節度。

世宗命宰相李穀將兵征淮南，俾令坤等十二將以從。穀退保正陽，爲吳人所乘。令坤與宣祖、李重進合兵擊之，大敗吳人。世宗親征，聞揚州無備，遣令坤及宣祖、白延遇、趙晁等襲之。令坤先令延遇以精騎數百遲明馳入，城中不之覺。令坤繼至撫之，民皆按堵。南唐東都副留守馮延魯〔一〕爲僧匿寺中，令坤求獲之，送行在，遂以令坤知州事。由是泰州懼，以城降。

時錢俶受詔攻常、潤，圍毗陵，反爲南唐所敗。南唐乘勝遣將陸孟俊逼泰州，周師不能守，孟俊遂進軍蜀岡，逼揚州，令坤棄其城。世宗怒，命太祖與張永德領兵趨六合援之。令坤聞援至，復入城守，與孟俊兵戰，大敗之，擒孟俊，敗其將馬貴〔二〕于楚州灣頭堰，擒漣州刺史秦進崇。俄命向拱爲緣江招討使，以令坤副之，下壽州。歸朝，加檢校太尉、領鎭安軍節度使。世宗乃復幸淮右，次楚州，遣令坤率兵先入揚州，命權知軍府事。揚州城爲吳人所毁，詔發丁壯別築新城，命令坤爲修城都部署。

六年春，命令坤以汴、亳民導汴水入于蔡。三月，世宗將北征，命率龍捷、虎捷、驍武兵先赴大名，又副王晏爲益津關一路都部署，俄爲霸州都部署，率所部兵戍之。恭帝卽位，加檢校太尉、侍衞馬步軍都虞候。冬，詔防北邊。

宋初，移領天平軍，加侍衞馬步軍都指揮使、同平章事。太祖親征李筠，詔令坤率兵屯河陽。及澤、潞平，還京，錫宴令坤等于禮賢講武殿，賜襲衣、器幣、鞍勒馬有差，以功加兼侍中。又從討李重進。建隆二年，改成德軍節度，充北面緣邊兵馬都部署。將赴鎭，上於別殿置酒餞之，因勗其爲治。

乾德六年，疽發背卒，年四十六。太祖素服發哀于講武殿，錄其子慶朝爲閑廐使，慶雄爲閑廐副使。令坤有才略，識治道，與太祖同事周室，情好親密。鎭常山凡七年，北邊以寧。聞其卒，甚悼惜之。

初，南唐遣邊鎬破湖南，以馬希崇分司揚州，及令坤克取之，希崇以妓楊氏獻，令坤甚嬖之。會擒陸孟俊，將械送行在所，楊氏於簾間窺見之，卽拊膺慟哭。令坤怪問之，楊氏曰：「孟俊往年入潭州，殺我家二百口，惟妾爲希崇所匿得免，願甘心焉。」令坤以詰孟俊，孟俊具伏，令坤乃殺之。

慕容延釗，太原人。父章，襄州馬步軍都校、領開州刺史。延釗少以勇幹聞。漢祖之興也，周祖爲其佐命，以延釗隸帳下。周廣順初，補西頭供奉官，歷尙食副使、鐵騎都虞候。世宗卽位，爲殿前散指揮使都校、領溪州刺史。高平之戰，督左先鋒，以功授虎捷左廂都指揮使、領本州團練使；遷殿前都虞候、領睦州防禦使。從征淮南，改龍捷左廂都校、沿江馬軍都部署。歸朝，復爲殿前都虞候，出爲鎭淮軍都部署。顯德五年，世宗在迎鑾江口，聞吳人舟數百艘泊東㳘洲，卽命延釗與右神武統軍宋延渥〔三〕討之。延釗以驍騎由陸進，延渥督舟師沿江繼進，大破之。淮南平，遷殿前副都指揮使、領淮南節度。恭帝卽位，改鎭寧軍節度，充殿前副都點檢，復爲北面行營馬步軍都虞候。

太祖卽位，延釗方握重兵屯眞定，帝遣使諭旨，許以便宜從事。延釗與韓令坤率所部兵按治邊境，以鎭靜聞。太祖嘉之，加殿前都點檢、同中書門下二品〔四〕，避其父名故也。李筠叛，初命與王全斌由東路會兵進討，俄爲行營都部署、知潞州行府事；及平，加兼侍中，詔還澶州。

建隆二年，長春節來朝，賜宅一區。表解軍職，徙爲山南東道節度、西南面兵馬都部署。是冬大寒，遣中使賜貂裘、百子氈帳。四年春，命師南征，以延釗爲湖南道行營前軍都部署。時延釗被病，詔令肩輿即戎事。賊將汪端與衆數千擾朗州，延釗擒之，磔于市。荆、湘既平，加檢校太尉。是冬，卒，年五十一。

初，延釗與太祖友善，顯德末，太祖任殿前都點檢，延釗爲副，常兄事延釗；及即位，每遣使勞問，猶以兄呼之。洎寢疾，御封藥以賜，聞其卒，慟哭久之。贈中書令，追封河南郡王，錄其子弟授官者四人。

子德業、德豐、德鈞。德業至衞州刺史，德鈞至尙食副使。延釗弟延忠，歷內殿直、供奉西頭官都知，至磁州刺史；延卿至虎捷軍都指揮使。延卿子德琛。

德豐字日新，幼聰悟，延釗愛之，嘗曰：「興吾門者必此子。」八歲，補山南東道衙內指揮使。延釗卒，授如京使。開寶中，從征太原，領御砦南面巡檢。又爲揚州都監。征南唐，爲洞子都監。城既下，命爲昇州都監。市廛安靜，澤國富饒，使者多裒聚金帛，德豐獨以廉潔聞。俄領蔚州刺史。太平興國二年，知慶州兼邠、寧都巡檢。嘗破小遇族，奪名馬數十匹，詔書褒諭。居任九年，以簡靜爲治，邊鎭安之。

雍熙四年，使登、萊閱強壯，及還，拜西上閤門使。是冬，出爲定遠軍鈐轄，命領後陣中隊，別將萬騎以禦邊害。

淳化二年，進秩東上，知邢州。三年，改判四方館事，出知延州。時侯延廣知靈武，或言其得西夏情，倔強難制，命德豐代之，就賜白金三千兩。會建使名，改爲四方館使。未幾，以所部不治，徙知慶州，俄又改靈州兼部署。穀價湧貴，德豐出私廩賑饑民，全活者衆。轉引進使。賊入境，德豐率兵擊走，獲羊馬甚衆。

咸平二年，遷客省使，知鎭州，召對便坐，撫慰甚至。是冬，遼人南侵，德豐繕兵固守，餉饋不絕，詔奬之。三年，改滄州。德豐輕財好施，厚享將士。在西邊時，母留京師，妻孥寓長安，貧甚，眞宗憫之，特詔給團練使奉。踰年，進潁州團練使，知貝、瀛二州。五年，卒，年五十五。家無餘財，談者善之。

子惟素，至殿內承制。

德琛以延釗蔭補供奉官，累遷內殿崇班、知夔州。李順之亂，賊酋張餘領衆十萬餘、舟千艘來寇。與順戰龍山，斬首千餘級；又與白繼贇擊賊，斬二萬餘，悉焚其舟。賊剽開州，圍雲安，德琛往援之，又斬百餘級。累詔褒諭。歷西京作坊、左藏二副使。咸平二年，轉崇儀副使、荆湖北路鈐轄。蠻擾澧、鼎境上，德琛戰於北汶，奪耕牛、鎧甲，斬馘以歸。徙峽路鈐轄，未至，復知夔州。景德中，領梧州刺史，復任峽路，再遷莊宅使，又爲并、代鈐轄，知憲州。天禧初，改右監門衞大將軍。

符彥卿字冠侯，陳州宛丘人。父存審，後唐宣武軍節度、蕃漢馬步軍都總管兼中書令。彥卿年十三，能騎射。事莊宗於太原，以謹愿稱，出入臥內，及長，以爲親從指揮使。入汴，遷散員指揮使。郭從謙之亂，莊宗左右皆引去，惟彥卿力戰，射殺十數人，俄矢集乘輿，遂慟哭而去。天成三年，以龍武都虞候、吉州刺史討王都于定州，大破契丹于嘉山。明年克其城，授耀州團練使。改慶州刺史。奉詔築堡方渠北烏崙山口，以招党項。清泰初，改易州，兼領北面騎軍，賜戎服、介冑、戰馬。嘗射獵逐城鹽臺淀，一日射麞、麂、狼、狐、兔四十二，觀者神之。晉天福初，授同州節度。兄彥饒亦鎭滑臺。俄而彥饒叛，彥卿上表待罪，乞歸田里，晉祖釋不問。改左羽林統軍，俄兼領右羽林，改鎭鄜延。

少帝幼與彥卿狎，即位，召還，出鎭河陽三城。遼人南侵，詔彥卿率所部拒戰澶淵。契丹騎兵數萬圍高行周于鐵丘，諸將莫敢當其鋒，彥卿獨引數百騎擊之，遼人遁去，行周得免。又副李守貞〔五〕討平青州楊光遠，移鎭許州，封祁國公。

開運二年，與杜重威、李守貞經略北鄙。契丹主率衆十餘萬圍晉師于陽城，軍中乏水，鑿井輒壞，爭絞泥吮之，人馬多渴死。時晉師居下風，將戰，弓弩莫施。彥卿謂張彥澤、皇甫遇曰：「與其束手就擒，曷若死戰，然未必死。」彥澤等然之。遂潛兵尾其後，順風擊之，契丹大敗，其主乘橐駝以遁，獲其器甲、旗仗數萬以歸。少帝嘉之，改武寧軍節度、同平章事。

爲左右所間，會再出師河朔，彥卿不預，易其行伍，配以羸師數千，戍荊州口。及杜重威以大軍降於滹水，急詔彥卿與高行周領禁兵屯澶淵。會彥澤引遼兵入汴，彥卿與行周遂歸遼。遼主以陽城之敗詰彥卿，彥卿對曰：「臣事晉主，不敢愛死，今日之事，死生唯命。」遼主笑而釋之。

會徐、宋寇盜蠭起，遼主卽遣彥卿歸鎭。行次甬橋，賊魁李仁恕擁衆數萬攻徐州。彥卿領數十騎遽至城下，仁恕遣其徒執彥卿馬，請隨入城。俄頃，彥卿子昭序自城中遣軍校陳守習縋而出，大呼賊中曰：「相公當爲國討賊，何故自入虎口，乃助賊攻城？我雖父子，今爲仇敵，當死戰，城不可入。」賊惶愧羅拜彥卿前，乞免罪，彥卿爲設誓，乃解去。

漢祖入汴，彥卿自徐州來朝，改鎭兗州，加兼侍中。乾祐中，加兼中書令，封魏國公，拜守太保，移鎭青州。及殺楊邠輩，召促赴闕下。

周祖卽位，封淮陽王。劉銖誅，以其京城第宅賜彥卿。及征兗州，彥卿朝行在，獻馬及錦綵、軍糧萬石，連被賜賚。俄移鎭鄆州。會召魏府王殷，欲以彥卿代鎭。俄遼人起兵，留殷控扼，故彥卿不入朝。殷得罪，卽以彥卿爲大名尹、天雄軍節度，進封衞王。

世宗初，并人擾潞州，潞兵敗，命彥卿領兵從磁州固鎭路壓其背。及帝親征，命爲行營一行都部署兼知太原行府事，領步騎二萬進討。

初，彥卿之行也，世宗以并人雖敗，朝廷饋運不繼，未議攻擊，且令觀兵城下，徐圖進取。及周師入境，汾、晉吏民望風款接，皆以久罹虐政，願輸軍須以資兵力，世宗從之。而連下數州，彥卿等皆以芻糧未備，欲旋軍。世宗不之省，乃調山東近郡輓軍食濟之。及世宗至城下，命與郭從義、向訓、白重贊、史彥超率萬騎屯忻口，以拒北援，又下盂縣。遼人駐忻北，遊騎及近郊，史彥超以二千騎當其鋒，左右馳擊，彥超死之；敗遼衆二千餘，遼騎遁走。先鋒爲遼人所掩，重傷數百人，諸將論議矛盾，師故不振。世宗乃班師，數賜彥卿繒綵、鞍勒馬，遣歸本鎭。還京，拜彥卿太傅，改封魏王。恭帝卽位，加守太尉。

太祖卽位，加守太師。建隆四年春，來朝，賜襲衣、玉帶。宴射于金鳳園，太祖七發皆中的，彥卿貢名馬稱賀。

開寶二年六月，移鳳翔節度，被病肩輿赴鎭。至西京，上言疾亟，請就醫洛陽，從之。

假滿百日，猶請其奉，爲御史所劾，下留司御史臺。太祖以姻舊特免推鞫，止罷其節制。八年六月，卒，年七十八。喪事官給。

彥卿將家子，勇略有謀，善用兵。存審之第四子，軍中謂之「符第四」。前後賞賜鉅萬，悉分給帳下，故士卒樂爲效死。遼人自陽城之敗，尤畏彥卿，或馬病不飲齕，必唾而呪曰：「此中豈有符王邪？」晉少主既陷契丹，德光之母問左右曰：「彥卿安在？」或對曰：「聞其已遣歸徐州矣。」德光母曰：「留此人中原，何失策之甚！」其威名如此。

鎭大名餘十年，政委牙校劉思遇。思遇貪黠，怙勢斂貨財，公府之利多入其家，彥卿不之覺。時藩鎭率遣親吏受民租，概量增溢，公取其餘羨，而魏郡尤甚。太祖聞之，遣常參官主其事，由是斛量始平。詔以羨餘粟賜彥卿，以愧其心。

彥卿酷好鷹犬，吏卒有過，求名鷹犬以獻，雖盛怒必貫之。性不飲酒，頗謙恭下士，對賓客終日談笑，不及世務，不伐戰功。居洛陽七八年，每春月，乘小駟從家僮一二遊僧寺名園，優游自適。

周世宗宣懿皇后、太宗懿德皇后，皆彥卿女也。自恭帝及太祖兩朝，賜詔書不名。子昭信、昭愿、昭壽。昭信，天雄軍衙內都指揮使、領賀州刺史。周顯德初，卒，贈檢校太保、閬州防禦使。

昭愿字致恭，謹厚謙約，頗讀書好事。周廣順中，以廕補天雄軍牙職，俄領興州刺史。開寶中，改領恩州。彥卿養疾居洛，入補供奉官。四年，改領羅州刺史。七年，遷西京作坊副使。俄授尙食使，出護陳、許、蔡、潁等州巡兵。從征太原，爲御營四面巡檢使。及攻幽州，命與定國軍節度宋偓率兵萬餘，置砦城南。師還，眞拜蔡州刺史，知幷、澶二州。不踰月，復移幷門鈐副部署。丁內艱，起復，爲本州團練使，連知永興軍、梓滑二州。

咸平初，又爲天雄軍、邢州二鈐轄。三年，以疾求歸京師，詔遣中使、尙醫馳傳診視。既還，帝賜以名方御藥，拜本州防禦使。四年，卒，年五十七。車駕臨哭，贈鎭東軍節度。子承煦，爲左千牛衞將軍。

昭壽，初補供奉官。開寶七年，改西京作坊副使。歷遷六宅副使、領蘭州刺史。雍熙二年冬，命與劉知信護鎭州屯兵。會遣將北征，又與知信爲押隊都監，轉尙食使，眞拜光州刺史。端拱二年，知洪州。淳化四年，改定州。咸平初，遷鳳州團練使、益州鈐轄。

昭壽以貴家子日事遊宴，簡倨自恣，常紗帽素氅衣，偃息後圃，不理戎務，有所裁決，即令家人傳道。多集錦工就廨舍織纖麗綺帛，每有所須，取給於市，餘半歲方給其直，又令部曲私邀取之。廣羅黍稻，未及成熟者亦取之，悉貯寺觀中，久之損敗，卽勒道釋償之。縱其下凌忽軍校。

劍南自李順平後，人心洶洶，知州牛冕緩弛無政，昭壽又不能御軍，人皆怨憤。神衞卒趙延順等八人謀欲害昭壽，未敢發。三年正旦，中使自峨眉山還京，昭壽戒馭吏具鞍馬將送之，延順等悉解廐中馬韁，奔逸庭下，陽逐諠呼，登廳執昭壽殺之，并殺二僕，據甲仗庫，取兵器。都監王澤聞之，急召本軍都虞候王均率兵擒捕。延順左執昭壽首，右操劍，彷徨無所適，卒見均至，卽與衆推均爲帥，合驍猛、威武兵爲亂。牛冕洎轉運使張適奔漢州。是秋，官兵討平之。見雷有終傳。

昭壽子承諒，娶齊王女嘉興縣主，至內殿承制。

論曰：五季之亂，內則權臣擅命，外則藩鎭握兵。宋興，內外廓淸，若天去其疾，或納節以備宿衞，或請老以奉朝請。雖太祖善御，諸臣知機，要亦否極而泰之象也。彥卿一門二后，累朝襲寵，有謀善戰，聲振殊俗，與時進退，其名將之賢者歟？令坤、延釗素與太祖親善，平荆、湘則南服底定，鎭常山則北邊載寧，未嘗恃舊與功以啓嫌隙。創業君臣有過人者，類如是夫。

校勘記

〔一〕南唐東都副留守馮延魯　「馮延魯」原作「馬延魯」，據舊五代史卷一一六世宗紀、通鑑卷二九二、馬令南唐書卷二一本傳改。

〔二〕敗其將馬貴　「馬貴」，舊五代史卷一一六世宗紀、周世宗實錄（輯本）顯德三年四月己卯條都作「馬在貴」。

〔三〕右神武統軍宋延渥　原作「左神武統軍宋延偓」，據本書卷二五五、東都事略卷二一宋偓傳及通鑑卷二九四改。下文「延渥」原作「延偓」，同改。按：宋偓本名延渥，後改名偓。

〔四〕同中書門下二品　「二品」原作「三品」，據長編卷一、東都事略卷二〇本傳改。唐代宰相有稱爲「同中書門下三品」的，唐代宗以後，中書門下長官升爲二品，因此五代、宋初有稱爲「同中書門下二品」的。

〔五〕李守貞　原作「李守眞」，據舊五代史卷八二少帝紀、卷一〇九本傳改。下同。

宋史卷二百五十二

列傳第十一

王景 子廷義　王晏　郭從義 曾孫承祐　李洪信 弟洪義　武行德

楊承信　侯章

王景，萊州掖人，家世力田。景少倜儻，善騎射，不事生業，結里中惡少爲羣盜。梁大將王檀鎭滑臺，以景隸麾下，與後唐莊宗戰河上，檀有功，景嘗左右之。莊宗入汴，景來降，累遷奉聖都虞候。清泰末，從張敬達圍晉陽，會契丹來援，景以所部歸晉祖。

天福初，授相州刺史。范延光據鄴叛，屬郡多爲所脅從，景獨分兵拒守，晉祖嘉之，遷耀州團練使。及代，會晉祖幸鄴，留爲京城巡檢使，改洺州團練使。開運初，授侍衞馬軍左廂都校。二年，契丹南侵，少帝幸澶淵，景與高行周等大破契丹衆于戚城，遷侍衞馬軍都指揮使、領鄭州防禦使，出爲晉州巡檢使、知州事，拜橫海軍節度。契丹至汴，以其黨代景。

景歸次常山，聞契丹主殂欒城，卽間道歸鎭，斬關而入，契丹遁去。漢乾祐初，加同平章事。會契丹饑，幽州民多度關求食，至滄州境者五千餘人，景善懷撫，詔給田處之。

周祖微時與景善，及卽位，加兼侍中。景起身行伍，素無智略，然臨政不尙刻削，民有訟必面詰之，不至大過卽諭而釋去，不爲胥吏所搖，由是部民便之。廣順初入朝，民周環等數百人遮道留之不獲，有截景馬鐙者。俄以景爲護國軍節度，歲餘，遷鎭鳳翔。顯德初，封褒國公，加開府階。世宗卽位，加兼中書令。先是，秦、鳳陷蜀，州旁蕃漢戶詣闕請收復，世宗命景與向拱率兵出大散關進討，連陷砦柵，遂命景爲西面行營都部署，大破蜀軍于上邽，斬首數萬級。是秋，秦州降。逾年，徙景鎭秦州兼西面緣邊都部署。恭帝卽位，進封涼國公。

宋初，加守太保，封太原郡王。建隆二年春來朝，太祖宴賜加等，復以爲鳳翔節度、西面緣邊都部署。四年，卒，年七十五。贈太傅，追封岐王，謚元靖。

初，景之奔晉也，妻坐戮，二子逃獲免。晉祖待之厚，賞賜萬計，嘗問景所欲，對曰：「臣自歸國，受恩隆厚，誠無所欲。」固問之，景稽顙再拜曰：「臣昔爲卒，嘗負胡牀從隊長出入，屢過官妓侯小師家，意甚慕之。今妻被誅，誠得小師爲妻足矣。」晉祖大笑，卽以小師賜崇。景甚寵嬖之，後累封楚國夫人。侯氏嘗盜景金數百兩，私遺舊人，景知而不責。

性謙退，折節下士，每朝廷使至，雖卑位必降階送迎，周旋盡禮。左右或曰：「王位尊崇，無自謙抑。」景曰：「人臣重君命，固當如是，我惟恐不謹耳。」初封郡王，朝廷以吏部尚書張昭將命，景尤加禮重，以萬餘緡遺昭。左右或言其過厚，景曰：「我在行伍間，即聞張尚書名，今使於我，是朝廷厚我也，豈可以往例爲限耶？」

景子廷義、廷睿、廷訓。廷訓至驍衞大將軍致仕。

廷義起家供奉官，改如京副使，以善騎射，周世宗擢爲虎捷都虞候，遷龍捷右第二軍都校、領珍州刺史。宋初，改內外馬步軍副都軍頭。乾德四年，與韓重贇率師護治滑州靈河新堤。六年，增治京城，又命廷義董其役。開寶二年，加領横州團練使，從征太原。廷義性勇敢，親鼓士乘城，獨免胄，矢中其腦而顚，經宿卒，年四十七。太祖甚惜之，優詔贈建雄軍節度。廷義性驕傲，好夸誕，每言：「我當代王景之子。」聞者咸笑之，因目爲「王當代」。

王晏，徐州滕人，家世力田。晏少壯勇無賴，嘗率羣寇行攻劫。梁末，徐方大亂，屬邑皆爲他盜所剽，惟晏鄉里恃晏獲全。

後唐同光中，應募隸禁軍，累遷奉國小校。

晉開運末，與本軍都校趙暉、忠衞都校侯章等戍陝州。會契丹至汴，遣其將劉愿據陝，恣行暴虐，晏與暉等謀曰：「今契丹南侵，天下洶洶，英雄豪傑固當乘時自奮。且聞太原劉公威德遠被，人心歸服，若殺愿送款河東，爲天下唱首，則取富貴如反掌耳。」暉等然之。晏乃率敢死士數人夜踰城，入府署，劫庫兵給其徒，遲明，斬愿首縣府門外。衆請暉爲帥，章爲本城副指揮使、內外巡檢使兼都虞候；遣其子漢倫奉表晉陽。時漢祖雖建號，威聲未振，得晏等來歸，甚喜，卽日以暉爲保平軍節度，章爲鎭國軍節度，晏爲絳州防禦使，仍領舊職。旣而暉等表晏始謀功爲第一，遷建雄軍節度。漢祖入汴，加同平章事。

周祖卽位，加兼侍中。廣順元年，劉崇侵晉州，晏閉關不出，設伏城上。幷人以爲怯，競攀堞而登，晏麾伏兵擊之，顚死者甚衆，遂焚橋遁。遣漢倫追北數十里，斬首百餘級，擢漢倫濱州刺史。八月來朝，周祖以晏家彭城，授武寧軍節度，俾榮其鄉里。三年，周祖征兗州，次張康鎭，晏來朝，獻馬七匹，賜襲衣、金帶。親郊畢，封滕國公，加開府階。世宗卽位，加兼中書令。

初，晏至鎭，悉召故時同爲盜者遺以金帛，從容置酒語之曰：「吾鄉素多盜，我與諸君昔嘗爲之。後來者固當出諸君之下，爲我告諭，令不復爲，若不能改，吾必盡滅其族。」由是境內安靜，吏民詣闕舉留，請爲晏立衣錦碑。世宗初，復請立德政碑。世宗命比部郎中、知制誥張正撰文賜之，詔改其鄉里爲使相鄉勳德里，私門立戟。未幾，改河南尹、西京留守。顯德三年，移鳳翔節度。六年，從世宗北征，爲益津關一路馬軍都部署，韓令坤副焉，遂平三關。

太祖卽位，進封趙國公。從征李筠，師還，改安遠軍節度。乾德元年，進封韓國公，上章請老，拜太子太師致仕。每朝會，令綴中書門下班。俄歸洛陽別墅。四年冬，卒，年七十七。廢朝三日，贈中書令。

初，晏爲軍校，與平陸人王興善，其妻亦相爲娣姒。晏既貴，乃薄興，興不能平。晏妻病，興語人曰：「吾能治之。」晏遽訪興，興曰：「我非能醫，但以公在陝時止一妻，今妓妾甚衆，得非待糟糠之薄，致夫人怏怏成疾耶？若能斥去女侍，夫人之疾可立愈。」晏以爲謗己，乃誣以他事，悉案誅其夫妻。

守西洛日，白重贊鎭河陽，時世宗征淮南，重贊慮并人乘間爲寇，因葺城壘，且約晏爲援。晏意欲兼有三城，卽與漢倫同率兵赴之。重贊聞其來，拒不納，遣人語之曰：「公在陝州已立大功，河陽小城不煩枉駕。」慙不能對，遂引兵還。

郭從義，其先沙陀部人。父紹古，事後唐武皇忠謹，特見信任，賜姓李氏。紹古卒，從義纔丱角，莊宗畜於宮中，與諸子齒。明宗與紹古同事武皇，情好款狎，卽位，以從義補內職，累遷內園使。

晉天福初，始復姓郭氏。坐事出爲宿州團練副使。丁內艱北歸，遂家太原。漢祖在鎭，表爲馬步軍都虞候，屢率師破契丹于代北。及建大號，從義首贊其謀，擢鄭州防禦使，充東南道行營都虞候，領首軍自太行路渡河。

漢祖入汴，以爲河北都巡檢使。杜重威據大名叛，以爲行營諸軍都虞候，重威降，爲鎭寧軍節度。趙思綰之叛，爲行營都部署，賜戎裝、器仗、金帶。師至永興，圍其城，卽以從義爲永興軍節度。思綰糧盡，城中人相食，從義繫書矢上射入城中，說思綰令降，仍表於朝廷，許以華州節制。隱帝從其計，卽遣使諭思綰，思綰開門納款。翌日，從義具軍容入城，憩候館中，思綰入謁，卽令武士執之，并其黨三百餘人悉斬於市，以功加同平章事。

周廣順初，加兼侍中，移鎭許州。顯德初，親郊，加檢校太師。世宗將征劉崇，從義適來朝，因請扈從，世宗甚悅，改天平軍節度，卽令從符彥卿破契丹于忻口。師還，以功加兼中書令。四年，從征淮南，移鎭徐州。及世宗自迎鑾至泗州，見於行在。恭帝卽位，加開府階。

宋初，加守中書令。太祖征揚州，從義迎謁於路，願扈從，不允。乾德二年，又爲河中尹、護國軍節度。六年，以疾歸京師。開寶二年，改左金吾衞上將軍。逾年，上章請老，拜太子太師致仕。四年，卒，年六十三，贈中書令。

從義性重厚，有謀略，多技藝，尤善飛白書。初，思綰之叛也，巡檢使喬守溫遁去，姬妾悉入思綰，思綰敗，從義盡取之。守溫詣從義求其愛妾，雖不敢拒，而心銜焉，遂發守溫逃遁事，坐棄市，人皆寃之。從義善擊毬，嘗侍太祖於便殿，命擊之。從義易衣跨驢，馳驟殿庭，周旋擊拂，曲盡其妙。既罷，上賜坐，謂之曰：「卿技固精矣，然非將相所爲。」從義大慙。

子守忠、守信。守忠至閑廐副使。守信字寶臣，頗知書，與士大夫游，至東上閤門使、知邢州，卒。子世隆爲比部員外郎。世隆子昭祐、承祐。昭祐爲閤門祗候。

承祐字天錫，娶舒王元偁女，授西頭供奉官。仁宗爲皇太子，承祐補左淸道率府率、春坊左謁者，眞宗爲玉石小牌二，勒銘以戒飭之。帝卽位，遷西染院副使兼閤道通事舍人、勾當翰林司，遷西上閤門副使。坐盜御酒及用尙方金器除名，岳州編管，徙許州別駕。起爲率府率，遷西京作坊使、勾當右騏驥院。院之大校試路馬者，前鳴鞭擁御蓋，承祐代試之，其狂僭如此。進六宅使、象州團練使。

承祐性狡獪，緣東宮恩，又憑藉王邸親，既廢復用，乃僭言事，或指切人過失，同列謂之「武諫官」。眞授衞州刺史、知相州，入爲羣牧副使，改濰州團練使，歷知曹、鄭、澶、鄆、貝州。徙澶州兵馬總管，役卒有異謀者，廉得不待奏，捕斬之。再知澶州，會中使過，遽延入問管軍闕補何人，使者曰：「聞朝廷方擇才武者。」承祐起挽強自衒，左右皆笑。

入爲龍、神衞四廂都指揮使。以父喪，起復眞定府、定州等路副都總管。諫官歐陽脩、余靖論其非才，改知相州，尋徙大名府副都總管。樞密使杜衍惡承祐驕恣，奏罷軍權，爲相州觀察使、永興軍副都總管，改知邢州，徙河陽兵馬總管。衍去位，復進爲殿前都虞候、并代州副都總管兼知代州，徙邢州。諫官錢明逸言承祐無廉守，邢民素厭苦之，改相州，徙秦鳳路副總管。累遷建武軍節度使、殿前副都指揮使。

尋以宣徽南院使判應天府，府壁壘不完，盜至卒無以禦，承祐始城南關，浚沙、濉、盟三河。徙亳州。諫官言承祐在應天府給糧不以次，且擅留糧綱，批宣頭，不發戍還兵，越法杖配輕罪，借用翰林器，出入擁旗槍，以禁兵擬周衞，體涉狂僭，無人臣禮。罷宣徽南院使，許州都總管〔一〕，徙節保靜軍、知許州。

轉運使蘇舜元薦承祐有將帥才，政事如龔、黃。帝謂輔臣曰：「彼庸人，監司乃龔、黃比之，何所取信哉。」改知鄭州，未行，暴疾卒。贈太尉，謚曰密。承祐所至，多興作爲煩擾，百姓苦之。

李洪信，并州晉陽人，漢昭聖太后弟也。后弟六人，洪信居長，少善騎射。後唐明宗在藩時，隸帳下，及卽位，愛將朱弘實總領捧聖軍，弘實擢洪信爲爪牙，漸遷小校。應順中，潞王擧兵，少帝殺弘實而東奔，捧聖軍數百騎從行，洪信預焉。及次衞州，少帝與晉高祖遇，因有疑貳，謀害晉祖，其從兵皆亂。時漢祖方護晉祖，洪信以兵應之，獲免。淸泰中，又爲雍王重美牙校。

晉初，爲興順左廂都指揮使。漢祖統禁軍，遷鎭太原，奏隸麾下。漢祖領陳州刺史、左護聖左廂都指揮使〔二〕，俄加岳州防禦使。從漢祖降鄴，以警扈之勞，授侍衞馬軍都指揮使、領武信軍節度。

乾祐中，以羣小用事，心懷憂懼，白太后求解軍職，出爲鎭寧軍節度。歲餘，遷保義軍節度。初，楊邠以元從功臣爲方鎭者不諳政務，令三司擇軍將分補諸鎭都押牙、孔目官，或恃以朝選，藩帥難制。洪信聞內難，卽召馬步軍都校聶召，奉國軍校楊德、王建、黃全武、楊進、翟本，右牙都校任温、武德，護聖都校康審澄及判官路濤、掌書記張洞、都押牙楊昭勍、孔目官魏守恭，悉殺之，誣奏謀逆。

周廣順初，加同平章事。洪信常以此妄殺自歉，及革命，內不自安。周祖猶以漢太后之故，移鎮京兆。本城兵不滿千，王峻西征至陝州，以援晉州爲辭，又取去數百人。及劉崇北遁，遣禁兵千餘屯京兆，洪信益懼，卽請入朝，懇辭藩鎮，拜左武衞上將軍。世宗卽位，遷左驍衞上將軍。顯德五年，改右龍武軍統軍，從世宗北征，爲合流口部署。

乾德五年，改左驍衞上將軍。開寶五年請老，以本官致仕。八年，卒，年七十四。

洪信無他才術，徒以外戚致位將相。斂財累鉅萬，而吝嗇尤甚。時節鎮皆廣置帳下親兵，惟洪信最寡少。弟洪義。

洪義本名洪威，避周祖名改焉。漢祖鎮太原，補親校。開國，授護聖左廂都校、領岳州防禦使，遷侍衞馬軍都指揮使、領武信軍節度。

少帝卽位，改鎮寧軍節度。會誅楊邠、史弘肇等，時侍衞步軍都指揮使王殷屯澶州，卽遣供奉官孟業齎密詔令洪義殺之，又令護聖都指揮使郭崇等害周祖於鄴。洪義素怯懦，慮殷覺，遷延不敢發，遽引業見殷，殷乃錮業，送密詔於周祖。洎周祖起兵，少帝又詔洪義扼河橋，及周祖兵至，洪義就降。漢室之亡，由洪義也。

廣順〔三〕初，權知宋州節度，未幾，眞拜歸德軍節度，加同平章事，權知許州。歲餘，改鎭安州。顯德初，加檢校太師。世宗卽位，加兼侍中，未幾，徙青州。六年夏，遷京兆尹、永興軍節度。恭帝嗣位，加開府階。

宋初，加兼中書令，移鄜州。乾德五年，代歸。卒年五十九，贈太師。

武行德，并州榆次人，身長九尺餘，材貌奇偉，家甚貧，常採樵鬻之自給。晉祖鎭并門，暇日，從禽郊外，值行德負薪趨拱於道左，晉祖見其魁岸，又所負薪異常，令力士更舉之，俱不能舉，頗奇之，因留帳下。

晉天福初，授奉國都頭，遷指揮使，改控鶴指揮使、寧國軍都虞候。開運中，契丹至汴，行德被獲，乃僞請於契丹以自效。契丹信之，方具舟數十艘載鎧甲，令行德率將校軍卒送歸其國。泝汴至河陰，行德謂諸將曰：「我輩受國厚恩，而受制於契丹，與其離鄉井、投邊塞，爲異域之鬼，曷若與諸君驅逐兇黨，共守河陽，姑俟契丹兵退，視天命所屬歸之，建功業，定禍亂，以圖富貴可乎？」衆素服行德威名，皆曰：「所向惟命，不敢愛死。」行德卽殺契丹監使，分授器甲，由汜水倍道抵河陽。契丹節度使崔廷勳出兵來拒，行德麾衆逆擊，自旦及午殊死戰，廷勳大敗，棄城走。行德遂據河陽，盡以府庫分給將士，因推行德知州事。時契丹兵尙充斥，行德厲士卒，繕甲兵，據上游，士氣益奮，人望歸之。

聞漢祖起太原，即自稱河陽都部署，遣其弟行友間道奉表勸進，漢祖覽奏喜甚，即授行德河陽三城節度。漢祖由晉、絳至洛，行德迎候境上，以所部兵翼至京師，還河陽。

乾祐中，加同平章事，移眞定尹、成德軍節度。廣順初，加兼侍中，俄改忠武軍節度，遷河南尹、西京留守。時禁鹽入城，犯者法至死，告者給厚賞。洛陽民家嫗將入城鬻蔬，俄有僧從嫗買蔬，就筥翻視，密置鹽筥中，少答其直，不買而去。嫗持入城，抱關者搜得鹽，擒以詣府。行德見鹽襆非村嫗所有，疑而詰之，嫗言：「適有僧自城外買蔬，取視久之而去。」即捕僧訊治之，具伏與關吏同誣嫗以希賞。行德釋嫗，斬僧及抱關吏數輩。人畏之若神明，部下凜然。三年，丁外艱，起復。

顯德初，加開府階，進封譙國公。世宗即位，兼中書令。初，世宗自河東還，次河陽，以洛陽城頭缺，令葺之。行德率部民萬餘完其城，封邢國公。是秋，代王晏爲武寧軍節度，與晏兩換其任。先是，唐末楊氏據淮甸，自甬橋東南決汴，匯爲汙澤。二年，將議南征，遣行德率所部丁壯於古堤疏導之，東達于泗上。及親征，以行德爲濠州行營都部署，破淮軍二千餘人於郡境。俄遣率師屯定遠以逼其城，爲吳人所敗，死者數百人，行德以身免，左授右衞上將軍。五年，下淮南，復授行德保大軍節度兼中書令。恭帝嗣位，進封宋國公。

宋初，加中書令，進封韓國公，再授忠武軍節度，改封魏國公。乾德二年冬，移鎮安州，加開府儀同三司。開寶二年，入爲太子太傅。太平興國三年，以本官致仕。四年，卒，年七十二，贈太師。

楊承信，字守眞，其先沙陀部人。父光遠，仕晉至太師、壽王。承信，光遠第二子〔四〕，幼以父任，自義武軍節院使領蘭州刺史，歷宣武、平盧二軍牙校。

開運初，光遠以青州叛，少帝遣李守貞等討之，食盡勢窮，承信兄承勳劫其父以降，青州平，光遠死。承信與弟承祚詣闕請死，詔釋之，以承信爲右羽林將軍，承祚爲右驍衞將軍，放歸，服喪私第，尋安置鄭州。初，光遠送款契丹求援，兵未至而光遠降。及契丹來寇，承勳時爲鄭州防禦使，召數其罪殺之。以承信爲平盧軍節度，繼父職。仕漢歷安、鄜二州節度，累加檢校太師。

周廣順初，加同平章事。諸將西討劉崇，承信表求預行。以郊祀恩加開府階，封杞國公。世宗卽位，進韓國公。顯德初，征淮南，爲濠州攻城副都部署，改壽州北砦都部署兼知行府事。壽州平，累戰功，擢忠正軍節度、同平章事。時徙州治下蔡，承信旣增廣其城，又遣監軍薛友柔敗淮人六百餘于廬州北。恭帝卽位，進封魯國公。宋初，加兼侍中，來朝，會征李筠，命爲澤州西面都部署，筠平，移鎭河中。乾德元年，進封趙國公。二年，卒，年四十四，贈中書令。

承信身長八尺，美儀表，善持論，且多藝能，雖叛臣之子，然累歷藩鎭，刻勵爲政而不苛，故能始終富貴。其卒也，蒲民表乞祠之，則其遺愛之在人者可知矣。景德四年，錄其孫松爲奉職。

侯章，并州榆次人。初在并門事後唐莊宗爲隊長，明宗朝遷小校。晉開運末，爲忠衞指揮使，屯兵陝州，爲內外馬步軍都指揮使兼三城巡檢使。會契丹入中原，與趙暉、王晏謀斬契丹將劉愿，送款於漢祖。漢祖入汴，擢爲鎭國軍節度。乾祐初，加同平章事，尋移鎭邠州。章居鎭無善政，傲上剝下，以貪猥聞，用見戶爲逃，擅其租賦，乃矯奏貧民數千戶負稅租，久禁繫不能輸，願以己奉代。時方姑息，詔褒之。副使趙彥鐸有良馬，章欲之不與，誣彥鐸謀逆，殺之，亦置而不問。俄加檢校太師。

周初，加兼侍中。廣順二年入朝，獻銀帛，請開宴，周祖謂左右曰：「諸侯來朝，天子自當錫宴，以申愷樂，豈俟其貢奉爲之耶？」命復賜之。仍令有司自今藩鎭有進奉者勿受。俄賜宴廣政殿，章又獻銀千兩、馬七匹上壽，復不納。三年，授鄧州節度。周祖親郊，加開府階，封中國公。世宗卽位，加兼中書令。世宗親征壽陽，命章爲攻城水砦都部署，右衞大將軍王璨副之。俄徙西北水砦都部署，再爲武勝軍節度。

建隆元年八月，授太子太師，封楚國公。旣罷節鎭，居常怏怏。一日於朝堂與故舊言晉、漢間事，時有輕忽章者，章厲聲曰：「當遼主疾作謀歸，有上書請避暑嵩山者，我粗人，以戰鬥取富貴，若此諛佞，未嘗爲之。」坐中有慚者。乾德五年卒。

論曰：王景輩微時，或至爲盜、負薪，遭五代之亂，奮身戎功，重據邊要。宋興，稽顙北嚮，太祖待以誠信，宜無不自安者。景趨利改圖，乃至滅族。王晏、郭從義遷怒肆忿，誣人以死。侯章在藩邸有剝下之名，李洪義狃於肺腑之戚，而無外禀之志，咎孰甚焉。斯皆亂世之習，有不能盡去之者。武行德守洛邑，辯究欺罔，民用畏服，顧不優於諸人耶？

校勘記

〔一〕許州都總管　按宋會要職官六五之七和長編卷一六八、一六九，郭承祐於皇祐二年六月落宣徽南院使、知亳州，八月再降爲許州兵馬總管。此處「許州」上當有「爲」字。

〔二〕漢祖領陳州刺史左護聖左廂都指揮使　按舊五代史卷八〇、九九、一〇〇，漢祖劉知遠於晉天福六年七月爲太原尹；天福十二年二月卽皇帝位，三月以北京興捷左廂都指揮使李洪信爲陳州刺史、檢校司徒，十一月鄴杜重威降，十二月以護聖左廂都指揮使、岳州防禦使李洪信爲遂州節度使充侍衞步軍都指揮使。遂州，後梁爲武信軍節度。據此，此處「漢祖」下當有脫文，「左護聖」之「左」字疑衍。

〔三〕廣順　原作「廣聖」，後周的年號是「廣順」，不是「廣聖」；舊五代史卷一一〇周太祖紀，此事正繫於廣順元年，據改。

〔四〕承信光遠第二子　「二」原作「三」。按舊五代史卷九七、新五代史卷五一楊光遠傳都說承信是光遠次子；本傳也說承信有兄承勳、弟承祚，和五代史合。據改。

宋史卷二百五十三

列傳第十二

折德扆 子御勳 御卿 曾孫克行〔一〕 馮繼業 王承美 李繼周 孫行友 子全照

折德扆，世居雲中，爲大族。父從阮，自晉、漢以來，獨據府州，控扼西北，中國賴之。仕周至靜難軍節度使。其鎭府州時，署德扆爲馬步軍都校。廣順間，周世宗建府州爲永安軍，以德扆爲節度使〔二〕。時從阮鎭邠寧，父子俱領節鎭，時人榮之。

顯德中，德扆率師攻下河市鎭，斬幷軍五百餘級。入朝，以其弟德愿權總州事。時世宗南征，還次通許橋，德扆迎謁，且請遷內地。世宗以其素得蕃情，不許，厚加賜賚而遣之。德扆未至，德愿又破幷軍五百餘于沙谷砦，斬其將郝章、張釗。

宋初，德扆又破河東沙谷砦，斬首五百級。建隆二年來朝，待遇有加，遣歸鎭。

乾德元年，敗太原軍于城下，擒其將楊璘。二年，卒，年四十八，贈侍中。子御勳、御卿。

御勳字世隆，德扆鎭府州日，表爲右職。德扆卒，以御勳領汾州團練使、權知府州事。開寶二年，太祖征太原，御勳詣行在謁見，以爲永安軍留後。四年，以郊祀來朝，禮畢歸鎭。九年，郊祀西洛，復來朝，道病後期，改泰寧軍節度使，留京師。太平興國二年，卒，年四十，贈侍中。

御卿，幼補節院使，御勳知州事，署爲兵馬都校。御勳徙鎭，召爲閑廐副使、知府州。太宗征河東，命御卿與尹憲領屯兵同攻嵐州，又破岢嵐軍，擒其軍使折令圖以獻，遂下嵐州，又殺其憲州刺史霍翊，又擒其將馬延忠等七人。遷崇儀使。

淳化三年，凡四遷而爲府州觀察使。五年，拜永安軍節度使。既而契丹衆萬餘入寇，御卿大敗之於子河汊，斬首五千級，獲馬千匹，契丹將號突厥太尉、司徒、舍利死者二十餘人，擒其吐渾一人〔三〕，自是契丹知所畏。太宗因遣使問御卿曰：「西北要害皆屯勁兵，戎人何自而至？」御卿對曰：「敵緣山峽小徑入，謀剽略。臣諜知之，遣人邀其歸路，因縱兵大擊，敗走之，人馬墜厓谷死者相枕，其大將韓德威僅以身免。皆聖靈所及，非臣之功也。」上嘉之。

歲餘，御卿被病，德威諜知之，且爲李繼遷所誘，率衆來侵，以報子河汊之役。御卿力疾出戰，德威聞其至，不敢進。會疾甚，其母密遣人召歸，御卿曰：「世受國恩，邊寇未滅，御卿罪也。今臨敵棄士卒自便，不可，死於軍中乃其分也。爲白太夫人，無念我，忠孝豈兩全！」言訖泣下。翌日卒，年三十八。上聞悼惜久之，贈侍中，以其子惟正爲洛苑使、知州事。

惟正歸朝，以其弟惟昌繼之。

咸平二年，河西黃女族長蒙異保及惟昌所部啜訛引趙保吉之衆入寇麟州萬戶谷，進至松花砦，惟昌與從叔同巡檢使海超、弟供奉官惟信率兵赴戰。會保吉兵衆，官軍不敵，惟昌臂中流矢墜馬，攝弓起，得裨將馬突圍出，海超、惟信沒焉。九月，保吉黨萬私保移埋復來寇，惟昌與宋思恭、劉文質合戰于埋井峯〔四〕，敗走之。又破言泥族拔黃砦，焚其器甲、車帳，俘斬甚衆。以功領富州刺史，改文思使。景德元年，與王萬海等破賊砦，護芻糧抵麟州。秋，入朔州界，破狼水砦，時契丹方圍岢嵐軍，聞敗遁去。明年，拜興州刺史。大中祥符二年，表求赴闕。眞宗命近臣與射於苑中，宴賜甚厚。上言：「先臣御卿蒙賜旗三十竿以壯軍容，請別給賜。」許之。七年，命河東民運糧赴麟州，當出兵爲援，惟昌力疾領步騎屯寧遠砦，冒風沙而行。時疾已亟，猶與賓佐宴飲，談笑自若焉。明日卒，年三十七。以其弟惟忠繼之。

惟忠字蓋臣，初以兄惟信戰沒，補西頭供奉官，擢閤門祗候。及惟昌卒，以惟忠爲六宅使、知府州兼麟府路都巡檢使，領普州刺史；再遷左藏庫使，眞拜嘉州刺史，改資州，進簡州團練使。喪母，起復雲麾將軍卒。

惟忠知兵事。天聖中，契丹與夏國會兵境上，聲言嫁娶，惟忠覘得其實，率麾下往備之，戒士卒毋輕動。一夕風霾，有騎走營中，以爲寇至，惟忠堅臥不動，徐命擒之，得數誕馬，蓋虜所縱也。旣卒，錄其弟姪子孫七人，以其子繼宣嗣州事。久之，特贈惟忠耀州觀察使。

寶元中，繼宣坐苛虐掊刻，種落嗟怨，絀爲左監門衞將軍、楚州都監，擢其弟右侍禁繼閔爲西京作坊使，嗣州事。

繼閔字廣孝。慶曆中，元昊兵攻麟州不克，進圍州城。城險且堅，東南有水門，厓壁峭絕，阻河。賊緣厓腹微徑魚貫而前，城中矢石亂下，賊轉攻城北，士卒復力戰，賊死傷甚衆，遂引去，圍豐州，豐州遂陷。繼閔以城守勞，特遷宮苑使、普州刺史。未幾，護送麟州戍卒冬服，賊伏兵邀擊之，盡掠所齎，繼閔脫身繇間道歸。會赦，止奪宮苑使，後復官，領果州團練使。自元昊反，繼閔招輯歸業者三千餘戶。皇祐二年，卒，以其弟繼祖嗣州事。

繼祖字應之，由右侍禁遷西染院使，累轉皇城使、成州團練使。臨政二十餘年。奏乞書籍，仁宗賜以九經。韓絳發河東兵城囉兀，繼祖爲先鋒，深入敵帳，降部落戶八百。加解州防禦使卒。繼祖有子當襲州事，請以授兄之子克柔，詔從之，而進其三子官，錄二孫爲借職。

弟繼世，少從軍，爲延州東路巡檢。嵬名山之內附，繼世先知之，遣其子克懃報种諤，諤用是取綏州。繼世以騎步萬軍于懷寧砦，入晉祠谷，往銀川，分名山之衆萬五千戶居於大理河。夏人來攻，再戰皆捷。諤抵罪逮繫獄，以兵付之而行，遂同名山守綏州，錄功領忠州刺史。說韓絳城囉兀以撫橫山，因畫取河南之策，絳以爲然。以左騏驥使、果州團練使卒。諸司使無賻禮，詔以繼世蕃官，捍邊有績，特給之。從子克行。

克行字遵道，繼閔子也。初仕軍府，無所知名。夏人寇環慶，种諤拒之，詔河東出師爲援，克行請往。諤使以兵三千護餉道，戰于葭蘆川，先登，斬級四百，降戶千，馬畜萬計。諸老將矍然曰：「眞折太尉子也。」擢知府州。

秦兵討夏國，張世矩將河外軍民，克行與俱。廷議謂守臣難自行，詔克行選兵隸世矩。克行抗章願率部落先驅，未報，卽委管鑰而西。大酋咩保吳良以萬騎來躡，克行爲後拒，度賊半度隘，縱擊大破之，殺咩保吳良。師還自劾，釋不問。王中正出塞，克行先拔宥州，每出必勝，夏人畏之，益左廂兵，專以當折氏。

太原孫覽議城葭蘆，諸將論多不合，召克行問策，卽頓兵吐渾河，約勒部伍，爲深入窮討之狀，敵疑不敢動。旣訖役，又入津慶、龍橫川，斬級三千。

詔河東進築八砦，通道鄜延。延帥遣秦希甫來共議，克行請兩路併力，以遠者爲先。希甫曰：「由近及遠，法也。」克行曰：「不然，事有奇正。今乘士氣之銳，所利在速，故先遠役，以出其不意，若徐圖之，士心且怠矣。」希甫持不可，并上二議，卒用克行策。城成，諜言寇至，軍中皆戒嚴，克行止之曰：「彼自擾耳。」已而果然。

克行在邊三十年，善拊士卒，戰功最多，羌人呼爲「折家父」。官至秦州觀察使，卒，贈武安軍節度使。子可大爲榮州團練使、知府州。從子可適。

可適未冠有勇，馳射不習而能。鄜延郭逵〔五〕見之，歎曰：「眞將種也。」薦試廷中，補殿侍，隸延州。從种諤出塞，遇敵馬以少年易之，可適索與鬥，斬其首，取馬而還，益知名。米脂之役，與夏人戰三角嶺，得級多，又敗之於蒲桃谷東。兵久不得食，千人成聚，籍籍于軍門，或欲掩殺以爲功，可適曰：「此以饑而逃耳，非叛也。」單馬出詰之曰：「爾輩何至是，不爲父母妻子念而甘心爲異域鬼耶？」皆回面聲喏，流涕謝再生，各遣歸。

羌、夏人十萬入寇，可適先得其守烽卒姓名，詐爲首領行視，呼出盡斬之，烽不傳，因卷甲疾趨，大破之于尾丁磑。回次𢇲楊溝，正午駐營，分騎據西山，曰：「彼若躡吾後，腹背受敵，必敗。」果舉軍來，可適所部纔八千，轉戰至高嶺，迺從間道趣洪德，設伏邀其歸路。敵至，伏發衝之，其國母踰山而遁，焚棄輜重，雖帷帳首飾之屬亦不返，衆相蹈藉，赴厓澗死者如積。論前後功，至皇城使、成州團練使、知岷蘭州鎮戎軍。

渭帥章楶合熙、秦、慶三道兵築好水川，命總管王文振統之，而可適將軍爲副。熙州兵千人失道盡死，文振歸罪於可適，楶即下之吏，宰相章惇欲按軍法，哲宗不許，猶削十三官而罷。楶請留以責效，乃以權第十二將〔六〕。

嵬名阿埋、昧勒都逋，皆夏人桀黠用事者，詔可適密圖之。會二酋以畜牧爲名會境上，可適諜知之，遣兵夜往襲，并俘其族屬三千人，遂取天都山。帝爲御文德殿受賀，以其地爲西安州，遷可適東上閤門使、洛州防禦使、涇原鈐轄、知州事，眞拜和州防禦使，進明州觀察使，爲副都總管。

帥鍾傳行邊，爲敵所隔，以輕騎拔之，得歸。傳議取靈武，環慶亦請出師，命可適將萬騎往，即薄靈州川。夏人扶老挾稚，中夜入州城，明日俘獲甚夥，而慶兵不至，乃引還。詔使入覲，帝以傳策訪焉，對曰：「得之易，守之難，當先侵弱其地，待吾藩籬旣固，然後可圖。」帝曰：「卿言是也。」進武安軍節度觀察留後、步軍都虞候。

大城蕭關，與傳議齟齬，會覆師數百于踏口，傳劾之，貶鄭州觀察使。俄知衞州，拜淮康軍節度使。轉運使請於平夏、通峽、鎭戎、西安四砦分築場圃，置芻粟五百萬，可適以費大難之，又欲借車牛以運，及致十萬斛於熙河，皆戾其意，乃中以疑謗，召爲佑神觀使。明年，復以爲渭州，命其子彥質直祕閣參軍事，數月而卒，年六十一。彥質，紹興中簽書樞密院，別有傳。

馮繼業字嗣宗，大名人。父暉，朔方節度，封衞王。繼業幼敏慧，有度量，以父任補朔方軍節院使，隨父歷邠、孟，及再領朔方，皆補牙職。周廣順初，暉疾，繼業圖殺其兄繼勳。暉卒，遂代其父爲朔方軍留後。以郊祀恩，加靈州大都督府長史，遷朔方節度、靈環觀察、處置、度支、温池榷稅等使。

恭帝時，繼業既殺兄代父領鎭，頗驕恣，時出兵劫略羌夷，羌夷不附，又撫士卒少恩，繼業慮其爲變，以太祖居鎭日嘗得給事，乃豫徙其孥闕下。

建隆初，來朝，連以駝馬、寶器爲獻。開寶二年，賜詔獎諭，拜靜難軍節度使。三年，改鎭定國軍，吏民立碑頌其遺愛。太平興國初來朝，封梁國公，留京師。明年，卒，年五十一，贈侍中。

王承美，豐州人，本河西藏才族都首領。其父事契丹，爲左千牛衞將軍，開寶二年率衆來歸。承美授豐州牙內指揮使，父卒，改天德軍蕃漢都指揮使、知州事，移豐州刺史。遣軍校詣闕言，願誘退渾、突厥內附，上嘉其意。

太平興國七年，與契丹戰，斬獲以萬計，禽其天德軍節度使韋太以獻。明年，契丹來寇，又擊敗其衆萬餘，追北至青冢百餘里，斬獲益衆。以功授本州團練使。以乞黨族次首領弗香克浪買爲歸德郎將〔七〕，沒細大首領越移爲懷化大將軍，瓦窰爲歸德大將軍。淳化二年冬來朝，令歸所部，控子河汊。自是諸蕃歲修貢禮，頗效忠順。

景德初來朝，以其守邊歲久，遷本州防禦使以還。自承美內屬，給奉同蕃官例，至是，特詔月增五萬。尋請於州城置孔子廟，詔可之。未幾被疾，遣中使挾醫視之。大中祥符五年，卒，贈恩州觀察使。六年，錄其子文寶、孫懷筠〔八〕以官。

初，承美養其長孫文玉爲子，奏署殿直，及卒，其本族首領上言文玉曉達軍政，請令襲承美任。下蕃漢議，議同，以爲侍禁、知州事。文玉父文恭時爲侍禁，在沂州，表訴其事，詔改文恭爲供奉官。九年，承美葬，詔以縉帛、米麴、羊酒賜其家。

李繼周，延州金明人。祖計都，父孝順，皆爲金明鎭使，繼周嗣掌本族。太平興國三年，東山蕃落集衆寇清化砦，繼周率衆敗之，殺三千餘人，補殿前承旨。雍熙中，又與侯延廣敗末藏、末腋等族於渾州西山。淳化四年，遷殿直，賜介胄、戎器、茶綵。明年，討李繼遷，命開治塞門、鵶兒兩路，又招降族帳首領二十餘人，率所部入夏州，敗蕃兵數千於石堡砦。以功轉供奉官，復加恩賞，仍賜官第。

繼周以阿都關、塞門、盧關等砦最居邊要，遂規修築砦城。有磨盧家、媚咩、拽藏等族居近盧關，未嘗內順。繼周夜率所部往襲，焚之，斬首俘獲甚衆。至道二年，授西京作坊副使，賜袍帶、銀綵、雕戈以寵之。大軍討西夏，命爲延州路踏白先鋒。會繼遷邀戰於路，繼周戰卻之。咸平初，改西京左藏庫副使。三年，復爲先鋒，入賊境，焚積聚，殺人畜，獲器甲凡六十餘萬。授供備庫使，領金明縣兵馬都監、新砦解家河盧關路都巡檢。五年，授西京作坊使。蕃騎入鈔，繼周逐之出境。景德元年，夏人圍麟州，繼周受詔率兵會李繼福掩擊之。加領誠州刺史。

大中祥符二年，卒，年六十七。詔邊臣擇其子可襲職者以名聞，邊臣言其子殿直士彬遜愞，從子士用朴忠練邊事，且爲部落所伏。乃詔士彬管勾部族事，士用爲巡檢都監以左右之。

士彬後至供備庫副使、金明縣都監、新砦解家河盧關路巡檢。康定元年，元昊反，攻保安軍，而潛兵襲金明，士彬父子俱被禽。士彬兄士紹至內殿崇班，士用至供奉官、閤門祗候。

李繼福者，亦與繼周同時歸順，授永平砦茇村軍主，以戰功歷歸德將軍，領順州刺史，至內殿崇班、新歸明諸族都巡檢。

孫行友，莫州清苑人，世業農。初，定州西二百里有狼山者，當易州中路，舊有城堡，邊人賴之以避寇。山中蘭若有尼，姓孫氏，名深意，有術惑衆。行友兄方諫〔九〕名之爲姑師，事之甚謹。及尼坐亡，行友益神其事，因以其術然香燈，聚民漸衆。自晉少帝與契丹絕好，邊州困於轉輸，逋民往往依方諫，推以爲帥。方諫懼主帥捕逐，乃表歸朝，因署爲東北面招收指揮使〔一〇〕，且賜院額曰「勝福」。每契丹軍來，必率其徒襲擊之，鎧仗、畜產所得漸多，人益依以避難焉。易、定帥聞于朝，因以方諫爲邊界遊奕使，行友副之。自是捍禦侵軼，多所殺獲。乘勝入祁溝關、平庸城，破飛狐砦，契丹頗畏之，邊民千餘家賴以無患。然亦陰持兩端，以圖自固。

已而晉師失律，薊人導契丹陷中原，方諫之密搆也。契丹授方諫定州節度，行友易州刺史。尋以蕃將耶律忠代方諫於雲州〔一一〕，方諫不受命，歸保狼山。契丹北歸，焚劫中山，方諫自狼山率衆復保定州，歸命於漢，授行友易州刺史，行義泰州刺史。弟兄掎角以居，寇每入，諸軍鎭閉壘坐視，一無所得。

行友嘗遣都校王友遇巡警於石河，與契丹遇，殺百餘騎，又嘗獲其刺史蔡福順、清苑令王璉。乾祐中，契丹復犯塞，行友禦之，俘殺數百人。周太祖北征，行友道獻俘馘人馬以求見，且請自效，乃厚加賜予，留之軍門。及周祖受命，行友屢上言偵得契丹離合，願得勁兵三千乘間平定幽州，乃移方諫鎭華州，以行友爲定州留後。顯德初，正授節鉞。世宗自河東還，加檢校太傅。六年，世宗北征，行友攻下契丹之易州，擒其刺史李在欽〔一二〕以獻。

宋初，加同平章事。狼山佛舍妖妄愈甚，衆趨之不可禁，行友不自安，累表乞解官歸山，詔不允。建隆二年，乃徙其帑廩，召集丁壯，繕治兵甲，欲還狠山以自固。兵馬都監藥繼能密表其事，太祖遣閤門副使武懷節馳騎會鎮、趙之兵，稱巡邊直入其城，行友不之覺。既而出詔示之，令舉族赴闕，行友蒼黃聽命。既至，命侍御史李維岳就第鞫之，得實，下詔切責，削奪從前官爵，勒歸私第。仍戮其部下數人，遣使馳詣狠山，輦其尼師之屍焚之。行友弟易州刺史方進、兄子保塞軍使全暉皆詣闕待罪，詔釋之。

四年秋，詔免行友禁錮。未幾，以郊祀恩，起爲右龍武軍將軍。乾德二年，遷右監門衞大將軍，又改左龍武軍大將軍。太平興國六年，卒，年八十，贈左衞上將軍。方進至德州刺史。子全照。

全照字繼明，以蔭補殿直，雍熙中授京南巡檢，俄隸幽州部署曹彬麾下，遷供奉官、閤門祗候，歷靜戎、威虜二軍監軍。從田重進擊賊有功，就加西京作坊使，兼知威虜軍，連爲廣韶、鄜延二路都巡檢使。淳化五年，率兵與李繼隆克綏州，因與張崇貴等同戍守之。俄護屯兵於夏州，兼知州事。召還，爲登萊路都巡檢使，遷左藏庫使、延州監軍兼阿都關盧關路都巡檢事。

咸平初，入掌軍頭引見司。二年，加如京使，爲涇原路鈐轄兼安撫都監，是冬徙并、汾等州都巡檢使。三年，改知順安軍，代還，復爲環慶路鈐轄，與李繼和規度靈州道路。四年，加西上閤門使，復爲環慶路鈐轄。五年，將城綏州，以慕興爲綏州路部署，全照爲鈐轄。既又慮全照素剛執，與興不協，乃以曹璨代之。既調兵夫二萬餘，全照言其非便，乃罷。又嘗命度地河北，全照言沿河高阜可分置城堡屯戍者，寧邊軍南、武強縣側凡二處，上重於興役，止命營安平南，徙置祁州。俄知天雄軍府。六年夏，上裁定防秋禦戎之要，命爲寧邊軍〔三〕部署，領兵八千扼要害之路。以全照好陵人，取其嘗所保薦者王德鈞、裴自榮共事焉。

景德元年，上幸澶淵，命爲駕前西面邢洺路馬步軍鈐轄兼天雄軍駐泊，兼管勾東南貝、冀等州鈐轄。全照言：「若敵騎南逼魏城，但得騎兵千百，必能設奇取勝。」上賞其忠果，乃傳詔都部署周瑩，若全照欲擊賊，即分兵給之。既而邊騎果逼府城，全照拒退之，眞宗遣使勞慰。時契丹請和，朝廷遣曹利用就其行帳議事，全照疑非誠懇，勸判府王欽若留不遣，故德清軍不能守，吏民多爲賊所害。及契丹出境，北面將帥還師併至府城，全照令以次雙行入門，魏能不從其約，率兵馬亟入，全照坐城樓引弓射之。欽若入朝就命，全照知軍府事，以城守勞，加檢校工部尚書，增食邑三百戶。徙鎭州。召還，進東上閤門使，領英州刺史。

全照形短精悍，知兵，以嚴毅整衆，然性剛使氣，專任刑罰。中書初進擬嚴州刺史，上曰：「全照深刻，常慮人以嚴察議己，今授此州，似涉譏誚。」乃改焉。三年，爲邠寧環慶都部署。趙德明納款，朝議減西鄙戍兵，令屯近地，全照以邊防不可無備，未即奉詔。上曰：「全照是好勇多言者，德明使已至闕，復何慮焉。」因徙全照知永興軍府，仍拜四方館使。西師移屯者至府，命全照兼駐泊鈐轄。全照許州有別墅，求典是州，可之。大中祥符中，遷引進使。踰歲表求歸朝，命掌閤門、客省、四方館事。四年，車駕西幸，留爲新城都巡檢。未幾卒，年六十。

論曰：五代之季，邊圉之不靖也久矣。太祖之興，雖不勤遠略，而向之陸梁跋扈而不可制者，莫不竭忠效節，雖奔走僵仆而不避，豈人心之有異哉？良由威德之並用，控御之有道也。折氏據有府谷〔四〕，與李彝興之居夏州初無以異。太祖嘉其嚮化，許以世襲，雖不無世卿之嫌，自從阮而下，繼生名將，世篤忠貞，足爲西北之捍，可謂無負於宋者矣。承美、繼周，分蒞種落，亦能世其職者也。繼業雖出賊叛之族，而有循良之風。方諫、行友介遼、晉間，持兩端以取將相，終以首鼠獲咎，其諸異端之害歟。全照職親禁衛，素稱嚴果，而昧於弭兵之利，君子所不予也。

校勘記

〔一〕曾孫克行　按本傳所載，克行父繼閔，繼閔父惟忠，惟忠父御卿，御卿父德扆。克行當是折德扆之玄孫。疑「曾孫」爲「玄孫」之譌。

〔二〕廣順間周世宗建府州爲永安軍以德扆爲節度使　按廣順爲後周太祖年號，當時世宗尙未卽位。據舊五代史卷一一四周世宗紀、通鑑卷二九二，建府州爲永安軍，以折德扆爲節度使，事在顯德元年周世宗卽位之後。

〔三〕擒其吐渾一人　宋會要方域二一之二作「生擒吐渾首領一人」，「吐渾」下疑有脫文。

〔四〕埋井峯　「井」原作「幷」，據長編卷四五改；宋會要方域二一之四作「埋井寨」。

〔五〕郭逵　原作「郭達」，據本書卷二九〇郭逵傳、東都事略卷一〇四折可適傳改。

〔六〕第十二將　長編卷四九九、五〇一同，東都事略卷一〇四本傳、李之儀姑溪居士後集卷二〇折渭州墓誌銘都作「第十三將」。

〔七〕以乞黨族次首領弗香克浪買爲歸德郎將　按：長編卷二一四說：「耶保、移邈二族首領弗香克浪買，乞黨族大首領歲移，幷爲歸德郎將。」宋會要方域二一之九同。此句疑有脫誤。

〔八〕懷筠　長編卷七九、宋會要方域二一之一一都作「德筠」。

〔九〕行友兄方諫　「兄」下原衍「子」字，據舊五代史卷一二五、新五代史卷四九本傳和通鑑卷二八五刪。

〔一〇〕東北面招收指揮使　「面」原作「西」，據舊五代史卷一二五本傳注改，通鑑卷二八五作「東北招收指揮使」。

〔一一〕尋以蕃將耶律忠代方諫於雲州　按舊五代史卷一二五本傳：「契丹之入中原也，以方諫爲定州節度使，尋以其將耶律忠代之，改方諫爲雲州節度使。」新五代史卷四九本傳：「契丹後滅晉，以方諫爲義武軍節度使，已而徙方諫於雲中。」此處「方諫」下當有脫文。

〔一二〕李在欽　原作「任欽」，據舊五代史卷一一九周世宗紀、通鑑卷二九四改。

〔一三〕寧邊軍　原作「平邊軍」，據本書卷八六地理志、長編卷五五改。

〔一四〕府谷　「府谷」二字原倒。折氏世居府州，府州的治縣名府谷，據本書卷八六地理志、九域志卷四乙正。

宋史卷二百五十四

列傳第十三

侯益子仁矩 仁寶 孫延廣 張從恩 扈彥珂 薛懷讓 趙贊 李繼勳 藥元福 趙晁子延溥

侯益，汾州平遙人。祖父以農爲業。唐光化中，李克用據太原，益以拳勇隸麾下。從莊宗攻大名，先登，擒軍校，擢爲馬前直副兵馬使。征劉守光，先登，遷軍使。破洛州，爲機石傷足，莊宗親以藥傅其瘡。及愈，改護衞指揮使。梁小將李立、李建以驍勇聞，軍中憚之。會莊宗與梁人戰河上，益挺身出門，擒其二將，遷馬前直指揮使。莊宗入汴，爲本直副都校。從明宗討趙在禮於鄴。會諸軍推戴明宗，益脫身歸洛，莊宗撫其背出涕。明宗立，益面縛請罪，明宗曰：「爾盡忠節，又何罪也。」改本直左廂都校。天成初，朱守殷據夷門叛，益率所部斬關先入，轉左右馬前從馬直都校、領潘州刺史。王都據定州叛，益從王晏球攻討。會契丹來援，益逆擊之，破其衆唐河北，克其城，授寧州刺史。入爲羽林軍五十指揮都校、領費州刺史。

時夏帥李仁福卒，子彝超擅命自立，以邀節鉞，命益帥師討之。明宗不豫，遽追還。應順初，潞王舉兵鳳翔，以益爲西面行營都虞候。益知軍情必變，稱疾不奉詔，執政怒，出爲商州刺史。蜀軍寇金州，益率鎭兵襲擊，大破之。詔賜襲衣、名馬，加西面行營都巡檢使。晉初，召爲奉國都校、領光州防禦使。范延光反大名，張從賓據河陽爲聲援。晉祖召益謂曰：「宗社危若綴旒，卿能爲朕死耶？」益曰：「願假銳卒五千人，破賊必矣。」以益爲西面行營副都部署，率禁兵數千人，次虎牢。從賓軍萬餘人，夾汜水而陣。益親鼓，士乘之，大敗其衆，擊殺殆盡，汜水爲之不流，從賓乘馬入水溺死。築京觀，刻石紀功。晉祖大喜，拜河陽三城節度，充鄴都行營都虞候。會延光以城降，移鎭潞州。

天福四年，晉祖追念虎牢之功，遷武寧軍節度、同平章事，遣中使謂益曰：「朕思卿前年七月九日大立戰功，故復以此月此日徙卿鎭彭門，領相印。」仍賜門戟，改鄉里爲將相鄉勳賢里。九月，徐州大火，益出金、粟振之。

明年，徙鎭秦州，充西面都部署。階州義軍校王君懷苦其刺史暴虐，率衆數千投蜀，請爲先鋒下秦、成諸州。益聞之懼，請援於朝；又潛遺書於蜀將，以達誠意。少帝聞之，疑爲邊患，議徙於內地。會蒲帥安審琦移鎮許下，以益爲河中尹、護國軍節度。契丹入汴，益率僚屬歸京師，詣契丹主，自陳不預北伐之謀。契丹授以鳳翔節度。漢祖卽位，加兼侍中。益自以嘗受契丹命，聞漢兵入洛，憂之，浚城隍爲備。孟昶遣益所親掌樞密王處回〔一〕齎書招益，復遣綿州刺史吳崇惲厚遺之。崇惲本秦州押衙，益故吏也。及何重建爲帥，遣崇惲奉表以階、秦歸蜀，授刺史，故昶遣之。益遂與其子歸蜀，昶令重建率川兵數萬出大散關以應之。漢祖知其事，遣客省使王景崇率禁軍數千，倍道趨岐下，召益入朝。時漢祖已不豫，召至臥內，謂之曰：「侯益貌順朝廷，心懷攜貳。爾往至彼，如益來，卽置勿問；苟遲疑不決，卽以便宜從事。」景崇至京兆，合岐、雍、邠、涇之師以破蜀軍。益懼，卽謀入朝。

會聞漢祖崩，景崇欲誅益，慮隱帝不知先朝密旨。從事程渥，景崇里人也。益因遣之說景崇曰：「君致位通顯，亦可少知止足，何必懷禍人之心，爲已甚之事乎。況侯君親戚爪牙甚衆，事若妄發，禍亦旋踵至矣。」景崇怒曰：「子去，勿爲游說，吾將族爾。」益知不用渥言，卽率數十騎奔入朝。隱帝遣侍臣問益結連蜀軍之由，益對曰：「臣欲誘之出關，掩殺之耳。」隱帝笑之。益厚賂史弘肇輩，言景崇之橫恣〔二〕。諸權貴深庇護之，乃授以開封尹兼中書令。俄封魯國公。景崇聞之，遂據城叛，益親屬在城中餘七十口悉爲景崇所害。

及周祖起兵，隱帝議出師禦之，益獻計曰：「王者無敵於天下，兵不宜輕出，況大名戍卒家屬盡在京城，不如閉關以挫其銳，遣其母妻發降以招之，可不戰而定。」慕容彥超以爲益衰老，作懦夫計，沮之。隱帝遣益與彥超及張彥超、閻晉卿〔三〕、吳虔裕守澶州。至赤岡，周師奄至，戰留子陂，漢軍不利。益臨陣，見士卒無鬥志，又占候不祥，乃與焦繼勳等夜謁周祖，周祖慰勞遣還。

廣順初，封楚國公，改太子太師，俄又改封齊國公。顯德元年冬，告老，以本官致仕歸洛。遣使賜茶藥錢帛，就撫問之。

太祖卽位，遣賜器幣，歲一來朝，太祖以耆舊厚待之。乾德初，郊祀，詔綴中書門下班，禮與丞相等。三年，卒，年八十，贈中書令。

五子：仁愿、仁矩、仁寶、仁遇、仁興。仁愿至左金吾衞大將軍、蓬州刺史。仁遇，西京內園使。仁興，右屯衞將軍。仁愿子延濟，西京作坊使、康州刺史。

仁矩從益爲商州牙校。益之討張從賓也，仁矩首犯賊鋒，以功領蓬州刺史，充河南牙職。從益歷潞、徐、秦三鎭。開運初，入爲氈毯使，出爲天平行軍司馬。漢初，授隰州刺史，至郡決滯訟，一日釋繫四百餘，獄爲之空，民情悅服。仕周，歷左羽林將軍，出爲泗州刺史，改通州，兼屯田鹽鐵監使。宋初，歷祁、雄二州刺史。治軍有方略，歷數郡，咸有善政。開寶二年，卒，年五十六。太祖甚惜之，特命中使護喪。子延廣、延之，咸平二年進士及第。

仁寶以蔭遷太子中允，即趙普妹壻。盧多遜與普有隙，普罷相，即以仁寶知邕州。州之右江生毒藥樹，宣化縣人常採貨之。仁寶以聞，詔盡伐去。九年不代。太平興國中，上言陳取交州之策，太宗大喜，令馳驛召歸。多遜遽奏曰：「若召仁寶，其謀必泄，蠻夷增備，未易取也。不如授仁寶飛輓之任，且經度之，別遣偏將發荊湖士卒一二萬人，長驅而往，勢必萬全。」帝以爲然。遂以仁寶爲交州水陸計度轉運使。前軍發，遇賊鋒甚盛，援兵不繼，遇害死江中。太宗聞之，甚悼惜，特贈工部侍郎，錄其子延齡、延世並爲齋郎。延齡至殿中丞。延世至太子中舍。

延廣，初在襁褓中，遭王景崇之難，乳母劉氏以己子代延廣死。劉氏行丐抱持延廣至京師，還益。延廣父歷通、祁、雄三州刺史，悉以補牙職。仁矩在雄州日，方飲宴，虜數十騎白晝入州城，居民驚擾。延廣引親信數騎馳出衙門，射殺其酋長一人，斬首數級，悉禽其餘黨。延廣持首級以獻，仁矩喜，拊其背曰：「興吾門者必汝也。」監軍李漢超以其事聞，詔書褒美，賜錦袍銀帶。

仁矩卒，補西頭供奉官。從党進討太原。太平興國初，預修永昌陵，出護延州軍兼緣邊巡檢，善撫士卒，下樂爲用，戎人畏服，遷閤門祗候。會西北戎入寇，邊人擾亂，求可使徼巡者。近臣言：「延廣將家子，習邊事無出其右。」延廣時被病，強起之，遷崇儀副使，充同、鄜、坊、延、丹緣邊都巡檢使。延廣力疾入辭，太宗賜以名藥及方，遣太醫隨侍，其疾亦尋愈。戎人聞延廣之至，不敢復爲寇亂。

叛卒劉渥嘯聚亡命數百人，寇耀州富平縣，謀入京兆，其勢甚盛。所過殺居民，奪財物，縱火而去，關右騷然。延廣率兵數百，自間道追之，會渥於富平西十五里，渥衆已千餘人，相持久之。渥素憚延廣，傳言：「我草間求活，觀死如鴻毛耳；侯公家世富貴，奈何不思保守，而與亡卒爭一旦之命於鋒鏑之下。」延廣怒，因擊之，挺身與渥鬥大樹下，斷渥右臂，渥脫走，乘勢大破其衆。渥創甚，止谷中，後數日爲追兵所獲。渥素號驍勇無敵，至是爲延廣所殺，羣盜喪氣，餘黨稍稍自歸，關右以定。上嘉之，擢拜崇儀使。

淳化二年，李繼遷始擾夏臺，即命延廣領獎州刺史、知靈州，賜金帶名馬。會趙保忠陰結繼遷，朝廷命騎將李繼隆率兵問罪，以延廣護其軍。既而夏臺平，保忠就縛。手詔褒美，錫賚甚厚。師還，留爲延州鈐轄。會節帥田重進老耄，郡中不治，以延廣同知州事兼緣邊都巡檢使。

先是，延廣知靈州，部下嚴整，戎人悅服，李繼遷素避其鋒。監軍康贇元害其功，誣奏延廣得虜情，恐後倔強難制。遽詔還，以慕容德豐代之，部內甚不治。至道間，繼遷寇靈州，朝廷謀帥，同知樞密院事錢若水稱延廣可使，就拜寧州團練使、知靈州兼兵馬都部署。賜白金二千兩，歲增給錢二百萬。戎人塞道，郵傳餽餫皆不通，延廣獨引數十騎之鎭，戎人素服其威名，皆相率引避。

二年春，被病，上遣御醫馳驛視之。醫至，疾已亟，延廣謂中使李知信曰：「延廣自度必不起，家世受國恩，今日得死所矣，但恨未立尺寸功以報上耳。」言訖而卒，年五十。上聞之，爲出涕，賵賻甚厚，以其子爲六品正員官。子紹隆，東染院使、帶御器械。紹隆子宗亮，右侍禁、閤門祗候。

張從恩，并州太原人。父存信，振武軍節度。後唐明宗徽時，嘗隸存信麾下。時從恩尙幼，頗無賴，明宗甚薄之，及卽位，止授散秩。從恩不得志，乃退歸太原。

晉祖鎭河東，爲少帝娶從恩女。晉初，以外戚擢爲右金吾衞將軍，未幾，改刺貝州，遷北京副留守，移授澶州防禦使。歷樞密副使、宣徽南院使、權西京留守，俄判三司。安從進叛于襄陽，以從恩爲行營兵馬都監。

少帝嗣位，襄陽平，遷檢校太尉、開封尹，充東京留守。少帝自鄴歸汴，改鄴都留守。錫賚加等，仍賜銀裝肩輿二，俾迎其家。明年，契丹擾河朔，從恩僅能完守。尋加同中書門下平章事。是歲，契丹將趙延昭據甘陵，命從恩爲貝州行營都部署。從恩至，延昭遁去。詔與杜重威合兵三萬北伐。

開運初，改天平軍節度。契丹復擾邊，命十五將北征，以從恩充北面行營都監。二年，移鎭晉州，又改潞州。及契丹入汴，從恩欲降，從事高防諫曰：「公晉室之親，宜盡臣節。」從恩不聽，乃棄城而去。巡檢使王守恩悉取其家財，以城歸漢祖。漢祖至汴，從恩惶懼不敢出。漢祖召賜襲衣、金帶、鞍勒馬、器幣以安慰之。尋拜右衞上將軍，奉朝請。

周初，遷左金吾衞上將軍。周祖征兗州，從恩從行。世宗嗣位，加檢校太師，封褒國公。宋初，改封許國公，久之，以病免。乾德四年，卒，年六十九。

扈彥珂，代州鴈門人。幼事王建立，以謹厚稱。晉天福中，建立節制潞州，卒，遺表薦彥珂，得補河東節度左都押衙。會漢祖自太原建號，擢爲宣徽南院使。未幾，授鎭國軍節度，華商等州觀察、處置等使。

乾祐初，河中李守貞、永興趙思綰、鳳翔王景崇並據城叛，周祖爲樞密使，總兵出征，道出華州。時議多以先討景崇、思綰爲便，周祖意未决，彥珂曰：「三叛連衡，推守貞爲主，宜先擊河中；河中平，則永興、鳳翔失勢矣。今捨近圖遠，若景崇、思綰逆戰于前，守貞兵其後，腹背受敵，爲之奈何？」周祖從其言，及平河中，以功遷護國軍節度。時蒲人彫弊，思得良帥鎭撫。彥珂暗弱，朝議少之。

廣順初，就加同平章事，移鎭滑州。歲餘代歸。與鳳翔趙暉俱獻縉帛，請開宴，不納，以滑州李守貞宅賜之。世宗嗣位，授左衞上將軍。顯德三年，以老疾上章求退，授開府儀同三司、太子太師致仕，歸西京。太祖卽位，遣使就賜器幣，數月卒，年七十五。

薛懷讓，其先戎人，徙居太原。少勇敢，喜戰鬥。後唐莊宗在鎭，得隸帳下，累歷軍職。明宗時，改神武右廂都校、領獎州刺史。東川董璋遣懷讓率本軍從晉祖討賊，賊平，遷絳州刺史。清泰初，移申州。明年，表乞罷郡赴代北軍，力陳不允。

晉天福中，范延光叛於鄴，以懷讓爲招牧使。及戰，中流矢，詔賜湯藥存問。又歷沂、遼、密、懷四州刺史，所至無善政，頗事誅斂。楊光遠反青州，召懷讓至闕，賜襲衣、玉帶，爲行營先鋒都指揮使，以功改宿州團練使。

會契丹南侵，少帝幸澶州，遣懷讓與李守貞、皇甫遇、梁漢璋率兵萬人緣河而下，以守汶陽。時契丹歲擾邊陲，朝廷擇驍將守要郡，命懷讓爲洛州團練使。會符彥卿北討契丹，以懷讓爲馬軍左廂排陣使。又從北面都招討杜重威爲先鋒都指揮使。及重威降契丹於中渡橋，懷讓亦在籍中，非其志也。

契丹主北歸，留麻荅守鎭州，麻荅遣步健督洺州供運。懷讓聞漢祖舉義晉陽，卽殺步健，奉表歸漢。漢祖遣郭從義分兵萬餘，與懷讓取邢州。時僞帥劉鐸守邢臺，堅壁拒之，不克而還。麻荅遣副將楊安以八百騎攻懷讓，又命剛鐵將三百騎繼之。懷讓戰不勝，退保本州，契丹大掠其封內。及麻荅爲鎭軍所逐，楊安亟遁，鐸又納款漢祖。懷讓乘其不虞，遣人紿鐸云：「我奉詔爲邢州帥，今率衆襲契丹，請置頓于郡。」鐸無拒心，輒開門迎之，懷讓殺鐸，奪其城。漢祖卽授以安國軍節度。

隱帝卽位，移鎭同州。及殺楊邠等，急召懷讓至闕。會北郊兵敗，懷讓降于周祖。

周祖登位，賜襲衣、金帶、鞍勒馬，遣還任，加同平章事。劉崇入寇，懷讓表求西征，詔褒之。夏陽富人張廷徽誣告趙隱等五人爲盜殺人，且厚賂懷讓子有光。懷讓知之，卽諷吏掠治隱等，強伏之，遣掌書記李炳、親校賈進蒙追、判官劉震等鍛成其獄，隱等皆棄市。家人詣闕訴冤，懷讓亦自入朝，遽獻錢百萬，請開宴，不納。俄捕獲本賊，下御史臺鞫問，懷讓懼，獻馬十匹，復不納。有司請逮懷讓繫獄，周祖以宿將，釋不問，杖流震等。俄以懷讓爲左屯衞上將軍。

世宗卽位，加左武衞上將軍。顯德五年，請老，拜太子太師致仕。恭帝卽位，封杞國公。建隆元年，卒，年六十九。贈侍中。

懷讓好畜馬駝，馬有大烏小烏者，尤奇駿。漢隱帝使求之，吝而不獻。及罷節鎭，環衞祿薄，猶有馬百匹、橐駝三十頭，傾資以給芻粟，朝夕閱視爲娛。家人屢勸鬻以供費，懷讓不聽。及死，童僕皆剺面以哭，蓋其俗也。

趙贊字元輔，本名美，後改焉。幽州薊人。祖德鈞，後唐盧龍節度，封北平王。父延壽，尙明宗女興平公主，至樞密使、忠武軍節度。

贊幼聰慧，明宗甚愛之，與諸孫、外孫石氏並育於六宅。暇日，因遍閱諸孫數十人，目贊曰：「是兒令器也。」贊七歲誦書二十七卷，應神童舉。明宗詔曰：「都尉之子，太尉之孫，幼能誦書，弱不好弄，克彰庭訓，宜錫科名，可特賜童子及第。仍附長興三年禮部春榜。」久之，延壽出鎭宣武軍，因奏署牙內都校。

淸泰末，晉祖起幷門，命延壽以樞密使將兵屯上黨，德鈞將本軍自幽州來會。時晉祖以契丹之援，引兵南下，德鈞父子降晉，契丹主盡錮之北去，贊獨與母公主留西洛。天福三年，晉祖命贊奉母歸薊門，契丹署爲金吾將軍。數年，契丹以延壽爲范陽節度，又署贊爲牙內都校。開運末，契丹主將謀南侵，委政延壽。及平原陷，贊復受契丹署爲河中節度。延壽從契丹北歸，贊得留鎭河中。

未幾，漢祖起晉陽，贊奉表勸進，漢祖加檢校太尉，仍鎭河中。改京兆尹、晉昌軍節度。贊懼漢疑己，潛遣親吏趙仙奉表歸蜀。判官李恕者，本延壽賓佐，深所委賴，至家事亦參之。及贊出鎭，從爲上介。至是，恕語贊曰：「燕王入遼，非所願也，漢方建國，必務懷柔，公若泥首歸朝，必保富貴，狼狽入蜀，理難萬全。儻復不容，後悔無及。公能聽納，請先入朝，爲公申理。」贊卽遣恕詣闕。漢祖見恕，問贊何以附蜀，恕曰：「贊家在燕薊，身受契丹之命，自懷憂恐，謂陛下終不能容，招引西軍，蓋圖苟免。臣意國家甫定，務安臣民，所以令臣乞哀求覲。」漢祖曰：「贊之父子亦吾人也，事契丹出於不幸。今聞延壽落於陷穽，吾忍不容贊耶。」昶未還，贊已離鎮入朝，卽命爲左驍衞上將軍，徙昶邠州判官。

贊仕周，歷左右羽林、左龍武三統軍。世宗南征，初遣贊率師巡警壽州城外，俄命爲淮南道行營左廂排陣使。世宗歸京，留贊與諸將分兵圍壽春，贊獨當東面。諸將戰多不利，贊獨持重，自秋涉冬，未嘗挫衄。及受詔移軍，尺椽片瓦，悉輦而行，城中人無敢睥睨者。會吳遣驍將魯公綰帥十餘萬衆泝淮奄至，跨山爲柵，阻肥水，俯瞰城中。時大軍已解圍，贊與大將楊承信將輕騎斷吳人饟路，又獨以所部襲破公綰軍，爲流矢所中。

世宗再征壽春，命造橋渦口，以通濠、泗。令騎帥韓令坤董其役，俾贊副之。屬霖雨，淮水漲溢，濠人謀乘輕舟奄焚其橋，贊覘知之，設伏橋下。濠人果至，贊令強弩亂發，殺獲甚衆。及世宗移兵趣濠，以牛革蒙大盾攻城，贊親督役，矢集于胄，雖被重傷，猶力戰，遂拔其羊馬城，刺史唐景思死焉，團練使郭廷謂〔四〕以城降。世宗詔褒美之。又以所部兵巡撫滁、和之間，破吳人五百于石潭橋。淮南平，以戰功多，授保信軍節度。贊入視事，盡去苛政，務從寬簡，居民便之。恭帝卽位，加開府階。

宋初，加檢校太師，移忠正軍節度，預平維揚。歲餘，改鎮延州，受密旨許以便宜行事。將及州境，乃前後分置步騎，綿綿不絕，林莽之際，遠見旌旗，所部羌、渾來迎，無不懾服。

乾德六年，移建雄軍節度。秋，命將征太原，以贊爲邠州路部署。開寶二年，太祖將討晉陽，又以爲河東道行營前軍馬步軍都虞候。車駕薄城下，分軍四面，贊扼其西偏。幷人乘晦自突門潛犯贊壘，贊率衆擊之，久而方退，弩矢貫足。太祖勞問數四，賜良藥傅之。四年，改鎭鄜州。

太宗卽位，進封衞國公。太平興國二年，來朝，未見而卒，年五十五。贈侍中。

贊頗知書，喜爲詩，容止閑雅，接士大夫以禮，馭衆有方略。其爲政雖無異跡，而吏民畏服，亦近代賢帥也。

李繼勳，大名元城人。周祖領鎭，選隸帳下。廣順初，補禁軍列校，累遷至虎捷左廂都指揮使、領永州防禦使。顯德初，遷侍衞步軍都指揮使、領昭武軍節度。歲餘，改領曹州。世宗親征淮上，令繼勳領兵屯壽州城南，進洞屋、雲梯，以攻其城。繼勳怠於守禦，爲其所敗，死者數萬，梯、屋悉皆被焚。召歸闕，出爲河陽三城節度。議者以爲失責帥之義。及再幸壽春回，左授繼勳右武衞大將軍，又以其掌書記陳南金裨贊無狀，幷黜之。

顯德四年冬，復從世宗南征，及次迎鑾，卽命繼勳帥黑龍船三十艘於江口灘，敗吳兵數百，獲戰船二艘，以功遷左領軍衞上將軍。七月，改右羽林統軍。六年春，世宗幸滄州，以繼勳爲戰櫂左廂都部署，前澤州刺史劉洪副之，俄權知邢州。恭帝卽位，授安國軍節度，加檢校太傅。

宋初，加檢校太尉。太祖平澤、潞，繼勳朝于行在，卽以爲昭義軍節度。是秋，率師入河東，燔平遙縣，俘獲甚衆。建隆二年冬，又敗幷軍千餘人，斬首百餘級，獲其遼州刺史傅延彥及弟延勳來獻〔三〕。

乾德二年，詔與康延沼、尹訓率步騎萬餘攻遼州，太原將郝貴超領兵來援，戰于城下，繼勳大敗之。州將杜延韜危蹙，與拱衞都指揮使冀進、兵馬都監供奉官侯美籍部下兵三千送款於繼勳。卽遣內供奉官都知慕容延忠入奏，詔褒之。未幾，幷人誘契丹步騎六萬人來取遼州，復遣繼勳與羅彥瓌、郭進、曹彬等領六萬衆赴之，大破契丹及太原軍於城下。五年，加同平章事。

開寶初，將征河東，以繼勳爲行營前軍都部署，敗幷人於洞河。二年，太祖親征河東，命繼勳爲行營前軍都部署。駕至城下，分軍四面，繼勳栅其南。三年春，移鎭大名。太平興國初，加兼侍中。俄以疾求歸洛陽，許之，賜錢千萬、白金萬兩。是秋，上表乞骸骨，拜太子太師致仕，朝會許綴中書門下班。尋卒，年六十二，贈中書令。

繼勳累歷藩鎮，所至無善政，然以質直稱。信奉釋氏。與太祖有舊，故特承寵遇。弟繼偓，亦有武勇，周顯德末，補內殿直。宋初，累歷軍職。開寶中，爲步軍副都軍頭。太平興國三年，遷內外馬步軍副都軍頭。坐事改右衞率府率。六年，加本衞將軍、領獎州刺史。累至龍衞右廂都指揮使、領本州團練使。

繼勳子守恩至如京使，守元至北作坊使，守徽爲崇儀副使。

藥元福，并州晉陽人。幼有膽氣，善騎射。初事邢帥王檀爲廳頭軍使，以勇敢聞。事後唐，爲拱衞、威和親從馬門軍都校，天平軍內外馬軍都指揮使。晉天福中，爲深州刺史。開運初，契丹陷甘陵，圍魏郡，師次於河。少帝駐軍澶淵，契丹陣於城北，東西連亘，掩城兩隅，登陴望之，不見其際。元福以左千牛衞將軍領兵居陣東偏。澶民有馬破龍者告契丹曰：「先攻其東，即浮梁可奪。」契丹信之，盡銳來戰。元福與慕容鄴各領二百騎爲一隊，躍出而鬥，元福奮鐵撾擊契丹，斃者數人，左右馳突，無不披靡，契丹兵潰。少帝登城，見元福力戰，召撫之曰：「汝奮不顧命，雖古之忠烈無以過之。」元福三馬皆中流矢，少帝擇名馬賜之。明日將戰，面授元福鄭州刺史，爲權臣所沮，止刺原州，俄改泰州。

明年，契丹復入。命元福與李守貞、符彥卿、皇甫遇、張彥澤等禦之於陽城，爲右廂副排陣使。晉師列方陣，設拒馬爲行砦。契丹以奇兵出陣後，斷糧道，晉人乏水，士馬飢渴，鑿井未及泉，土輒壞塞。契丹順風揚塵，諸將皆曰：「彼勢甚銳，俟風反與戰，破之必矣。」守貞與元福謀曰：「軍中飢渴已甚，若俟風反出戰，吾屬爲虜矣。彼謂我不能逆風以戰，宜出其不意以擊之，此兵家之奇也。」元福乃率麾下騎，開拒馬出戰，諸將繼至，契丹大敗，追北二十餘里，殺獲甚衆，敵帥與百餘騎遁去。以元福爲威州刺史。

會靈武節度王令温以漢法治蕃部，西人苦之，共謀爲亂，三族酋長拓跋彥超、石存、乜厮褒率衆攻靈州。令温遣人間道入奏，乃以河陽節度馮暉鎮朔方，召關右兵進討，以元福將行營騎兵。元福與暉出威州土橋西，遇彥超兵七千餘，邀暉行李。元福轉戰五十里，殺千級，禽三十餘人，又遣部校援出令温，護送洛下。

朔方距威州七百里，無水草，號旱海，師須齎糧以行，至耀德食盡，比明，行四十里。彥超等衆數萬，布爲三陣，扼要路，據水泉，以待暉軍，軍中大懼。暉遣人賂以金帛，求和解，彥超許之。使者往復數四，至日中，列陣如故。元福曰：「彼知我軍飢渴，邀我於險，既許和解而日中未決，此豈可信哉？欲困我耳。遷延至暮，則吾黨成禽矣。」暉驚曰：「奈何？」元福曰：「彼雖衆而精兵絕少，依西山爲陣者是也，餘不足患。元福請以麾下騎先擊西山兵，公但嚴陣不動，俟敵少却，當舉黃旗爲號；旗舉則合勢進擊，敗之必矣。」暉然其策，遂率衆進擊，敵衆果潰。元福卽舉黃旗以招暉，暉軍繼進，彥超大敗，横尸蔽野。是夕，入清邊軍。明日，至靈州。元福還郡，詔賜暉、元福衣帶繒帛銀器。

漢乾祐中，從趙暉討王景崇於鳳翔。時兵力寡弱，不滿萬人，蜀兵數萬來援，景崇至寶鷄，依山列柵。都監李彥從以數千人擊蜀軍，衆寡不敵，漢軍少卻。元福領數百騎自後驅之，下令還顧者斬，衆皆殊死戰，大敗蜀兵，追至大散關，殺三千餘人，餘皆棄甲遁去。鳳翔平，以功遷淄州刺史。

周廣順初，王彥超討徐州叛將楊温，以元福爲行營兵馬都監。數月克之，率師還京，改陳州防禦使。

未幾，劉崇引契丹擾晉州，命樞密使王峻率兵拒之，以元福爲西北面都排陣使。軍過蒙坑，崇夜燒營遁。峻令元福與仇超、陳思讓追至霍邑，旣行，又遣止之。元福謂思讓等曰：「劉崇召契丹擾邊，志在疲弊中國，今兵未交而遁，宜追奔深入，以挫其勢。」諸將畏懦，遂止。周祖知其事，明年，因調兵戍晉州，謂左右曰：「去年劉崇之遁，若從藥元福之言，則無邊患矣。」

俄與曹英、向訓討慕容彥超於兗州，元福爲行營馬步軍都虞候。詔元福自晉州率所部入朝，即遣東行，賜六銖、袍帶、鞍馬、器仗。周祖謂曰：「比用曹州防禦使鄭璋，我度彥超凶狡，多計謀，恐璋不能集事，選爾代之。已敕曹英、向訓不令以軍禮見汝。」及至軍中，英、訓皆尊禮之，當時有爲宿將。築連城以圍兗，彥超晝夜出兵，元福屢擊敗之，遂閉壁不敢出。十餘日，元福營柵皆就，又穴地及築土山，百道攻其城。會周祖親征，元福以所部先入羊馬城，諸軍鼓譟角進，拔之。以功授建雄軍節度。

世宗高平之戰，劉崇敗走太原，遂縱兵圍其城。以元福爲同州節度，充太原四面壕砦都部署。時攻具悉備，城中危急，以糧運不繼，詔令班師。元福上言曰：「進軍甚易，退軍甚難。」世宗曰：「一以委卿。」遂部分卒伍爲方陣而南，元福以麾下爲後殿，崇果出兵來追，元福擊走之。師還，加檢校太尉，移鎮陝州。又歷定、盧、曹三鎮。

宋初，加檢校太師。九月卒，年七十七，贈侍中。

元福雖老，筋骨不衰，人或言其氣貌益壯，當復領兵，必大喜，曲致禮待，或加以贈遺，時稱驍將。

趙晁，眞定人。初事杜重威爲列校。重威誅，屬周祖鎮鄴中，晁因委質麾下。周祖開國，擢爲作坊副使。慕容彥超據兗州叛，以晁爲行營步軍都監。兗州平，轉作坊使。晁自以逮事霸府，復有軍功，而遷拜不滿所望，居常怏怏。時樞密使王峻秉政，晁疑其軋己。一日使酒詣其第，毀峻，峻不之責。世宗嗣位，改控鶴左廂都指揮使、領賀州刺史。

從征劉崇，轉虎捷右廂都指揮使、領本州團練使兼行營步軍都指揮使。軍至河內，世宗意在速戰，令晁倍道兼行。晁私語通事舍人鄭好謙曰：「賊勢方盛，未易敵也，宜持重以挫其銳。」好謙以所言入白，世宗怒曰：「汝安得此言，必他人所教。言其人，則舍爾；不言，當死！」好謙懼，遂以實對。世宗卽命幷晁械於州獄，軍迴始赦之。

及征淮南，改虎捷左廂、領閬州防禦使，充前軍行營步軍都指揮使，又爲緣江步軍都指揮使。時李重進敗吳人于正陽，以降卒三千人付晁，晁一夕盡殺之。世宗不之罪。壽春平，拜檢校太保、河陽三城節度、孟懷等州觀察措置等使。恭帝卽位，加檢校太傅。

宋初，加檢校太尉。未幾，以疾歸京師，卒，年五十二。太祖甚悼之，贈太子太師，再贈侍中。

晁身長七尺，儀貌雄偉，好聚斂，處方鎭以賄聞。以周初與宣祖分掌禁軍，有宗盟之分，故太祖常優禮之，再加贈典焉。子延溥。

延溥，周顯德中，以父任補左班殿直。宋初，爲鐵騎指揮使。開寶初，太祖親征晉陽，太宗守京邑，延溥以所部爲帳下牙軍，轉殿前散員指揮使。九年，改鐵騎都虞候。太宗卽位，遷散指揮都虞候、領思州刺史。太平興國二年，轉內殿直都虞候。三年，改馬步軍都虞候。從平太原，略地燕薊。六軍扈從有後期至者，帝怒，欲置于法。延溥遂進曰：「陛下巡行邊陲，以防禦外侮，今契丹未殄，而誅譴將士，若舉後圖，誰爲陛下戮力乎？」帝嘉納之。師還，遷內外馬步軍都軍頭、領本州防禦使。

五年，殿前白進超卒，卽日以延溥爲日騎、天武左右廂都指揮使，兼權殿前都虞候事。坐遣親吏市竹木所過關渡矯稱制免算，責授登州團練使，令赴任。是冬，帝北巡至大名，復以延溥爲本州防禦使，卽命爲幽州東路行營壕砦都監。詔修緣邊城壘。逾年，加涼州觀察使，仍判登州。又爲鎭州兵馬都部署，俄判霸州。

雍熙二年，改蔚州觀察使，判冀州。會命曹彬等北征，又與內衣庫使張紹勍、引進副使董愿爲幽州西北道行營都監。師還，命知貝州，改滑州部署。四年，再知貝州，以疾求代，代未至，卒，年五十。贈天德軍節度。

子承彬，至內殿崇班。承彬子咸一，爲虞部員外郎，知宗正丞事。咸熙，天聖八年進士及第。

論曰：侯益在晉、漢時，數爲反覆，觀其受命契丹，私交僞蜀，赤岡之戰，復夜謁周祖，宗屬長幼，遭景崇鯨鯢，殆無噍類，推其心迹，豈懷貳之罰歟？薛懷讓、趙晁爲將，皆忍於殺降。晁子延溥，能救後至之誅，雖父子之親，仁暴相戾有若是者。餘皆逢時奮武，致身榮顯。扆彥珂請擊河中，卒用其策，愚者之一慮云。

校勘記

〔一〕王處回　「處」字原脫，據通鑑卷二八七及卷二八八、蜀檮杌卷下補。

〔二〕言景崇之横恣　「横恣」原作「横怒」，通鑑卷二八八作「恣横」，舊五代史卷一〇一漢隱帝紀注引宋史作「横恣」，據改。

〔三〕閻晉卿　原作「閻進卿」，據舊五代史卷一〇三漢隱帝紀、卷一〇七本傳及通鑑卷二八九改。

〔四〕郭廷謂　原作「郭延請」，據舊五代史卷一一七世宗紀、陸游南唐書卷一一本傳改。

〔五〕傅延彥及弟延勳　本書卷一太祖紀作「傅廷彥、弟勳」，卷四八二北漢世家和長編卷二所載姓名與太祖紀同，此處疑有誤。

宋史卷二百五十五

列傳第十四

郭崇 曾孫凱 楊廷璋 宋偓 向拱 王彥超 張永德 王全斌 康延澤 王繼濤 高彥暉附

郭崇，應州金城人。重厚寡言，有方略。初名崇威，避周祖名，止稱崇。父祖俱代北酋長。崇弱冠以勇力應募爲卒。後唐清泰中，爲應州騎軍都校。晉祖割雲應地入爲契丹，崇恥事之，奮身南歸，歷鄆、河中、潞三鎭騎軍都校。開運中，戍太原。會漢祖起義，以崇爲前鋒。入汴，改護聖左第六軍都校、領鄆州刺史，改領富州。從周祖平河中，以功遷果州防禦使、領護聖右廂都指揮使。周祖鎭鄴，以崇領行營騎軍兼天雄軍都巡檢使。

乾祐三年冬，崇從周祖平國難，與李筠拒慕容彥超於劉子陂，走之，以崇補侍衞馬軍都指揮使。遣馮道等迎湘陰公贇於徐州，將立之。會契丹南侵，周祖北征，次于澶州，爲六軍推戴。樞密使王峻在京師聞變，遣崇率七百騎東拒贇，遇於睢陽。崇陣于牙門外，贇懼，登門樓呼崇曰：「汝等何遽至此？」崇曰：「澶州軍變，遣崇等來衞乘輿，非有他也。」贇召崇升樓，崇未敢登，卽遣道下與語，崇乃登，具言軍情有屬，天命已定，贇執崇手泣，俛首久之。俄而贇所領衞兵都校張令超以衆歸崇，贇親將賈、王等數怒目視道，將害之。贇曰：「汝輩勿草草，此非關令公事。」崇卽送贇就館舍。

廣順初，領定武軍節度，又爲京城都巡檢使、修城都部署兼知步軍公事。未幾，復升陳州爲節鎭，以潁州隸焉，命崇爲節度。周祖親郊，加同平章事，出鎭澶州。周祖不豫，促還鎭所。

世宗立，幷人侵潞州，命崇與符彥卿出固鎭以禦之。世宗親征，又副彥卿爲行營都部署。師還，加兼侍中。冬，移眞定尹、成德軍節度。四年，世宗征淮南，契丹出騎萬乘餘掠邊，崇率師攻下束鹿縣，斬數百級，俘獲甚衆。五年，天淸節，崇來朝，表求致政，不允，賜襲衣、金帶、器幣、鞍勒馬，遣之。世宗平關南，至靜安軍，崇來朝。恭帝嗣位，加檢校太師。

宋初，加兼中書令。崇追感周室恩遇，時復泣下。監軍陳思誨密奏其狀，因言：「常山近邊，崇有異心，宜謹備之。」太祖曰：「我素知崇篤於恩義，蓋有所激發爾。」遣人覘之，還言崇方對賓屬坐池潭小亭飲博，城中晏然。太祖笑曰：「果如朕言。」未幾來朝。時命李重進爲平盧軍節度，重進叛，改命崇爲節制。乾德三年，卒，年五十八。太祖聞之震悼，贈太師。

子守璘至洛苑副使，妻卽明德皇后之姊也。子允恭，以父任授殿直，至崇儀副使、知常州卒。次女爲仁宗皇后。天聖三年，詔贈崇尙書令兼中書令，守璘太尉、寧國軍節度，允恭太傅、安德軍節度。六年，又詔追封崇英國公，加贈守璘永清軍節度兼中書令，允恭忠武軍節度兼侍中。允恭子中庸，左侍禁、閤門祗候、副使；中和，娶潁川郡王德彝女，爲西染院副使。

楊廷璋字溫玉，眞定人。家世素微賤，有姊寡居京師，周祖微時，欲聘之，姊不從，令媒氏傳言恐逼，姊以告廷璋。廷璋往見周祖，歸謂姊曰：「此人姿貌異常，不可拒。」姊乃從之。周祖從漢祖鎭太原，廷璋屢省其姊，周祖愛其純謹。姊卒，留廷璋給事左右。及出討三叛，入平國難，廷璋數獻奇計。卽位，追册廷璋姊爲淑妃，擢廷璋爲右飛龍使，廷璋固辭不拜，願推恩其父洪裕。卽令召洪裕赴闕，以老病辭，就拜金紫光祿大夫、眞定少尹。廷璋歷皇城使、昭義兵馬都監、澶州巡檢使。

世宗自澶淵還京，言廷璋有幹材，遷客省使。俄爲河陽巡檢、知州事。涇帥史懿稱疾不朝，周祖命廷璋往代之。將行，謂之曰：「懿不就命，卽圖之。」廷璋至，屛左右，以詔書示懿，諭以禍福，懿卽日載路。俄聞周主崩，廷璋嘔血不食者數日。

世宗立，拜左驍衞大將軍，充宣徽北院使。征劉崇，以爲建雄軍節度。在鎭數年，頗有惠愛。前後率兵入太原境，拔仁義、高壁等砦，獲刺史、軍校數十人，俘其民數千戶，獲兵器羊馬數萬計。幷人棄沁州二百里，退保新城，廷璋遂置保安、興同、白壁等十餘砦。會隰州刺史孫議卒，廷璋遣監軍李謙溥領州事。謙溥至，幷人來攻其城，議者以爲宜速救之。廷璋曰：「隰州城壁堅完，幷人奄至，未能爲攻城具，當出奇以破之。」乃募敢死士百餘人，許以重賞，由間道遣人約謙溥爲內應。既至，卽銜枚夜擊，城中鼓譟以出，幷人大潰，追北數十里，斬首千餘級，獲器甲萬計。奏至，世宗喜曰：「吾舅眞能禦寇。」詔褒之。世宗自河東還，加檢校太保。顯德六年夏，率所部入河東界，下堡砦十三，降巡檢使靳漢晁等三人。恭帝卽位，加檢校太傅。

宋初，加檢校太尉。吏民詣闕，請立碑頌功德。太祖命盧多遜撰文賜之。李筠叛，潛遣親信使齎蠟書求援鄰境，廷璋獲之，械送京師，因上攻取之策，卽下詔委以經略。及車駕親征，詔廷璋率所部入陰地，分賊勢。賊平，歸鎭。是秋來朝，改鎭邠州。乾德四年，移鄜州。開寶二年，召爲右千牛衞上將軍。四年，卒，年六十。賻帛二百匹。

廷璋美鬚，長上短下，好修容儀，雖見小吏，未嘗懈惰。善待士，幕府多知名人。在晉州日，太祖命荆罕儒爲鈐轄。罕儒以廷璋周朝近親，疑有異志，每入府中，從者皆持刀劍，欲圖廷璋。廷璋推誠待之，殊不設備，罕儒亦不敢發，終亦無患。議者以廷璋在涇州保全史懿，陰德之報也。

洪裕少時，嘗漁於貂裘陂，忽有馳騎至者，以二石鴈授洪裕，一翼掩左，一翼掩右，曰：「吾北嶽使者也。」言訖，忽不見。是年生淑妃，明年生廷璋，家遂昌盛。

廷璋子七人，皆不爲求官，惟表其孤甥安崇勳得西頭供奉官。崇勳，後唐樞密使重誨子也。廷璋子坦、塤皆進士及第。坦至屯田員外郎，鹽鐵副使、判官；塤爲都官郎中。

宋偓，河南洛陽人。謙恭下士。祖瑤，唐天德軍節度兼中書令。父廷浩，尙後唐莊宗女義寧公主，生偓。廷浩歷石、原、房三州刺史；晉初，爲汜水關使，張從賓之叛，力戰死之。偓年十一，以父死事補殿直，遷供奉官。

晉祖嘗事莊宗，每偓母入見，詔令勿拜，因從容謂之曰：「朕於主家誠無所靳，但朝廷多事，府庫空竭，主所知也。今主居輦下，薪米爲憂，當奉主居西洛以就豐泰。」命偓分司就養，敕有司供給，至於醯醢，率有加等。

漢祖在晉陽，遣其子承訓至洛，奉書偓母，與偓結昏，卽永寧公主也。累授北京皇城使。漢乾祐初，拜右金吾衞大將軍、駙馬都尉。隱帝卽位，授昭武軍節度，移鎭滑州。

周祖舉兵向闕，時偓在鎭，開門迎謁，周祖深德之。偓率所部兵從周祖，至劉子陂，隱帝衞兵悉走投周祖。周祖謂偓曰：「至尊危矣，公近親，可亟去擁衞，無令驚動。」偓策馬及御營，軍已亂矣。廣順初，丁內艱，服除，授左監門衞上將軍。

世宗征淮南，令偓與左龍武統軍趙贊、右神武統軍張彥超、前景州刺史劉建於壽州四面巡檢。師還，以偓爲右神武統軍，充行營右廂都排陣使，又爲廬州城下副部署。吳人大發舟師，次東渄洲〔二〕，斷蘇、杭之路。世宗遣偓領戰艦數百艘襲之，又遣大將慕容延釗率步騎而進，水陸合勢大破之。

世宗嘗次于野，有虎逼乘輿，偓引弓射之，一發而斃。及江北諸州悉平，畫江爲界。世宗駐迎鑾，命偓率舟師三千泝江而上，巡警諸郡。師還，復授滑州節制，又移鎭鄧州。恭帝卽位，加開府儀同三司。

宋初，加檢校太師，遣領舟師巡撫江徼，舒州團練使司超副之。李重進謀以揚州叛，偓察其狀，飛章以聞。太祖令偓屯海陵，以觀重進去就。遂從征揚州，爲行營排陣使。及平，以功改保信軍節度。來朝，徙鎮華州。會鑿池都城南，命偓率舟師數千以習水戰，車駕數臨觀焉。五年，改忠武軍節度。

開寶初，太祖納偓長女爲后。偓本名延渥，以父名下字從「水」，開寶初，上言改爲偓。三年，徙邠州。太平興國初，加同平章事。二年，移定國軍節度。四年，從平太原，又從征幽州。詔偓與尙食使侯昭愿領兵萬餘，攻城南面。師還歸鎮。

五年冬，車駕幸大名，召偓詣行在，詔知滄州。六年，封邢國公，俄遷同州。九年，又爲右衞上將軍。雍熙中，曹彬等北伐，班師，命偓知霸州，歸闕。端拱二年，卒，年六十四。廢朝，贈侍中，謚莊惠，中使護葬。

偓，莊宗之外孫，漢祖之壻，女卽孝章皇后，近代貴盛，鮮有其比。子元靖至供備庫使，元度至供備庫副使，元載、元亨並至左侍禁、閤門祗候。初，孝章寢疾，語晉國長公主曰：「我瞑目無他憂，惟慮族屬不敦睦，貽笑於人。」景德中，偓幼子元翰果詣京府，求析家財。眞宗聞之，詔釋勿問，仍諭其族屬務遵先后遺戒焉。

元度子惟簡，爲殿直，惟易爲奉職。

向拱字星民，懷州河內人。始名訓，避周恭帝諱改焉。少倜儻負氣。弱冠，聞漢祖在晉陽招致天下士，將往依之。中途遇盜，見拱狀貌雄偉，意爲富家子，隨之，將劫其財。拱覺，行至石會關，殺所乘驢市酒會里中豪傑，告其故，咸出丁壯護拱至太原。以策干漢祖，漢祖不納，客於周祖門下。及周祖領節鎭，署拱知客押牙。

周祖卽位，授宮苑使。廣順中，遷皇城使，出監昭義屯軍。幷人領馬步十五都來侵，拱與巡檢陳思讓逆戰於虒亭南，殺三百餘人，擒百人，獲其帥王璠、曹海金，又敗其軍於壺關。師還，會征慕容彥超，命爲都監，賜以六銖、袍帶、鞍勒馬、器仗，卽日遣行。賊平，命爲陝州巡檢。未幾，改客省使、知陝州。

會延州高允權卒，其子紹基欲求繼襲，卽自領使務。朝廷益禁兵戍守，命拱權知州事，俄遷內客省使。嘗請禁州民賣軍裝兵器於西人，從之。所屬部落有侵盜漢戶者，拱招其酋帥犒之，令誓不敢侵犯。召拜左神武大將軍、宣徽南院使。

劉崇入寇，遣馬軍樊愛能、步軍何徽赴澤州，令拱監護之。世宗親征，拱以精騎居陣中。高平之捷，以功兼義成軍節度、河東行營前軍都監。師還，出鎭陳州。

先是，晉末，秦州節度何建以秦、成、階三州入蜀，蜀人又取鳳州。至是，宰相王溥薦拱討之，乃召拱與鳳翔王景並率兵出大散關，連下城砦。復命拱爲西南面行營都監。蜀人聞鳳州急，發卒五千餘出鳳州北堂倉鎭路，行至黃花谷，將絕周師糧道。拱與王景偵知之，命排陣使張建雄領兵二千直抵黃花谷，又遣別將領勁卒千人出敵後，截其歸路。敵果爲建雄所敗，奔堂倉，又爲勁卒所逼，合勢掩擊，擒其監軍王巒、孫韜等千五百餘。由是劍門之下，州邑營砦，望風宵遁，秦、鳳、階、成平。召歸，宴於金祥殿，賜襲衣、金帶、銀器、繒帛、鞍勒馬。

顯德二年，世宗親征淮南，以拱權東京留守兼判開封府事。時揚州初平，南唐令境上出師，謀收復。韓令坤有棄城之意，卽驛召拱赴行在，拜淮南節度，依前宣徽使兼緣江招討使，以令坤爲副。時周師久駐淮陽，都將趙晁、白廷遇等驕恣橫暴，不相稟從，惟務貪濫，至有劫人妻女者。及拱至，戮其不奉法者數輩，軍中肅然。六月，追叙秦、鳳功，加檢校太尉。

時周師圍壽春經年未下，江、淮草寇充斥，吳援兵栅於紫金山，與城中烽火相應。而舒、蘄、和、泰復爲吳人所據。拱上言欲且徙揚州之師併力攻壽春，俟其城下，然後改圖進取。世宗從之。拱乃封庫，付揚州主者；復遣本府牙將分部按巡城中，秋毫不犯，軍民感悅。及師行，吳人有負糗糧以送者。至壽春，與李重進合勢以攻其城，改淮南道招討都監，敗淮南軍二千于黃蓍砦。世宗再幸壽州，召拱宴賜甚厚，以爲武寧軍節度，命領其屬駐鎭淮軍。及克壽州，以功加同平章事、領武寧軍節度。四年，從歸德軍節度。淮南平，改山南東道節度，俄充西南面水陸發運招討使。恭帝卽位，加檢校太師、河南尹、西京留守。

宋初，加兼侍中。太祖征李筠，拱迎謁至汜水，言於上曰：「筠逆節久著，兵力日盛，陛下宜急濟大河，踰太行，乘其未集而誅之，緩則勢張，難爲力矣。」帝從其言，卷甲倍道趨之。筠果率兵南向，聞車駕至，惶駭走澤州城守，遂見擒。乾德初，從郊祀畢，封譙國公。

拱尹河南十餘年，專治園林第舍，好聲妓，縱酒爲樂，府政廢弛，羣盜晝劫。太祖聞之怒，移鎭安州，命左武衞上將軍焦繼勳代之，謂繼勳曰：「洛久不治，選卿代之，無復效拱爲也。」

太平興國初，進封秦國公，來朝，授左衞上將軍。八年，代王彥超判左金吾街仗事。表獻西京長夏門北園，詔以銀五千兩償之。雍熙三年，卒，年七十五。贈中書令。

咸平初，眞宗聞拱之後有寒餒流離者，錄其孫懌爲國子助教。拱子德明，至洛苑使；昱，大中祥符八年進士出身。德明子悅，爲虞部郎中。

王彥超，大名臨淸人。性溫和恭謹，能禮下士。少事後唐魏王繼岌，從繼岌討蜀，還至渭南。會明宗卽位，繼岌遇害，左右遁去，彥超乃依鳳翔重雲山僧舍暉道人爲徒。暉善覲人，謂彥超曰：「子，富貴人也，安能久居此？」給資帛遣之。

時晉祖帥陝，乃召至帳下，委以心腹。及移鎮太原，將引兵南下，遣從事桑維翰求援契丹，以彥超從行。天福初，累遷奉德軍校，再轉殿前散指揮都虞候、領蒙州刺史。漢初，領岳州防禦使兼護聖左廂都校，出爲復州防禦使。

周祖平內難後，北征契丹，以彥超爲行營馬步左廂都排陣使，從周祖入汴。時自彭門迎湘陰公入纘位，會軍變，周祖革命，卽命彥超權知徐州節度。未行，湘陰公舊校鞏廷美據州叛，眞拜彥超武寧軍節度，命討之。彥超督戰艦破其水砦，乘勝拔之。

又與樞密使王峻拒劉崇於晉州，彥超以騎兵進，崇遁去，授建雄軍節度。復以所部追賊至霍邑，賊步騎墮崖谷，死者甚衆。彥超歸鎮所，俄改河陽三城節度，移鎮河中。

顯德初，加同平章事。劉崇南寇，命彥超領兵取晉州路東向邀擊，從戰高平。彥超自陰地關與符彥卿會兵圍汾州，諸將請急攻，彥超曰：「城已危矣，旦暮將降，我士卒精銳，儻驅以先登，必死傷者衆，少待之。」翌日，州將董希顏果降。遂引兵趣石州，彥超親鼓士乘城，躬冒矢石，數日下之，擒其守將安彥進，獻行在。師還，改忠武軍節度，加兼侍中。詔率所部浚胡蘆河，城李晏口。工未畢，遼人萬餘騎來侵，彥超擊敗之，殺傷甚衆。

宰相李穀征淮南，以彥超爲前軍行營副部署，敗淮南軍二千于壽州城下。吳兵水陸來援，穀退保正陽，吳人躡其後。會李重進兵至，合勢急擊，大敗吳人三萬餘衆，追北二十餘里。還，改京兆尹、永興軍節度。六年夏，移鎭鳳翔。恭帝嗣位，加檢校太師、西面緣邊副都部署。

宋初，加兼中書令，代還。太祖與彥超有舊，因幸作坊，召從臣宴射，酒酣，謂彥超曰：「卿昔在復州，朕往依卿，何不納我？」彥超降階頓首曰：「勺水豈能止神龍耶！當日陛下不留滯於小郡者，蓋天使然爾。」帝大笑。彥超翌日奉表待罪，帝遣中使慰諭，令赴朝謁。未幾，復以爲永興軍節度。又以其父光祿卿致仕重霸爲太子少傅致仕。乾德二年，復鎭鳳翔。三年，丁外艱，起復。開寶二年，爲右金吾衞上將軍判街仗事。太平興國六年，封邠國公。七年，彥超語人曰：「人臣七十致仕，古之制也。我年六十九，當自知止。」明年，表求致仕，加太子太師，給金吾上將軍祿。彥超既得請，盡斥去僕妾之冗食者，居處服用，咸遵儉約。雍熙三年，卒，年七十三。贈尙書令。

開寶初，彥超自鳳翔來朝，與武行德、郭從義、白重贊、楊廷璋俱侍曲宴。太祖從容謂曰：「卿等皆國家舊臣，久臨劇鎭，王事鞅掌，非朕所以優賢之意。」彥超知旨，卽前奏曰：「臣無勳勞，久冒榮寵，今已衰朽，願乞骸骨歸丘園，臣之願也。」行德等竟自陳夙昔戰功及履歷艱苦，帝曰：「此異代事，何足論？」翌日，皆罷行德等節鎭。時議以此許彥超。

初，彥超將致政，每戒諸子曰：「吾累爲統帥，殺人多矣，身死得免爲幸，必無陰德以及後，汝曹勉爲善事以自庇。」及卒，諸子果無達者。宣化門內有大第，園林甚盛，不十餘年，其家已鬻之矣。孫克從，咸平元年進士及第，亦止於州縣。

張永德字抱一，并州陽曲人。家世饒財。曾祖丕，尚氣節。後唐武皇鎭太原，急於用度，多嚴選富家子掌帑庫。或調度不給，卽坐誅，沒入貲產。丕爲之滿歲，府財有餘。宗人政當次補其任，率族屬泣拜，請丕濟其急，丕又爲代掌一年，鄉里服其義。父頴事晉至安州防禦使。

永德生四歲，母馬氏被出，育於祖母，事繼母劉，以孝聞。周祖初爲侍衞吏，與頴善，乃以女妻永德。永德迎其母妻詣宋州。時寇賊充斥，乃易弊衣，毀容儀，居委巷中。有賊過，卽邀乞焉，紿曰：「此悲田院耳。」賊卽舍去，繇是免禍。周祖爲樞密使，表永德授供奉官押班。乾祐中，命賜潞帥常遇生辰禮幣。遇，周祖之外兄弟也。時周祖鎭鄴，被讒，族其家。永德在潞州，聞有密詔授遇，永德探知其意，謂遇曰：「得非泣殺永德耶？永德卽死無怨，恐累君侯家耳。」遇愕然曰：「何謂也？」永德曰：「姦邪蠹政，郭公誓淸君側，願且以永德屬吏，事成足以爲德，不成死未晚。」遇以爲然，止令壯士嚴衞，然所以餽之甚厚。親問之曰：「君視丈人事得成否？」永德曰：「殆必成。」未幾，周祖使至，遇賀且謝曰：「老夫幾誤大事。」

初，魏人柴翁以經義教里中，有女，後唐莊宗時備掖庭，明宗入洛，遣出宮。柴翁夫妻往迎之，至鴻溝，遇雨甚，踰旬不能前。女悉取裝具，計直千萬，分其半以與父母，令歸魏，曰：「兒見溝旁郵舍隊長，項黯黑爲雀形者，極貴人也，願事之。」問之，乃周祖也。父母大愧，然終不能奪。他日，語周祖曰：「君貴不可言，妾有緡錢五百萬資君，時不可失。」周祖因其資，得爲軍司。

柴翁好獨寢，人傳其能司冥間事。一日晨起，大笑不已，妻問之，不對。翁好飲，其妻逼令飲，極醉，因漏言曰：「花項漢作天子矣。」其妻頗露之，遇亦微有聞，未深言。至是，永德故以此諷遇，遇送永德歸周祖。

周祖登位，封永德妻爲晉國公主，授永德左衞將軍、內殿直小底四班都知，加駙馬都尉、領和州刺史。逾年，擢爲殿前都虞候、領恩州團練使，俄遷殿前都指揮使、泗州防禦使，時年二十四。

顯德元年，幷州劉崇引契丹來侵。世宗親征，戰于高平，大將樊愛能、何徽方戰退衄。時太祖與永德各領牙兵二千，永德部下善左射，太祖與永德厲兵分進，大捷，降崇軍七千餘衆。及駐上黨，世宗晝臥帳中，召永德語曰：「前日高平之戰，主將殊不用命，樊愛能而下，吾將案之以法。」永德曰：「陛下欲固守封疆則已，必欲開拓疆宇，威加四海，宜痛懲其失。」世宗擲枕於地，大呼稱善。翌日，誅二將以徇，軍威大振。進攻太原，師薄城下，永德與符彥卿、史彥超北控忻口以斷契丹援路。太原城四十里，周師去城三百步，圍之三匝。自四月至六月，攻之不克。契丹援兵果至，彥超戰沒，繼敗其衆二千，餘衆遁去。以永德領武信軍節度。師還，徙義成軍節度。

時永德父潁爲隸人曹澄等所害，因奔南唐。會議南征，永德請行自効，許之。師至壽春，劉仁贍堅壁不下。永德出疲兵誘之，傍伏精騎，每戰陽不利，北退三十里，伏兵突起夾攻，大敗之，仁贍僅以身免。

三年，世宗親征，至壽州城下，仁贍執澄等三人檻送行在，意求緩師，詔賜永德，俾其甘心。太祖與永德領前軍至紫金山，吳人列十八砦，戰備嚴整。敵壘西偏有高隴，下瞰其營中，永德選勁弓強弩伏隴旁，太祖麾兵直攻第一砦，戰陽不勝，淮人果空砦出鬥，永德亟登隴，發伏馳入據之，敵衆散走。翌日，又攻第二砦，鼓譟而進，始攻北門，淮人開南門而遁。時韓令坤在揚州，復爲吳人所逼，欲退師。世宗怒，遣永德率師援之，又敗泗州軍千餘于曲溪堰，俄屯下蔡。

時吳人以周師在壽春攻圍日急，又恃水戰，乃大發樓船蔽江而下，泊于濠、泗，周師頗不利。吳將林仁肇帥衆千餘，水陸齊進，又以船數艘載薪，乘風縱火，將焚周浮梁，周人憂之。俄而風反，吳人稍却，永德進兵敗之。又夜使習水者没其船下，縻以鐵鏁，引輕舠急擊。吳人既不得進，溺者甚衆，奪其巨艦數十艘。永德解金帶，賞習水者。乃距浮梁十餘步，以鐵索千餘尺横截長淮，又維巨木，自是備禦益堅矣。俄又敗千餘衆於淮北岸，獲戰船數十艘，吳人多溺死。詔褒美之。

冬，擢爲殿前都點檢。四年，從克壽州還，制授檢校太尉、領鎭寧軍節度。五年夏，契丹擾邊，命永德率步騎二萬拒之。從世宗北伐，還駐澶淵，解兵柄，加檢校太尉、同中書門下平章事。恭帝嗣位，移忠武軍節度。

太祖卽位，加兼侍中。永德入朝，授武勝軍節度。入覲，召對後苑，道舊故，飲以巨觥，每呼駙馬不名。時幷、汾未下，太祖密訪其策。永德曰：「太原兵少而悍，加以契丹爲援，未易取也。臣以每歲多設游兵，擾其農事，仍發間使以諜契丹，絕其援，然後可下也。」帝然之。俄歸本鎭。

會出師討金陵，永德以己資造戰船數十艘，運糧萬斛，自順陽沿漢水而下。富民高進者，豪横莫能禁，永德乃發其姦，置于法。進潛詣闕，誣永德緣險固置十餘砦，圖爲不軌。

太祖命樞密都承旨曹翰領騎兵察之，詰其貲所，進曰：「張侍中誅我宗黨殆盡，希中以法，報私憤爾。」翰以進授永德，永德遽解縛就市，笞而釋之。時稱其長者。

太平興國二年來朝，拜左衞上將軍。五年，坐市秦、隴竹木所過矯制免關市算，降爲本衞大將軍。數月，復舊秩。六年，進封鄧國公。雍熙中，連知滄、雄、定三州。端拱元年，拜安化軍節度。召還，爲河北兩路排陣使，屯定州。嘗與契丹戰，斬獲甚衆。二年，丁內艱，起復。淳化初，又代田重進知鎭州。二年，改泰寧軍節度兼侍中，出判幷州兼幷代都部署。

永德明天文術，嘗與僚佐會食，有報遼兵寇州境者，永德用太白萬勝訣占之，語坐客曰：「彼雖以年月便利，乘金而來，反値歲星對逆，兵家大忌，必敗。」未幾，折御卿捷報至，衆始歎伏。

自五代用兵，多姑息，藩鎭頗恣部下販鬻。宋初，功臣猶習舊事。太宗初卽位，詔羣臣乘傳出入，不得齎貨邀利，及令人諸處圖回，與民爭利。永德在太原，嘗令親吏販茶規利，闌出徼外市羊，爲轉運使王嗣宗所發，罷爲左衞上將軍。

眞宗卽位，進封衞國公。未幾，判左金吾街仗事。咸平初，屢表請老，授太子太師，分司西京，仍以其孫大理寺丞文蔚釐務洛下，以便就養。

二年冬，契丹入邊，帝將北巡，以永德宿將，召入對便殿，賜坐，訪以邊要。以老不可從行，留爲東京內外都巡檢使。三年，制授檢校太師、彰德軍節度、知天雄軍。俄以衰耄，命還本鎭。是秋卒，年七十三。遣內園使馮守規護柩還京師，贈中書令。諸孫遷秩者五人。

永德出母，後適安邑劉祚。及永德鎭南陽，祚已卒，迎母歸州廨，起二堂，與繼母劉並居。劉卒，馬預中參，時年八十一，太宗勞之，賜冠帔，封莒國太夫人。同母弟劉再思，署子城使，於市西里起大第，聚劉族。

初，永德寓睢陽，有書生隣居臥疾，永德療之獲愈。生一日就永德求汞五兩，既得，即置鼎中煑之，成中金。自是日與永德游，一日，告適淮上，語永德曰：「後當相遇于彼。」永德曰：「吳境不通，子何可去？」生曰：「吾自有術。」永德送行數舍，懇求藥法，生曰：「君當大貴，吾不吝此，慮損君福。」言訖而去。及永德屯下蔡，牙帳前後隊部曲八百人，皆金銀刀槊，繡旗幟。永德善騎射，左右分掛十的，握十矢，疾馳互發，發必中。淮民環觀，有一僧睥睨，永德遽召之，乃睢陽書生也。夜宿帳中，復求汞法。僧曰：「始語君貴，今不謬矣。終能謹節，當保五十年富貴，安用此爲？然能降志禮賢，當別有授公藥法者。」永德由此益罄家資，延致方士，故太祖以方外待之。

初，睢陽書生嘗言太祖受命之兆，以故永德潛意拱嚮。太祖將聘孝明皇后也，永德出緡錢金帛數千以助之，故盡太祖朝而恩渥不替。

孫文蔚虞部員外郎，文炳殿中丞。

王全斌，幷州太原人。其父事莊宗，爲嵓嵐軍使，私畜勇士百餘人，莊宗疑其有異志，召之，懼不敢行。全斌時年十二，謂其父曰：「此蓋疑大人有他圖，願以全斌爲質，必得釋。」父從其計，果獲全，因以隸帳下。

及莊宗入洛，累歷內職。同光末，國有內難，兵入宮城，近臣宿將皆棄甲遁去，惟全斌與符彥卿等十數人居中拒戰。莊宗中流矢，扶掖至絳霄殿，全斌慟哭而去。明宗卽位，補禁軍列校。晉初，從侯益破張從賓於汜水，以功遷護聖指揮使。周廣順初，改護聖爲龍捷，以全斌爲右廂都指揮使。及討慕容彥超于兗州，爲行營馬步都校。顯德中，從向訓平秦、鳳，遂領恩州團練使。俄遷領泗州防禦使。從世宗平淮南，復瓦橋關，改相州留後。

宋初，李筠以潞州叛，全斌與慕容延釗由東路會大軍進討，以功拜安國軍節度。詔令完葺西山堡砦，不踰時而就。建隆四年，與洛州防禦使郭進等率兵入太原境，俘數千人以歸，進克樂平。

乾德二年冬，又爲忠武軍節度。即日下詔伐蜀，命全斌爲西川行營前軍都部署，率禁軍步騎二萬、諸州兵萬人由鳳州路進討。召示川峽地圖，授以方略。

十二月，率兵拔乾渠渡、萬仭燕子二砦，遂下興州，蜀刺史藍思綰退保西縣。敗蜀軍七千人，獲軍糧四十餘萬斛。進拔石圖、魚關、白水二十餘砦，先鋒史延德進軍三泉，敗蜀軍數萬，擒招討使韓保正、副使李進，獲糧三十餘萬斛。既而崔彥進、康延澤等逐蜀軍過三泉，遂至嘉陵，殺虜甚衆。蜀人斷閣道，軍不能進。全斌議取羅川路以入，延澤潛謂彥進曰：「羅川路險，軍難並進，不如分兵治閣道，與大軍會於深渡。」彥進以白全斌，全斌然之。命彥進、延澤督治閣道，數日成，遂進擊金山砦，破小漫天砦。全斌由羅川趣深渡，與彥進會。蜀人依江列陣以待，彥進遣張萬友等奪其橋。會暮夜，蜀人退保大漫天砦。詰朝，彥進、延澤、萬友分三道擊之，蜀人悉其精銳來逆戰，又大破之，乘勝拔其砦，蜀將王審超、監軍趙崇渥遁去，復與三泉監軍劉延祚、大將王昭遠、趙崇韜引兵來戰〔三〕，三戰三敗，追至利州北。昭遠遁去，渡桔柏江，焚梁，退守劍門。遂克利州，得軍糧八十萬斛。

自利州趨劍門，次益光。全斌會諸將議曰：「劍門天險，古稱一夫荷戈，萬夫莫前，諸君宜各陳進取之策。」侍衞軍頭向韜曰：「降卒牟進言：『益光江東，越大山數重，有狹徑名來蘇，蜀人於江西置砦，對岸有渡，自此出劍關南二十里，至淸強店，與大路合。可於此進兵，卽劍門不足恃也。』」全斌等卽欲卷甲赴之，康延澤曰：「來蘇細徑，不須主帥親往。且蜀人屢敗，併兵退守劍門，莫若諸帥協力進攻，命一偏將趨來蘇，若達淸強，北擊劍關，與大軍夾攻，破之必矣。」全斌納其策，命史延德分兵趨來蘇，造浮梁於江上，蜀人見梁成，棄砦而遁。昭遠聞延德兵趨來蘇，至淸強，卽引兵退，陣於漢源坡，留其偏將守劍門。全斌等擊破之，昭遠、崇韜皆遁走，遣輕騎進獲，傳送闕下，遂克劍州，殺蜀軍萬餘人。

四年正月十三日，師次魏城，孟昶遣使奉表來降，全斌等入成都。旬餘，劉廷讓〔三〕等始自峽路至。昶饋遺廷讓等及犒師，並同全斌之至。及詔書頒賞，諸軍亦無差降。由是兩路兵相嫉，蜀人亦構，主帥遂不協。全斌等先受詔，每制置必須諸將僉議，至是，雖小事不能卽決。

俄詔發蜀兵赴闕，人給錢十千，未行者，加兩月廩食。全斌等不卽奉命，由是蜀軍憤怨，人人思亂。兩路隨軍使臣常數十百人，全斌、彥進及王仁贍等各保庇之，不令部送蜀兵，但分遣諸州牙校。蜀軍至綿州果叛，劫屬邑，衆至十餘萬，自號「興國軍」。有蜀文州刺史全師雄者〔四〕，嘗爲將，有威惠，士卒畏服。適以其族赴闕下，綿州遇亂，師雄恐爲所脅，乃匿其家於江曲民舍。後數日爲亂兵所獲，推爲主帥。

全斌遣都監米光緒往招撫之，光緒盡滅師雄之族，納其愛女及橐裝。師雄聞之，遂無歸志，率衆急攻綿州，爲橫海指揮使劉福、龍捷指揮使田紹斌所敗；遂攻彭州，逐刺史王繼濤，殺都監李德榮，據其城。成都十縣皆起兵應師雄，師雄自號「興蜀大王」，開幕府，置僚屬，署節帥二十餘人，令分據灌口、導江、郫、新繁、青城等縣。彥進與張萬友、高彥暉、田欽祚同討之，爲師雄所敗，彥暉戰死，欽祚僅免，賊衆益盛。全斌又遣張廷翰〔五〕、張煦往擊之，不利，退入成都。師雄分兵綿、漢間，斷閣道，緣江置砦，聲言欲攻成都。自是，邛、蜀、眉、雅、東川、果、遂、渝、合、資、簡、昌、普、嘉、戎、榮、陵十七州，並隨師雄爲亂。郵傳不通者月餘，全斌等甚懼。時城中蜀兵尚餘二萬，全斌慮其應賊，與諸將謀，誘致夾城中，盡殺之。

未幾，劉廷讓、曹彬破師雄之衆於新繁，俘萬餘人。師雄退保郫縣，全斌、仁贍又攻破之，師雄走保灌口砦。賊勢既衄，餘黨散保州縣。有陵州指揮使元裕者，師雄署爲刺史，衆萬餘，仁贍生擒之，磔于成都市。

俄虎捷指揮使呂翰爲主將所不禮，因殺知嘉州客省使武懷節、戰櫂都監劉漢卿，與師雄黨劉澤合，衆至五萬，逐普州刺史劉楚信，殺通判劉沂及虎捷都校馮紹。又果州指揮使宋德威殺知州八作使王永昌及通判劉渙、都監鄭光弼，遂州牙校王可璙〔六〕率州民爲亂。仁贍等討呂翰於嘉州，翰敗走入雅州。師雄病死於金堂，推謝行本爲主，羅七君爲佐國令公，與賊將宋德威、唐陶鼉據銅山，旋爲康延澤所破。仁贍又敗呂翰於雅州，翰走黎州，爲下所殺，棄屍水中。後丁德裕等分兵招輯，賊衆始息。

全斌之入蜀也，適屬冬暮，京城大雪，太祖設氈帷於講武殿，衣紫貂裘帽以視事，忽謂左右曰：「我被服若此，體尚覺寒，念西征將衝犯霜雪，何以堪處！」卽解裘帽，遣中黃門馳賜全斌，仍諭諸將，以不徧及也。全斌拜賜感泣。

初，成都平，命參知政事呂餘慶知府事，全斌但典軍旅。全斌嘗語所親曰：「我聞古之將帥，多不能保全功名，今西蜀既平，欲稱疾東歸，庶免悔吝。」或曰：「今寇盜尚多，非有詔旨，不可輕去。」全斌猶豫未決。

會有訴全斌及彥進破蜀日，奪民家子女玉帛不法等事，與諸將同時召還。太祖以全斌等初立功，雖犯法，不欲辱以獄吏，但令中書問狀，全斌等具伏。詔曰：「王全斌、王仁贍、崔彥進等被堅執銳，出征全蜀，彼畏威而納款，尋馳詔以申恩。用示哀矜，務敦綏撫，應孟昶宗族、官吏、將卒、士民悉令安存，無或驚擾；而乃違戾約束，侵侮憲章，專殺降兵，擅開公帑，豪奪婦女，廣納貨財，斂萬民之怨嗟，致羣盜之充斥。以至再勞調發，方獲平寧。洎命旋歸，尙欲含忍，而銜寃之訴，日擁國門，稱其隱沒金銀、犀玉、錢帛十六萬七百餘貫。又擅開豐德庫，致失錢二十八萬一千餘貫。遂令中書門下召與訟者質證其事，而全斌等皆引伏。其令御史臺於朝堂集文武百官議其罪。」

於是百官定議，全斌等罪當大辟，請準律處分。乃下詔曰：「有征無戰，雖舉於王師；禁暴戢兵，當崇於武德。蠢茲庸蜀，自敗姦謀，爰伐罪以宣威，俄望風而歸命。遽令按堵，勿犯秋毫，庶德澤之涵濡，俾生聚之寧息。而忠武軍節度王全斌、武信軍節度崔彥進董茲銳旅，奉我成謀，旣居克定之全功，宜體輯柔之深意。比謂不日淸謐，卽時凱旋，懋賞策勳，抑有彝典。而罔思寅畏，速此悔尤，貪殘無厭，殺戮非罪，稽于偃革，職爾玩兵。尙念前勞，特從寬貸，止停旄鉞，猶委藩宣。我非無恩，爾當自省。全斌可責授崇義軍節度觀察留後，彥進可責授昭化軍節度觀察留後，特建隨州爲崇義軍、金州爲昭化軍以處之。仁贍責授右衞大將軍。」開寶末，車駕幸洛陽郊祀，召全斌侍祠，以爲武寧軍節度。謂之曰：「朕以江左未平，慮征南諸將不遵紀律，故抑卿數年，爲朕立法。今已克金陵，還卿節鉞。」仍以銀器萬兩、帛萬匹、錢千萬賜之。全斌至鎭數月卒，年六十九。贈中書令。天禧二年，錄其孫永昌爲三班奉職。

全斌輕財重士，不求聲譽，寬厚容衆，軍旅樂爲之用。黜居山郡十餘年，怡然自得，識者稱之。

子審鈞，崇儀使、富州刺史、廣州兵馬鈐轄；審銳，供奉官、閤門祗候。曾孫凱。

凱字勝之。祖審鈞，嘗爲永興軍駐泊都監，以擊賊死，遂家京兆。饒於財，凱散施結客，日馳獵南山下，以踐蹂民田，捕至府。時寇準守長安，見其狀貌奇之。爲言：「全斌取蜀有勞，而審鈞以忠義死，當錄其孤。」遂以爲三班奉職、監鳳翔盩厔稅。歷左右班殿直、監益州市買院、慶州合水鎮兵馬監押、監在京草場。

先是，守卒掃遺稈自入，凱禁絕，而衆欲害之。事覺，他監官皆坐故縱，凱獨得免。自右侍禁、雄州兵馬監押，擢閤門祗候、定邢趙都巡檢使。

元昊反，徙麟州都監。嘗出雙烽橋、染枝谷，遇夏人，破之。又破龐青、黃羅部，再戰于伺候烽，前後斬首三百餘級，獲區落馬牛、槖駝、器械以數千計。夏人圍麟州，乘城拒鬥，晝夜三十一日，始解去。特遷西頭供奉官。

代還，邊寇猶鈔掠，以爲內殿崇班、麟州路緣邊都巡檢使，與同巡檢張岊護糧道于青眉浪，寇猝大至，與岊相失。乃分兵出其後夾擊之，復與岊合，斬首百餘級。又入兔毛川，賊衆三萬，凱以兵六千陷圍，流矢中面，鬥不解，又斬首百餘級，賊自蹂踐，死者以千數。遷南作坊副使，後爲幷、代州鈐轄，管勾麟府軍馬事。夏人二萬寇青塞堡，凱出鞋邪谷，轉戰四十里，至杜胋川，大敗之，復得所掠馬牛以還。

經略使明鎬言凱在河外九年，有功，遂領資州刺史。久之召還，未及見，會甘陵盜起，卽命領兵赴城下。賊平，拜澤州刺史、知邠州。未幾，爲神龍衞四廂都指揮使、澤州團練使，歷環慶、并代、定州路副都總管，捧日天武四廂、綿州防禦使，累遷侍衞親軍步軍副都指揮使、涇州觀察使。又徙秦鳳路，辭日，帝諭以唃氏木征，交易阻絕，頗有入寇之萌，宜安靜以處之。凱至，與主帥以恩信撫接，遂復常貢。召拜武勝軍節度觀察留後、侍衞親軍馬軍副都指揮使。卒，年六十六。贈彰武軍節度使，謚莊恪。

凱治軍有紀律，善撫循士卒，平居與均飲食，至臨陣援枹鼓，毅然不少假。故士卒畏信，戰無不力，前後與敵遇，未嘗挫衄。兔毛川之戰，內侍宋永誠哭于軍中，凱劾罷之。尤篤好於故舊。

子緘。緘子詵，字晉卿，能詩善畫，尙蜀國長公主，官至留後。

康延澤，父福，晉護國軍節度兼侍中。延澤，天福中，以蔭補供奉官。周廣順二年，永興李洪信入覲，遣延澤往巡檢，遷內染院副使。

宋初，從慕容延釗、李處耘平湖湘。時荆南高保融卒，其子繼沖嗣領軍事，命延澤齎書幣先往撫之，且察其情僞。及還，盡得其機事，因前導大軍入境，遂下荆峽。以勞授正使。

乾德中，征蜀，爲鳳州路馬軍都監，破白水、閣子二砦，進擊西縣、三泉，獲韓保正。由來蘇路會大軍，克劍門。及孟昶降，延澤以百騎先入成都，安撫軍民，盡封府庫而還。就命爲成都府都監。會全師雄復亂，徙爲普州刺史〔七〕。時有降兵二萬七千，諸將懼爲內應，欲盡殺之。延澤請簡老幼疾病七千人釋之，餘以兵衞還，浮江而下，賊若來劫奪，即殺之未晚。諸將不能用。俄出兵，敗賊黨劉澤三萬人。復有王可璙率數郡賊兵來戰，延澤擊走之，追北至合州。又破可璙餘黨謝行本等，擒羅七君。事平，優詔嘉獎，就命爲東川七州招安巡檢使。

全斌等得罪，延澤亦坐貶唐州教練使。開寶中，起爲供奉官，遷左藏庫副使。坐與諸姪爭家財失官，居西洛卒。

兄延沼，幼隸後唐明宗帳下。仕晉祖，爲尚食使，改散指揮使都虞候、興聖軍都指揮使，出爲隨、澤二州刺史。

周祖北征，延沼與白文遇、李彥崇、曹奉金幷從。廣順中，爲侍衞馬步軍都軍頭、領信州刺史。從世宗征劉崇，率兵攻遼州，轉龍捷右廂都校、領岳州防禦使，眞拜蔡齊鄭楚四州防禦使、晉潞二州兵馬鈐轄。

宋初，李重進叛，以延沼爲前軍馬軍都指揮使。建隆四年，改懷州防禦使。乾德六年，命李繼勳等征河東，以延沼爲先鋒都監。太祖親征太原，以延沼宿將，熟練邊事，詔領兵屯潞州，會以疾歸郡。開寶二年，卒，年五十八。

王繼濤，河朔人，少給事漢祖左右。乾祐初，補供奉官，歷諸司副使。仕周，爲右武衞大將軍。淮南平，爲天長軍使。顯德五年，遷和州刺史。

宋初，爲左驍騎大將軍，再遷左神武大將軍。乾德二年，命護徒治安陵隧道。大軍伐蜀，爲鳳州路壕砦使。興元降，王全斌命繼濤權府事。孟昶降，全斌又遣繼濤與供奉官王守訥部送昶歸闕。守訥白全斌，言繼濤問昶求宮妓、金帛，全斌遂留繼濤，止令守訥送昶。俄詔以繼濤爲彭州刺史。

綿州軍亂，劫全師雄爲帥，率衆攻彭州，繼濤與都監李德榮拒之，德榮戰死，繼濤身被八槍，單騎走至成都。

素與通事舍人田欽祚有隙，會欽祚入朝，乃誣奏繼濤以他事。太祖驛召繼濤，將面質之，道病卒。詔曰：「故彭州刺史王繼濤，先登擊賊，身被重創，優典未加，齎志而歿。故階州刺史高彥暉，帥師討賊，奮不顧命，垂老之年，殞身鋒鏑。永言痛悼，不忘于懷。宜各賜其家粟帛。」

高彥暉，薊州漁陽人。仕契丹爲瀛州守將。世宗北征，以城來降，遷耀、階二州刺史。王師伐蜀，爲歸州路先鋒都指揮使。全師雄之亂，崔彥進遣彥暉與田欽祚共討之。至導江，與賊遇，賊據隘路，設伏竹箐中，官軍至，遇伏發，遂不利。彥暉謂欽祚曰：「賊勢張大，日將暮，請收兵，詰朝與戰。」欽祚欲遁，慮賊曳其後，乃紿之曰：「公食厚祿，遇賊畏縮，何也？」彥暉復麾兵進，欽祚潛遁去。彥暉獨與部下十餘騎力戰，皆死之，時年七十餘。彥暉老將，練習邊事，上聞其歿，甚痛惜，故並命優恤之。

論曰：郭崇感激昔遇，發於垂涕。太祖察其忠厚，亟焚思誨之奏〔八〕。雖魏文不強於楊彪，宋武無猜於徐廣，何以加之。延璋開懷以待罕儒，宋偓抗章以察重進，向拱獻謀以平上黨，乘時建功，各奮所長，有足尙者。王彥超起自戎昭，歷典藩服，引年高蹈，武夫之貞；至於自悔多殺，垂戒後裔，近乎仁人之用心。張永德前朝勳伐，夙識太祖，潛懷尊奉，雖有橋公祖之知，而非人臣之不二心者矣。乾德伐蜀之師，未七旬而降款至，諸將之功，何可泯也。王全斌黷貨殺降，尋啓禍變，太祖罪之，而從八議之貸，斯得馭功臣之道。延澤能相地險，豫謀屯備。繼濤、彥暉，先登重傷，殞沒無避，咸可稱焉。

校勘記

〔一〕汶東沛洲　「沛」原作「沛」，據舊五代史卷一一八周世宗紀、通鑑卷二九四改。

〔二〕大將王昭遠趙崇韜引兵來戰　「趙崇韜」原作「趙彥韜」，據本書卷四七九西蜀世家、長編卷五及下文改。趙彥韜係另一人，亦見西蜀世家。

〔三〕劉廷讓　原作「劉延讓」，據本書卷二五九本傳改，下文同。長編卷六作「劉光義」，廷讓原名光義。

〔四〕有蜀文州刺史全師雄者　「文州」原作「交州」，交州宋時通稱交趾，不是西蜀州名。長編卷六、琬琰集下編卷一王全斌傳作「文州」，據改。

〔五〕張廷翰　原作「張延翰」，據本書卷二五九本傳、長編卷六改。

〔六〕遂州牙校王可璙　「遂州」原作「逐州」，據長編卷六、琬琰集下編卷一王全斌傳改。

〔七〕徙爲普州刺史　「普州」原作「晉州」，據長編卷六及注文所引實錄改。

〔八〕亟焚思誨之奏　「思誨」原作「思晦」。據本卷郭崇傳，陳思誨密奏「崇有異心」，太祖察「崇篤於恩義」。此處所焚，當即陳思誨之密奏；本書卷二六六辛仲甫傳、長編卷一記此事都作陳思誨。本書卷二六一陳思讓傳說：「弟思誨，至六宅使」，當即此人。據改。

宋史卷二百五十六

列傳第十五

趙普 弟安易

趙普字則平，幽州薊人。後唐幽帥趙德鈞連年用兵，民力疲弊。普父迥〔一〕舉族徙常山，又徙河南洛陽。普沈厚寡言，鎭陽豪族魏氏以女妻之。周顯德初，永興軍節度劉詞辟爲從事，詞卒，遺表薦普於朝。世宗用兵淮上，太祖拔滁州，宰相范質奏普爲軍事判官。宣祖臥疾滁州，普朝夕奉藥餌，宣祖由是待以宗分。太祖嘗與語，奇之。時獲盜百餘，當棄市，普疑有無辜者，啓太祖訊鞫之，獲全活者衆。淮南平，調補渭州軍事判官。太祖領同州節度，辟爲推官；移鎭宋州，表爲掌書記。

太祖北征至陳橋，被酒臥帳中，衆軍推戴，普與太宗排闥入告。太祖欠伸徐起，而衆軍擐甲露刃，諠擁麾下。及受禪，以佐命功，授右諫議大夫，充樞密直學士。

車駕征李筠，命普與呂餘慶留京師，普願扈從，太祖笑曰：「若勝冑介乎？」從平上黨，遷兵部侍郎、樞密副使，賜第一區。建隆三年，拜樞密使、檢校太保。

乾德二年，范質等三相同日罷，以普爲門下侍郎、平章事、集賢殿大學士。中書無宰相署敕，普以爲言，上曰：「卿但進敕，朕爲卿署之可乎？」普曰：「此有司職爾，非帝王事也。」令翰林學士講求故實，竇儀曰：「今皇弟尹開封，同平章事，卽宰相任也。」令署以賜普。既拜相，上視如左右手，事無大小，悉咨決焉。是日，普兼監修國史。命薛居正、呂餘慶參知政事以副之，不宣制，班在宰相後，不知印，不預奏事，不押班，但奉行制書而已。先是，宰相兼敕，皆用內制，普相止用敕，非舊典也。

太祖數微行過功臣家，普每退朝，不敢便衣冠。一日，大雪向夜，普意帝不出。久之，聞叩門聲，普亟出，帝立風雪中，普惶懼迎拜。帝曰：「已約晉王矣。」已而太宗至，設重裀地坐堂中，熾炭燒肉。普妻行酒，帝以嫂呼之。因與普計下太原。普曰：「太原當西北二面，太原既下，則我獨當之，不如姑俟削平諸國，則彈丸黑子之地，將安逃乎？」帝笑曰：「吾意正如此，特試卿爾。」

五年春，加右僕射〔三〕、昭文館大學士。俄丁內艱，詔起復視事。遂勸帝遣使分詣諸道，徵丁壯籍名送京師，以備守衞；諸州置通判，使主錢穀。由是兵甲精銳，府庫充實。

開寶二年冬，普嘗病，車駕幸中書。三年春，又幸其第撫問之，賜賚加等。六年，帝又幸其第。時錢王俶遣使致書於普，及海物十瓶，置於廡下。會車駕至，倉卒不及屏，帝顧問何物，普以實對。上曰：「海物必佳。」卽命啓之，皆瓜子金也。普惶恐頓首謝曰：「臣未發書，實不知。」帝嘆曰：「受之無妨，彼謂國家事皆由汝書生爾！」

普爲政頗專，廷臣多忌之。時官禁私販秦、隴大木，普嘗遣親吏詣市屋材，聯巨筏至京師治第，吏因之竊貨大木，冒稱普市貨鬻都下。權三司使趙玭廉得之以聞。太祖大怒，促令追班，將下制逐普，賴王溥奏解之。

故事，宰相、樞密使每候對長春殿，同止廬中；上聞普子承宗娶樞密使李崇矩女，卽令分異之。普又以隙地私易尙食蔬圃以廣其居，又營邸店規利。盧多遜爲翰林學士，因召對屢攻其短。會雷有鄰擊登聞鼓，訟堂後官胡贊、李可度受賕骫法及劉偉僞作攝牒得官，王洞嘗納賂可度，趙孚授西川官稱疾不上，皆普庇之。太祖怒，下御史府按問，悉抵罪，以有鄰爲秘書省正字。普恩益替，始詔參知政事與普更知印、押班、奏事，以分其權。未幾，出爲河陽三城節度、檢校太傅、同平章事。

太平興國初入朝，改太子少保，遷太子太保。頗爲盧多遜所毁，奉朝請數年，鬱鬱不得志。會柴禹錫、趙鎔等告秦王廷美驕恣，將有陰謀竊發。帝召問，普言願備樞軸以察姦變，退又上書，自陳預聞太祖、昭憲皇太后顧託之事，辭甚切至。太宗感悟，召見慰諭。俄拜司徒兼侍中，封梁國公。先是，秦王廷美班在宰相上，至是，以普勳舊，再登元輔，表乞居其下，從之。及涪陵事敗，多遜南遷，皆普之力也。

八年，出爲武勝軍節度、檢校太尉兼侍中。帝作詩以餞之，普奉而泣曰：「陛下賜臣詩，當刻石，與臣朽骨同葬泉下。」帝爲之動容。翌日，謂宰相曰：「普有功國家，朕昔與游，今齒髮衰矣，不容煩以樞務，擇善地處之，因詩什以導意。普感激泣下，朕亦爲之墮淚。」宋琪對曰：「昨日普至中書，執御詩涕泣，謂臣曰：『此生餘年，無階上答，庶希來世得效犬馬力。』臣昨聞普言，今復聞宣諭，君臣始終之分，可謂兩全。」

雍熙三年春，大軍出討幽薊，久未班師，普手疏諫曰：

伏覩今春出師，將以收復關外，屢聞克捷，深快輿情。然晦朔屢更，荐臻炎夏，飛輓日繁，戰鬥未息，老師費財，誠無益也。

伏念陛下自翦平太原，懷徠閩、浙，混一諸夏，大振英聲，十年之間，遂臻廣濟。遠人不服，自古聖王置之度外，何足介意。竊慮邪諂之輩，蒙蔽睿聰，致興無名之師，深蹈不測之地。臣載披典籍，頗識前言，竊見漢武時主父偃、徐樂、嚴安所上書及唐相姚元崇獻明皇十事，忠言至論，可舉而行。伏望萬機之暇，一賜觀覽，其失未遠，雖悔可追。

臣竊念大發驍雄，動搖百萬之衆，所得者少，所喪者多。又聞戰者危事，難保其必勝；兵者凶器，深戒於不虞。所繫甚大，不可不思。臣又聞上古聖人，心無固必，事不凝滯，理貴變通。前書有「兵久生變」之言，深爲可慮，苟或更圖稽緩，轉失機宜。旬朔之間，時涉秋序，邊庭早涼，弓勁馬肥，我軍久困，切慮此際，或誤指蹤。臣方冒寵以守藩，曷敢興言而沮衆。蓋臣已日薄西山，餘光無幾，酬恩報國，正在斯時。伏望速詔班師，無容玩敵。

臣復有全策，願達聖聰。望陛下精調御膳，保養聖躬，挈彼疲氓，轉之富庶。將見邊烽不警，外戶不扃，率土歸仁，殊方異俗，相率嚮化，契丹獨將焉往？陛下計不出此，乃信邪諂之徒，謂契丹主少事多，所以用武，以中陛下之意。陛下樂禍求功，以爲萬全，臣竊以爲不可。伏願陛下審其虛實，究其妄謬，正姦臣誤國之罪，罷將士伐燕之師。非特多難興王，抑亦從諫則聖也。古之人尙聞尸諫，老臣未死，豈敢面諛爲安身之計而不言哉？

帝賜手詔曰：

朕昨者興師選將，止令曹彬、米信等頓於雄、霸，裹糧坐甲以張軍聲。俟一兩月間山後平定〔三〕，潘美、田重進等會兵以進，直抵幽州，然後控扼險固，恢復舊疆，此朕之志也。奈何將帥等不遵成算，各騁所見，領十萬甲士出塞遠鬬，速取其郡縣，更還師以援輜重，往復勞弊，爲遼人所襲，此責在主將也。

況朕踵百王之末，粗致承平，蓋念彼民陷於邊患，將救焚而拯溺，匪黷武以佳兵，卿當悉之也。疆埸之事，已爲之備，卿勿爲憂。卿社稷元臣，忠言苦口，三復來奏，嘉愧實深。

普表謝曰：

昨以天兵久駐塞外，未克恢復，漸及炎蒸，事危勢迫，輒陳狂狷，甘俟憲章。陛下特鑑衷誠，親紆宸翰，密諭聖謀。臣竊審命師討罪，信爲上策，將帥能遵成算，必可平定。惟其不副天心，由茲敗事。今旣邊鄙有備，更復何虞。況陛下登極十年，坐隆大業，無一物之失所，見萬國之咸寧。所宜端拱穆清，嗇神和志，自可遠繼九皇，俯觀五帝。豈必窮邊極武，與契丹較勝負哉？臣素虧壯志，矧在衰齡，雖無功伐，願竭忠純。

觀者咸嘉其忠。四年，移山南東道節度，自梁國公改封許國公。會詔下親耕籍田，普表求入覲，辭甚懇切。上惻然謂宰相曰：「普開國元臣，朕所尊禮，宜從其請。」旣至，慰撫數四，普嗚咽流涕。

陳王元僖上言曰：

臣伏見唐太宗有魏玄成、房玄齡、杜如晦，明皇有姚崇、宋璟、魏知古，皆任以輔弼，委之心膂，財成帝道，康濟九區，宗祀延洪，史策昭煥，良由登用得其人也。今陛下君臨萬方，焦勞庶政，宵衣旰食，以民爲心。歷考前王，誠無所讓，而輔相之重，未偕曩賢。況爲邦在於任人，任人在乎公正，公正之道莫先於賞罰，斯爲政之大柄也。苟賞罰匪當，淑慝莫分，朝廷紀綱，漸致隳紊。必須公正之人典掌衡軸，直躬敢言，以辨得失，然後彝倫式序，庶務用康。

伏見山南東道節度使趙普，開國元老，參謀締構，厚重有識，不妄希求恩顧以全祿位，不私徇人情以邀名望，此眞聖朝之良臣也。竊聞憸巧之輩，朋黨比周，衆口嗷嗷，惡直醜正，恨不斥逐遐徼，以快其心。何者？蓋慮陛下之再用普也。然公讜之人，咸願陛下復委以政，啓沃君心，羽翼聖化。國有大事，使之謀之；朝有宏綱，使之擧之；四目未察，使之明之；四聰未至，使之達之。官人以材，則無竊祿，致君以道，則無苟容。賢愚洞分，玉石殊致，當使結朋黨以馳騖聲勢者氣索，縱巧佞以援引儕類者道消。沈冥廢滯得以進，名儒懿行得以顯，大政何患乎不擧，生民何患乎不康，匪踰期月之間，可臻清靜之治。臣知慮庸淺，發言魯直。伏望陛下旁采羣議，俯察物情，茍用不失人〔四〕，實邦國大幸。

籍田禮畢，太宗欲相呂蒙正，以其新進，藉普舊德爲之表率，册拜太保兼侍中。帝謂之曰：「卿國之勳舊，朕所毗倚，古人恥其君不及堯、舜，卿其念哉。」普頓首謝。

時樞密副使趙昌言與胡旦、陳象輿、董儼、梁顥厚善。會旦令翟馬周上封事，排毀時政，普深嫉之，奏流馬周，黜昌言等。鄭州團練使侯莫陳利用驕肆僭侈，大爲不法，普廉得之，盡以條奏，利用坐流商州，普固請誅之。其嫉惡強直皆此類。

李繼遷之擾邊，普建議以趙保忠復領夏臺故地，因令圖之。保忠反與繼遷同謀爲邊患，時論歸咎於普，頗爲同列所窺，不得專決。

舊制，宰相以未時歸第，是歲大熱，特許普夏中至午時歸私第。明年，免朝謁，止日赴中書視事，有大政則召對。冬，被疾請告，車駕屢幸其第省之，賜予加等。普遂稱疾篤，三上表求致仕，上勉從之，以普爲西京留守、河南尹，依前守太保兼中書令。普三表懇讓，賜手詔曰：「開國舊勳，惟卿一人，不同他等，無至固讓，俟首塗有日，當就第與卿爲別。」普捧詔涕泣，因力疾請對，賜坐移晷，頗言及國家事，上嘉納之。普將發，車駕幸其第。

淳化三年春，以老衰久病，令留守通判劉昌言奉表求致政，中使馳傳撫問，凡三上表乞骸骨。拜太師，封魏國公，給宰相奉料，令養疾，俟損日赴闕，仍遣其弟宗正少卿安易齎詔書賜之。又特遣使賜普詔曰：「卿頃屬微痾，懇求致政，朕以居守之重，慮煩耆耋，維師之命，用表尊賢。佇聞有瘳，與朕相見。今賜羊酒如別錄，卿宜愛精神，近醫藥，強飲食，以副朕眷遇之意。」七月卒，年七十一。

卒之先一歲，普生日，上遣其子承宗齎器幣、鞍馬就賜之。承宗復命，未幾卒。次歲，普已罷中書令。故事，無生辰之賜，特遣普姪婿左正言、直昭文館張秉賜之禮物。普聞之，因追悼承宗，秉未至而普疾篤。先是，普遣親吏甄潛詣上淸太平宮致禱，神爲降語曰：「趙普，宋朝忠臣，久被病，亦有寃累耳。」潛還，普力疾冠帶，出中庭受神言，涕泗感咽，是夕卒。

上聞之震悼。謂近臣曰：「普事先帝，與朕故舊，能斷大事。嚮與朕嘗有不足，衆所知也。朕君臨以來，每優禮之，普亦傾竭自效，盡忠國家，眞社稷臣也，朕甚惜之。」因出涕，左右感動。廢朝五日，爲出次發哀。贈尙書令，追封眞定王，賜謚忠獻。上撰神道碑銘，親八分書以賜之。遣右諫議大夫范杲攝鴻臚卿，護喪事，賻絹布各五百匹，米麪各五百石。葬日，有司設鹵簿鼓吹如式。

二女皆笄，普妻和氏言願爲尼，太宗再三諭之，不能奪。賜長女名志願，號智果大師；

次女名志英，號智圓大師。

初，太祖側微，普從之游，既有天下，普屢以微時所不足者言之。太祖豁達，謂普曰：「若塵埃中可識天子、宰相，則人皆物色之矣。」自是不復言。普少習吏事，寡學術，及爲相，太祖常勸以讀書。晚年手不釋卷，每歸私第，闔戶啓篋取書，讀之竟日。及次日臨政，處決如流。既薨，家人發篋視之，則論語二十篇也。

普性深沈有岸谷，雖多忌克，而能以天下事爲己任。宋初，在相位者多齷齪循默，普剛毅果斷，未有其比。嘗奏薦某人爲某官，太祖不用。普明日復奏其人，亦不用。明日，普又以其人奏，太祖怒，碎裂奏牘擲地，普顏色不變，跪而拾之以歸。他日補綴舊紙，復奏如初。太祖乃悟，卒用其人。又有羣臣當遷官，太祖素惡其人，不與。普堅以爲請，太祖怒曰：「朕固不爲遷官，卿若之何？」普曰：「刑以懲惡，賞以酬功，古今通道也。且刑賞天下之刑賞，非陛下之刑賞，豈得以喜怒專之。」太祖怒甚，起，普亦隨之。太祖入宮，普立於宮門，久之不去，竟得俞允。

太宗入弭德超之讒，疑曹彬不軌，屬普再相，爲彬辨雪保證，事狀明白。太宗嘆曰：「朕聽斷不明，幾誤國事。」卽日竄逐德超，遇彬如舊。

祖吉守郡爲姦利，事覺下獄，案劾，爰書未具。郊禮將近，太宗疾其貪墨，遣中使諭旨執政曰："郊赦可特勿貸祖吉。"普奏曰："敗官抵罪，宜正刑辟。然國家卜郊肆類，對越天地，告于神明，奈何以吉而隳陛下赦令哉？"太宗善其言，乃止。

眞宗咸平初，追封韓王。二年，詔曰："故太師贈尙書令、追封韓王趙普，識冠人彝，才高王佐，翊戴興運，光啓鴻圖，雖呂望肆伐之勳，蕭何指縱之効，殆無以過也。自輔弼兩朝，周旋三紀，茂巖廊之碩望，分屛翰之劇權，正直不回，始終無玷，謀猷可復，風烈如生。宜預享於大烝，永同休於宗祏。茲爲茂典，以答舊勳，其以普配饗太祖廟庭。"

普子承宗，羽林大將軍，知潭、鄆二州，皆有聲；承煦，成州團練使。弟固、安易。固至都官郎中。

安易字季和。建隆初，攝府州錄事參軍，節度使折德扆言其淸幹，遂命卽眞。再遷河南府推官。會普居相位，十年不赴調。太平興國中，歷華、邢二鎭掌書記。部芻糧至太原城下，拜監察御史，知興元府；轉殿中，賜緋魚袋。先是，兩川民輸稅者以鐵錢易銅錢。安易言其非便，請許納鐵錢，詔從之。九年，起拜宗正少卿，知定州。會以曹璨知州，徙安易爲通判，未幾代歸。又表求外任，命知耀州，留不遣，命按視北邊事。

淳化中，嘗建議以蜀地用鐵錢，準銅錢數倍，小民市易頗爲不便，請如劉備時令西川鑄大錢，以十當百。下都省集議，吏部尙書宋琪等言：「劉備時蓋患錢少，因而改作，今安易之請反患錢多，非經久計也。」而安易論請不已，仍募工鑄大錢百餘進之，極其精好，俄壑殿階皆碎，蓋鎔鑠盡其精液矣。太宗不之詰，猶嘉其用心，賜以金紫，且遣其典鑄。既而大有虧耗，歲中裁得三千餘緡，衆議喧然，遂罷之。事具食貨志。

歷知襄、廬二州，就遷宗正卿，歸朝，復領卿職。時屬籍未備，奏請纂錄，咸平初，乃命梁周翰與安易同修。安易略涉書傳，性強狠，好談世務，而疎闊不可用。初，太宗嘗問農政，安易請復井田之制。又以其家本燕薊，多訪以邊事。

景德初，禮官詳定明德皇太后靈駕發引，於京師壬地權攢，依禮埋懸重，升祔神主。安易上言：

禮云「既虞作主」，虞者，已葬設吉祭也。明未葬則未立虞主及神主。所以周制但鑿木爲懸重，以主神靈。王后七月而葬，則埋懸重，掩玄堂，凶仗、輼輬車、龍輴之屬焚於柏城訖，始可立虞主。吉仗還京，備九祭，復埋虞主，然後立神主，升廟室。自曠古至皇朝，上奉祖宗陵廟行此禮，何以今日乃違典章，苟且升祔，方權攢妄立神主，未大葬輒埋懸重？且棺柩未歸園陵，則神靈豈入太廟？奈柏城未焚凶仗，則凶穢唐突祖宗。望約孝章近例，但於壬地權攢，未立神主升祔，凶儀一切祗奉。俟丙午年靈駕西去園陵，東回祔廟。如此則免於顚倒，不利國家。

乃詔有司再加詳定。判禮院孫何等上言：

按晉書羊太后崩，廢一時之祀，天地明堂，去樂不作。又按禮，王后崩，五祀之祭不行，既殯而祭。所言五祀不行，則天地之祭不廢，遂議以園陵年月不便，須至變禮從宜。又緣先準禮文，俟神主升祔畢，方行享祀。若俟丙午歲，則三年不祭宗廟，禮文有闕。况明德皇太后德配先朝，禮合升祔。遂與史館檢討同共參詳，以爲廟未祔則神靈不至，伏恐祭祀難行。攢既畢則梓宮在郊，可以葬禮比附。遂按禮云「葬者藏也，欲人不得而見也。」既不欲穿壙動土，則龍輴、攢木、題湊，蒙槨上四柱如屋以覆，盡塗之。所合埋重，一依近例，便可升祔神主。安易妄言，以凶仗爲凶穢，目羣官爲顚倒，指梓宮爲棺柩，令百司分析園陵，凂瀆聖聰，誣罔臣下。

安易又云「昔日覩羣官盡公，奉二帝諸后，並先山陵，後祔廟；今日覩羣官顚倒，奉明德皇太后，獨先祔廟，後園陵」者。今詳當時先山陵後祔廟，正爲年月便順，別無陰陽拘忌；今則年月未便，理合從宜。未埋重則禮文不備，未升祔則廟祭猶闕，須從變禮，以合聖情。兼明德皇太后將赴權攢，而安易所稱「柏城未焚凶仗，則凶穢唐突祖宗」。按檀弓云：「喪之朝也，順死者之孝心也。」鄭玄注云，謂遷柩於廟。又云：「其哀離其室也，故至於祖考之廟而後行，商朝而殯於祖，周朝而遂葬。」今亦遙辭宗廟而後行，豈可以禮經所出目爲顚倒，吉凶具儀謂之唐突哉？

又云：「孝章皇后至道元年崩，亦緣有所嫌避，未赴園陵，出京權攢之時，不立神主入廟。直至至道三年，西去園陵，禮畢，然後奉虞主還京，易神主祔廟，以合典禮。」今詳當時文籍，緣孝章爲太宗嫂氏，上仙之時，止輟五日視朝，百官不曾成服，與今不同。從初亦無詔命令住廟享。今明德皇太后母儀天下，主上孝極曾、顏，況上仙之初，即有遺命權停享祀。今按禮文，固合如此。安易荒唐庸昧，妄有援引，以大功之親，比三年之制，欺罔君上，乃至於斯。

況安易以訐直自負，所詆者無非良善；以清要自高，所尙者無非鄙俗。名宦之志，老而益堅；詩書之文，懵而不習。本院所議，並明稱典故，旁考時宜，雖曰從權，粗亦稽古，請依元議施行。

從之。安易又屢言陵廟事，詞多鄙俚。晚歲進趨不已，時論嗤之。二年卒，年七十六。贈工部尙書。錄其子承慶爲國子博士，孫從政爲太常寺奉禮郞。

論曰：自古創業之君，其居潛舊臣，定策佐命，樹事建功，一代有一代之才，未嘗乏也。求其始終一心，休戚同體，貴爲國卿，親若家相，若宋太祖之於趙普，可謂難矣。陳橋之事，人謂普及太宗先知其謀，理勢或然。事定之後，普以一樞密直學士立於新朝數年，范、王、魏三人罷相，始繼其位，太祖不亟於酬功，普不亟於得政。及其當揆，獻可替否，惟義之從，未嘗以勳舊自伐。偃武而修文，愼罰而薄斂，三百餘年之宏規，若平昔素定，一旦舉而措之。太原、幽州之役，終身以輕動爲戒，後皆如其言。家人見其斷國大議，閉門觀書，取決方册，他日竊視，乃魯論耳。昔傅說告商高宗曰：「學于古訓乃有獲，事不師古，以克永世，匪說攸聞。」普爲謀國元臣，乃能矜式往哲，蓍龜聖模，宋之爲治，氣象醇正，茲豈無助乎。晚年廷美、多遜之獄，大爲太宗盛德之累，而普與有力焉。豈其學力之有限而猶有患失之心歟？君子惜之。

校勘記

〔一〕父迥　「迥」，隆平集卷四、東都事略卷二六本傳都作「迴」。

〔二〕右僕射　本書卷二一〇宰輔表同。卷二太祖紀及長編卷八作「左僕射」。

〔三〕俟一兩月間山後平定　「平定」原作「平安」，據長編卷二七、太平治蹟統類卷三改。

〔四〕苟用不失人　「人」字原脫，據長編卷二一八補。